教職シリーズ 2
新井邦二郎・新井保幸 監修

教育基礎学

新井保幸 編著

培風館

◆ 執筆者一覧 ◆
（2014年8月現在）

新井　保幸　　淑徳大学教育学部教授・筑波大学名誉教授
　　　　　　　〔編者, 2, 3, 4, 6章, 付録〕

砂原　由和　　専修大学ネットワーク情報学部教授
　　　　　　　〔1章〕

滝沢　和彦　　大正大学人間学部教授
　　　　　　　〔5章〕

飯田　浩之　　筑波大学人間系准教授
　　　　　　　〔7章〕

窪田　眞二　　筑波大学人間系教授
　　　　　　　〔8, 9, 10, 11, 12, 13章〕

本書の無断複写は，著作権法上での例外を除き，禁じられています。
本書を複写される場合は，その都度当社の許諾を得てください。

◆「教職シリーズ」の刊行に寄せて ◆

　私たち監修者は大学にて教職科目を担当してきた教育学や心理学の教員です。今回，培風館から「教職シリーズ」として次のような本を刊行します。

1　『教職論』（編者：新井保幸・江口勇治）
2　『教育基礎学』（編者：新井保幸）
3　『教育内容・方法』（編者：根津朋実・吉江森男）
4　『道徳教育論』（編者：高橋勝）
5　『特別活動』（編者：林尚示）
6　『生徒指導・教育相談』（編者：庄司一子・佐藤有耕）
7　『進路指導』（編者：新井邦二郎）

　なお，『教育心理学』については，培風館の「心理学の世界」シリーズの『教育心理学』（新井邦二郎・濱口佳和・佐藤純　共著）として既刊されていますので，ご利用ください。

　文部科学省がまとめた「魅力ある教員を求めて」を見るまでもなく，教員の資質向上は常に求められています。学生は大学を卒業して教員として採用されると，即実践の場へと向かわなければなりません。教職として必要な知識をしっかりと学べるのは，大学時代に限られています。そこで本シリーズでは，魅力ある教員となるのに必要な知識とともに，実践の場でも役立てることができるような情報を取り込んでいます。また，教員採用試験直前になって本シリーズの本を振り返ることで試験対策となり，現場に立ってから本シリーズを振り返っても有益となるような情報がまとめられています。

　今日，日本の教育が大きな曲がり角に直面していることは誰もが認めるところです。その主な原因として，社会そのものの急速な変化をあげることが

できます．そのために，学校も家庭も変わらざるをえなくなり，教師や子どもの意識も大きな変化をみせています．しかし社会がどのように変わろうとも，教育の本質は子どもたちの幸福への願いです．それゆえ，子どもの幸福に貢献できるような教師に成長しなければなりません．本シリーズがそのために少しでも役立つことができれば幸いです．

　最後になりましたが，本シリーズの出版の最初から最後までサポートしてくださった培風館編集部の小林弘昌さんに御礼を申し上げます．

　　　　監修者
　　　　　新井邦二郎（筑波大学名誉教授，東京成徳大学応用心理学部教授）
　　　　　新井　保幸（筑波大学大学院人間総合科学研究科教授）

◆ 編者序文 ◆

　「教育職員免許法施行規則」第6条は，教職に関する科目の単位の修得方法を定めている。「教職の意義等に関する科目」（第2欄）や「教職実践演習」（第6欄）と並んで「教育の基礎理論に関する科目」（第3欄）というのがあり，この科目は以下の三つの事項を含み，最低修得単位数は6単位（専修免許状及び1種免許状の場合）とされている。三つの事項とは，
　① 「教育の理念並びに教育に関する歴史及び思想」
　② 「幼児，児童及び生徒の心身の発達及び学習の過程（障害のある幼児，児童及び生徒の心身の発達及び学習の過程を含む。）」
　③ 「教育に関する社会的，制度的又は経営的事項」
である。
　②は「教育心理学」という科目名で開講されることが多い。本書は，①と③に対応する科目（昔は「教育原理」とよばれていた）のテキストである。「教育心理学」とともに「教育の基礎理論」を教える科目のテキストなので，書名は『教育基礎学』とした。
　本書は3部構成になっている。教育の理念と目的を論じる第Ⅰ部，教育の歴史と社会を論じる第Ⅱ部，そして教育の制度と経営を論じる第Ⅲ部，である。①と③の2項目に対応している科目をわざわざ3部構成にするのは変則的なのだが，3学期制を採用している一部の大学では1学期に1部ずつ扱うことができるという寸法である。
　第Ⅰ部「教育の理念と目的」は，教育についての原理論的な考察である。教育の必要性を人間の生物学的特性にまでさかのぼって考えたり，教育という言葉の使われ方を検討したり，ものをつくること，植物を育てること，動物を飼うこと等との類比で，教育本来の在り方を考える。さらに，教育者と被教育者のありうべき関係を考えたり，教育目的をめぐる議論の構造を理解したりする。
　第Ⅱ部のタイトルは「教育の歴史と社会」となっているが，鋭敏な読者は

この命名にいささか無理があることを気づかれるであろう。というのは「教育の理念と目的」が教育の理念と教育の目的を論じ,「教育の制度と経営」が教育の制度と教育の経営を論じるのなら,この第Ⅱ部は教育の歴史と教育の社会を論じるはずである。しかし実際に論じられるのは「教育の歴史」と「教育と社会」だからである。教育史は西洋教育史と日本教育史からなり,西洋教育史にウエイトをおいた論述となっている。日本教育史では近代(明治以降)に重点をおいて論述されている。第7章の「教育と社会」は教育についての社会学的な考察で,社会化をキーワードとして教育と社会の多様なかかわりが論じられている。

　第Ⅲ部「教育の制度と経営」は教育の制度論的考察である。この第Ⅲ部については,教育の制度については十分かつ精細に論じられている反面,学級経営や学校経営などの「経営的事項」についての論述が足りないと思われるかもしれない。その場合には講義担当者において補完していただければ幸いである。

　完璧とはいかないけれども,全体を通読すれば,「教育の基礎理論」に関してひととおりの知識と理解が得られるように配慮したつもりである。本書の構想段階では,実は編者が一人で一冊全部を書くことも考えた。結果的には断念することになったが,かえってそれでよかったと思っている。一人で全体を書けば,まとまりはよくなったかもしれないが,専門性は減じざるをえないからである。その逆に多くのテキストは一人が1章ずつ分担執筆する方式を採用しているが,その場合は章ごとに出来不出来の差が大きくなりがちである。本書は結果的にその中間をいくことになった。執筆者は合計5人で,専攻分野は教育哲学,教育社会学,教育制度学にわたっている。

　それぞれの分野の専門家の協力を得られたおかげで,本書は充実したものになった。多忙な中,執筆してくれた共著者の方々に篤く御礼申し上げる。本書が教職を志す学生諸君にとって役立つことを願ってやまない。

2010年5月

編者　新井保幸

目　　次

第Ⅰ部　教育の理念と目的 ───── 1

第1章　教育の必要性と可能性
　　　　──教育の生物学的基礎　　2

- 1-1　教育の必要性　2
- 1-2　学習の可能性　4
- 1-3　教育の可能性　7
- 1-4　システムとしての教育　11

第2章　教育の概念　14

- 2-1　教育概念の多義性　14
- 2-2　教育とその関連概念　16
- 2-3　意図としての教育と結果としての教育　21
- 2-4　事実としての教育と価値としての教育　22
- 2-5　教育 対 人間形成　24

第3章　教育の理念　27

- 3-1　ものづくりとしての教育　28
- 3-2　成長にゆだねる教育　29
- 3-3　調教としての教育　31
- 3-4　文化現象としての教育　34
- 3-5　生涯にわたる発達　36
- 3-6　覚醒としての教育　37

第4章　教育的関係　40

- 4-1　教育関係か教育的関係か　40
- 4-2　教育的関係と擬似教育的関係　41
- 4-3　教育における自由と統制　42

- 4-4 古典的な教育的関係論　45
- 4-5 教育的関係論の発展　46
- 4-6 教育的関係論の到達点　48

第5章　教育の目的　53

- 5-1 ある中学校の事例——学校の教育目標　53
- 5-2 教育基本法, 学校教育法, 学習指導要領
    ——学校教育の目的・目標とその階層構造　55
- 5-3 教育目的・目標を構成するもの——人間像と教育内容　57
- 5-4 教育目的論の現在——教育目的論の貧困と目的再構築の可能性　63

第Ⅱ部　教育の歴史と社会　67

第6章　教育の歴史　68

- 6-1 西洋教育史1——古代・中世の教育　68
- 6-2 西洋教育史2——ルネサンス・宗教改革期の教育　72
- 6-3 西洋教育史3——実学主義の時代　77
- 6-4 西洋教育史4——啓蒙期の教育思想　80
- 6-5 西洋教育史5——ドイツ教育学の興隆　85
- 6-6 西洋教育史6——近代市民社会の教育　89
- 6-7 西洋教育史7——新教育の時代　93
- 6-8 西洋教育史8——第二次世界大戦後の教育改革　97
- 6-9 日本教育史1——近代以前の教育　101
- 6-10 日本教育史2——近代の教育　104

第7章　教育と社会　111

- 7-1 社会化としての教育　111
- 7-2 「社会化」と「文化化」　113
- 7-3 社会の仕組みと社会化・文化化　115
- 7-4 社会化のプロセス　117
- 7-5 社会化のエージェント　119
- 7-6 家族, 学校, 地域社会　122
- 7-7 生涯学習社会と社会化のエージェント　128

第Ⅲ部　教育の制度と経営 — 131

第8章　教育制度とは　132

- 8-1　教育と教育制度　132
- 8-2　教育制度の基本原理　134

第9章　学校の設置管理と組織編制　138

- 9-1　学校の設置管理　138
- 9-2　学校の組織編制　142
- 9-3　一条校と専修学校・各種学校　144

第10章　日本の教育制度の課題　147

- 10-1　臨時教育審議会答申の教育「問題」認識　147
- 10-2　21世紀教育新生プラン（レインボー・プラン）——7つの重点戦略　148
- 10-3　規制緩和・地方分権と教育制度　151
- 10-4　教育行政の課題　152

第11章　教員の制度とその課題　155

- 11-1　県費負担教職員・教育公務員の身分　155
- 11-2　資格要件と任用制度　156
- 11-3　教員の服務・権利　160
- 11-4　教員の職務，分限・懲戒　165

第12章　学校の危機管理とその課題　168

- 12-1　学校安全　168
- 12-2　学校事故と教員の責任　171

第13章　教育改革の動向　184

- 13-1　教員養成・免許制度の見直し　184
- 13-2　学校評価制度の導入　185
- 13-3　教育法改正の動向　187

付録 191
索引 213

第Ⅰ部　教育の理念と目的

　　　　人間はなぜ教育されなければならないのか。人間の生物学的特質にまでさかのぼってこの問いに答えてみよう。次に，教育という言葉はどういう意味で使われているのか，つまり教育の概念を，類似の諸概念とかかわらさせて考えてみよう。そのうえで，教育本来の望ましい在り方とはどういうものなのか，教育者と被教育者とのかかわり方はどう論じられてきたのか，教育は何のために何を目指すべきなのか，これらの問題について考えてみよう。

第1章

教育の必要性と可能性
──教育の生物学的基礎──

1-1 教育の必要性

　近代哲学を代表するドイツの哲学者，カント（I. Kant）は，教育の必要性を人間の生物学的特性に求めた。

　カントは1770年代の後半，ケーニヒスベルク大学で教育学の講義を4回行っている。そのときの講義草稿は後にリンク（F. T. Rink）によって整理され，『イマヌエル・カント，教育学について（Immanuel Kant über Pädagogik）』と題して1803年に出版された。この書籍は，次の有名な一文で始まっている。「人間は教育されなくてはならない唯一の被造物である」。地球上にあまた存在する生物の中で，人間だけが教育を必要としている，とカントはいうのである。

　なぜ，人間だけが教育を必要としているのか。カントは，人間は自らに備わっている能力の用い方を，生まれながらには知らないからだ，という。彼は次のような例をあげている（Kant, 1803／尾渡 訳，1966, p. 13）。

　例えばツバメは，卵からかえったばかりの時点で，すでに，自らの糞を巣から落とすことを知っている。つまり，くちばしで何かを動かすという身体能力を，自らの生存にとって有益な目的のために（のみ）用いることができ

る。

　それに対して人間の幼児は，大きな声を出す（泣く）という身体能力を，他の動物なら決してやらないような危険な用い方をする。もしも野生動物の子どもが，親を見失ったわけでもないのにあのような大声を出してしまうと，すぐに外敵の餌食になってしまうだろう。

　だから人間の親は，幼児がその能力を危険に用いないよう，あらかじめ配慮せねばならない。教育という言葉によって私たちが意味することの一つは，そのような配慮なのだ，とカントはいうのである。

　さらにカントは，人間以外の動物は，生まれながらにして，その種に固有な行動計画を本能としてもっているが，人間はそのような本能が欠けた状態で生まれてくると考える。彼は，次のように述べている。

　　動物はその本能がすべてである。ある他の理性が動物のためにすでに万事配慮しているのである。だが人間は自分の理性を必要とする。人間は本能をもたず，自分で自分の行動の計画を立てなければならない。だが人間はすぐにそうはできず，未開の状態（roh）で生まれてくるのであるから，他の者が代わってそれをしてやらなくてはならない（Kant, 1803／尾渡 訳，1966, p. 14）。

　人間が未開の状態で生まれてくるというカントの洞察は，1951 年に動物学者ポルトマン（A. Portmann）によって，「**生理的早産（die physiologische Frühgeburt）**」として裏づけられている。

　ポルトマンによると，高等な哺乳類の新生児は，どの種もみな，生まれ落ちた時点ですでに，機能のきちんと備わった感覚器官をもっている。また，その体の各部分の割合は，成長した親の姿とほぼ一致しており，親の縮図になっている。その運動や行動も，親にたいへんよく似ている。さらに，その種特有のコミュニケーション手段の要素まで備えている。有蹄類（ウシやウマなど）や，アザラシやクジラ，サルなど，みなこの法則に従っている，という。

　しかし人間は，この法則から外れている。人間の新生児の，頭，胴，脚の割合は，親のそれとは大きく異なり，直立姿勢をとることもできない。コミュニケーション手段としての言語（身振り語）も備えていない。人間が，先にみた理論的に要求される高等哺乳類の新生児の段階に達するのは，生後

ほぼ一年が経過した時点である。

　つまり高等な哺乳類である人間は，本来ならあと一年は母親の胎内で過ごさなければならないから，人間の誕生時の状態は，一種の「生理的」，つまり通常化してしまった早産なのだ，とポルトマンは指摘するのである（Portmann, 1951／高木訳，1961，p. 62）。

　しかし，人間が生理的に早産であるということは，人間が大きな可能性をもって誕生することを意味している。

　人間を含む高等哺乳類のように神経系統が高度に発達した生物は，個体発生における神経系の成熟にも長い時間がかかる。この長い成熟期間を，人間以外の高等哺乳類は母の胎内で過ごすため，誕生の時点ですでに，親とほぼ同じような運動や行動が可能になっている。しかしこのことは，それ以外の発達の可能性が閉ざされていることを意味する。誕生の時点ですでに成熟している類人猿のような高等哺乳類は，態度や運動，コミュニケーション手段などに関して本質的に新しいものを生み出す可能性はまったくない，とポルトマンは指摘している（Portmann, 1951／高木訳，1961，p. 72）。

　これに対して人間は，この成熟期を，生理的早産のゆえに母の胎外でさまざまな刺激を受けながら過ごす。その結果，人間はさまざまな行動様式を獲得しうる可能性をもつことになる。

　しかしこのことは同時に，生まれ落ちたばかりの人間は，人間としての行動様式すら獲得していないことを意味する。他の高等哺乳類が生まれながらにして獲得しているその種固有の行動様式を，人間は生まれ落ちた後に，社会との相互作用を通して獲得しなければならないのである。個体の新たな行動様式の獲得を「学習」とよび，そのような学習を起こさせるための配慮や行為を「教育」とよぶとすれば，ここに，人間にとっての教育の必要性が存すると考えられる。

1-2　学習の可能性

（1）学習の生物学的メカニズム

　乳幼児の生育過程をあらためて描写するまでもなく，人間がさまざまな行動様式を獲得しうることは明らかである。そういった学習がいかにして可能

なのかは，人間の脳の働きを詳細に調べることによって明らかになると期待される。

　一般に「脳」とよばれている灰白色のかたまりは，背骨の中を走る脊髄と一体のものであり，脊髄とともに中枢神経系をなしている。脳を外側から見ると，大脳，小脳，脳幹に分かれており，脳幹の下に脊髄が続いている。大脳の深部には大脳基底核とよばれる神経核群や，大脳辺縁系とよばれる部分がある。大脳辺縁系には，その形状から海馬（hippocampus: ギリシア神話のポセイドンが乗る海の怪獣）とよばれる部分があり，ここは古くから記憶に関係していると考えられてきた。

　平均的な成人の脳の重さは約1400グラムで，およそ1000億個ほどのニューロン（neuron: 神経細胞）によって構成されている。典型的なニューロンは，直径5〜100ミクロンの細胞体から，軸索とよばれる1本の主繊維と，樹状突起とよばれる多くの繊維性突起が出ている。軸索の長さは1mmから，長いものでは1mにも達し，幾重にも枝分かれして他のニューロンの樹状突起や細胞体に接続している。この接合部分は，シナプス（synapse）とよばれ，20〜500オングストロームのわずかな間隙がある。この間隙を化学物質や電気信号が飛び越えることで，ニューロンからニューロンへと信号が伝わっていく。

　一般に，一つのニューロンは数百から数千もの他のニューロンから信号を受け取り，数百から数千もの他のニューロンへと信号を送り出している。つまり脳は，ニューロンの巨大なネットワークだと考えられる。ニューロンのネットワークを走り抜ける信号の起点は，目や耳などの感覚受容器であり，信号の終点は筋肉細胞や腺（汗腺や涙腺など）である。外界からの刺激を受けて新たな行動様式を獲得する，という学習を可能にしている仕組みが，このネットワークの中に存在しているはずなのである。

　現在，学習の仕組みにもっとも深く関係すると考えられているのは，脳内のさまざまなレベルでみられる「**可塑性**（plasticity）」，すなわち，構造的あるいは機能的な変化が一定時間継続する性質である。ミクロレベルでは，シナプスの信号伝達効率が持続的に変化するシナプス可塑性や神経突起（樹状突起や軸索末端）の形態変化，神経細胞自身の出現と消滅などであり，マクロレベルでは脳の領域変化（体積の増加など）がある。

ミクロレベルのシナプス可塑性を実際に観察するには，いまのところ動物実験を行うしかない。1973年にブリス（T. Bliss）とレモ（T. Lømo）は，ウサギを使った実験で，海馬のニューロンに電気刺激を加えると，その活動が1ヵ月以上にわたり高まることを確認した。ブリスとレモは，この現象を「長期増強（long-term potentiation; LTP）」とよんだ。その後，薬理学的な実験により，LTPにはニューロン内へのカルシウムイオンの流入が必要であること，カルシウムイオンの流入は，グルタミン酸受容体の一つであるNMDA受容体を介していることが明らかになっている。

さらに，LTPがある種の行動様式獲得のために確かに必要だということを，1993年に利根川進らが明らかにした。特殊な方法でこのLTPを起こさせないようにしたマウスは，他のマウスが可能な空間学習課題（水槽の中で，水面下に隠れた台の場所を覚える課題）を達成することができなかったのである。

（2）人間における学習

シナプス可塑性のようなミクロレベルの現象を解明することにより，学習を可能にしている脳の仕組みを詳細に説明できるようになる。しかし，それはあくまでも実験動物についてであり，学習活動を行っている人間のシナプスを，直接，顕微鏡で観察したり，実験することはまだできない。

しかし1980年代には，手術を行ったり体内に器具や薬品を挿入することなく，人間の身体の内部構造をある程度可視化できる，MRI（magnetic resonance imaging: 磁気共鳴画像法）装置が実用化された。1990年には小川誠二が，このMRIを使い，局所的な神経活動の亢進を脳血流量の増加に伴う酸化ヘモグロビン濃度の減少から推定するBOLD（blood oxygenation level dependent）法の原理を発見した。この原理によって脳や脊髄の機能を可視化する方法は，fMRI（functional-MRI: 機能的MRI）とよばれている。

ただし，MRI（およびfMRI）による観察は，大がかりな装置の中で観察対象者の体を静止させておく必要があり，またかなり大きな騒音を発する。そのため，日常的な活動を行っている身体を観察することはできない。

1990年代の後半には，近赤外線を用いて頭皮上から脳の働きを簡便に観察する「光トポグラフィ」が開発された。fMRIよりも空間分解能は落ちる

ものの，観察対象者の頭部にプローブを接触させる（帽子のようにかぶせる）だけでよいため，観察対象者はかなり自由に動くことができる。

　これらの観察技術を用いることで，人間が学習を行っているときの脳の中の様子がかなり詳しくわかってきた。例えば，まだ方程式を習っていない中学生に「$3x+2=7$」という簡単な方程式を5日間にわたって学習させた場合，前部帯状回（大脳辺縁系の一部）の活動はしだいに増加していくこと，前頭葉（大脳の前部）の左側は1日目の活動が5日目の活動よりも高いこと，学習が進むと少ない脳活動で同じ問題が解けるらしいことが判明した，との報告がある（久恒，2008，p.232）。

1-3　教育の可能性

(1) 脳の機械論的理解

　さて本章では「教育」を，学習を起こさせるための配慮や行為だと規定しているわけであるが，ここで一つ確認しておかなければならないことがある。それは，前節までにみたようなシナプスレベルの「学習」は，わざわざ「起こさせる」までもなく，いつもすでに生じている，ということである。脳の可塑性によって実現される学習能力は，誰かが脳に付与したものではなく，脳が本来もっている特性である。事実，ポルトマンの生理的早産説は，人間は生まれ落ちた時点で（おそらくはそれ以前から），すでに新たな行動様式を獲得する能力を有していることを示していた。

　したがって，教育という観点で問題になるのは，単に学習を起こさせることではなく，より望ましい学習を起こさせること，さらにいえば，より望ましい学習を生じさせたいという意図の存在である。脳に（目・耳・皮膚等の感覚受容器を通じて）働きかけるにせよ，脳（の入ってる身体）の周囲環境を整えるにせよ，何らかの意図をもって脳の中で進行している学習の過程に働きかけ，よりよい行動様式の獲得を促すということが，教育という概念の一つのとらえ方であろう。

　ここに，脳をとらえる二つの異なる観点が出現することになる。一つは，脳の中を観察し，そこに生じている学習のメカニズムの詳細を明らかにしようとする観点であり，もう一つは，そのメカニズムに外部から意図的に働き

かけ，よりよい結果を導こうとする観点である。メカニズムの解明を目指す前者の観点からは，学習の可能性が，メカニズムの操作を目指す後者の観点からは，教育の可能性が，それぞれ導かれることになるだろう。

　今後，さまざまな科学技術の発達によって脳のメカニズムの科学的な解明はさらに進むだろう。もちろんそれは，学習に限った話ではない。脳を含む，人間の身体のさまざまな現象について，そのメカニズムが解き明かされていくだろう。このような探求の目指すところは，人間を**機械論**（mechanism）的に，すなわち，あらゆる現象を機械的な運動に還元し，因果法則によって説明しようとすることだといえる。

　機械論的に解釈すれば，風にそよぐ木立から舞い落ちる木の葉は，地球の重力と，そこを流れている空気が木の葉に及ぼす力の結果としてそのような軌跡を描くのであって，木の葉自身がそのように落ちたいという目的意識をもつからでも，ましてや，誰かがそのような落ち方を願ったからでもない。あらゆる現象は，自然法則により，そうなるべくしてそうなっているのであって，神や精霊がそれを意図したからではない。これはまさに，近代科学のよって立つ自然観でもある。

　同様に，脳における学習のメカニズムを科学的に解明するということは，自然法則に従い，そうなるべくしてそうなっている，学習の機械論的な理解を完成させるということである。そこには，自然法則以外の原因は存在せず，もちろん神や精霊の意図も存在しない。学習メカニズムの機械論的な理解の中に，教育する者の意図を描き込むことはできないのである。学習メカニズムへの意図的な働きかけという，教育の可能性は，機械論とは異なる観点からとらえる必要がある。

（2）機械としての脳——教育という観点

　さて私たちは，自然界に存在するさまざまな物体の動きを機械論的に理解するだけではなく，それらを特定の目的のために利用しようとすることがある。例えば，杵を搗くという目的のために，重力に従って落下する水の力を利用し，水車を回転させ，その回転力をカム機構で往復運動に変える。すなわち，**機械**（machine）の製作である。機械はかならず，ある目的のために存在している。

ある物体の連なりを機械論的に理解することと，それを機械として認識することは別の事柄である。例えば，風にそよぐ木ぎれが触れ合う運動を，自然法則に従って正確に解析できたとしても（機械論的に理解できたとしても），それだけでは，それが自然に生じた現象なのか，それとも誰かが何らかの目的のために，そう動くことを意図して設置した機械（風車？）なのかは判断できない。メカニズムの中に，そのメカニズムの目的は書き込まれていない。それが機械であるか否かは，そのメカニズムの外部に存在する製作者，または使用者に問い合わせて，初めて判断できるのである。

　また，機械という概念のもとで初めて，「故障」や「改良」という概念も成立する。

　故障は，望ましくない状態であるが，何が望ましくないかは，何を望んでいるかによって決まる。何らかの目的をもって意図的に製作された機械であるからこそ，故障という状態が生じるのであって，目的をもたない自然は，故障しようもない。言い換えれば，故障している機械も自然法則に従って動いている（または，動いていない）のだから，その状態を機械論的に理解することが可能である。ただ，それが故障しているのか否かは，その機械の製作目的や使用目的に照らして初めて判断できるのである。

　同様のことは，「改良」についてもいえる。どうすることがよりよくすることなのかは，何を目指すかによって変わる。ゼンマイじかけの，脱進機を備えた装置の目的が，時間を正確に計測すること（時計）ならば，余計な音（チクタク音）を小さくすることは改良であろうが，一定の拍子を音で知らせること（メトロノーム）が目的ならば，音をより大きく明瞭にすることが改良であろう。

　何が改良なのかは，目的に照らして初めていえることなのだから，目的をもたない自然は改良しようもない。もしも自然を「改良」しようと考えるなら，それは，自然を機械（の一部）として理解していることになる。例えば，水車のために水の流れを整えるなら，水の流れもまた，機械の構成部分として考えられるのである。

　人間の脳についても，そのメカニズム（学習メカニズム）をより望ましい方向へ働くように改良するためには，脳の外部からそのメカニズムに目的を与える視点，すなわち，脳をある種の機械とみなす視点に立つ必要がある。

それがすなわち，教育という観点である。

　脳をある種の機械とみなすことは，その脳の使用者，あるいは製作者の立場に立つことである。脳の外部に立つ者によって，より望ましい学習が生じさせられる，つまり，より望ましいことを学ぼうという学習者の意志が形成される（つくり出される）のである。カントの有名な言葉に，「人間は，教育によってだけ人間になることができる（Der Mensch kann nur Mensch werden durch Erziehung.）」という言葉があるが，カントはこの言葉にすぐ続けて次のように述べている。「人間は，教育が人間からつくり出したものにほかならない（Er ist nichts, als was die Erziehung aus ihm macht.）」(Kant, 1803／尾渡 訳，1966, p. 16)。

　教育は，つくり出す者の立場に立つことによって，初めて可能になる。では，そのような立場に立とうとしているこの私の意図は，いったい誰によってつくられたのだろうか。それはもちろん，私を教育した者によってであろう。誰かを教育しよう（より望ましい学習を生じさせたい）という私の意志は，ある日突然，中空から生じたものではなく，やはり一定の学習の結果として生じたものに違いない。私は，私を教育した人々（教育を相互作用と考えるなら，目前の教育対象者も含まれうる）によってつくられた，といえるだろう。こうして，つくる者とつくられる者，すなわち教育する者とされる者の連鎖が生ずる。カントは，先に引用した言葉にさらに続き，次のように述べている。「注意すべきことは，人間は人間によってだけ教育されるということ，しかも，同じように教育された人間によってだけ教育されるということである」(Kant, 1803／尾渡 訳，1966, p. 16)。

　こうして認識される，教育する者とされる者の連鎖に対して，私たちは脳に対するときと同じように，二つの観点をとることができる。一つは，この連鎖構造を機械論的に理解することであり，もう一つは，この連鎖構造全体をある目的を有する機械（システム）ととらえることである。この連鎖構造をよりよいものにしたいと願うなら，後者の観点に立つ必要があることはいうまでもないだろう。

　しかしここには，一つの問題が生じる。この連鎖構造をなすシステムの改良を考えるためには，このシステムの目的を知らなければならないが，その目的を，このシステムの外部に立つ者が与えたものだと想定することはでき

ない。もしも，システムの外部に立つ者が目的を与えているとしても，私たちは永遠にそれを知ることはできない。なぜならば，私たちはこの連鎖構造に埋め込まれているのであり，その外部に抜け出すことはできないからである。

1-4 システムとしての教育

　1972年，マトゥラーナ（H. R. Maturana）とヴァレラ（F. J. Varela）は神経生理学の研究から得られた知見に基づき，システムの外部に言及することなく自律的なシステムの在り方を記述する「オートポイエーシス（autopoiesis）」という概念を提唱した。

　彼らは，生物は機械である，と断言する（Maturana & Varela, 1980／河本訳, 1991, p. 67）。ただし，生物のような自律的な機械の特徴を十分にとらえるためには，単純な機械に対するときとは違った観点に立たなくてはならないことを指摘する。

　前節で，機械には目的が必ず随伴することをみた。しかしそれはあくまでも，私たちがある物体の連なりを機械であると認識し，機械として記述するためには，目的という概念が必須だということである。この場合の「目的」や「意図」は，機械の外部に存在する観察者の記述のための概念なのであって，機械それ自体の構成要素なのではない。

　しかし，生物のような自律的な機械の特徴をとらえるためには，その機械の構成要素とその関係だけからその在り方を記述しなくてはならない。機械の外部に立つのではなく，いわば機械自身の観点から（もちろんアニミズムではない，と彼ら自身が述べている（Maturana & Varela, 1980／河本訳, 1991, p. 67））機械の動きを記述することが必要なのである。

　マトゥラーナらが注目するのは，生物のもつ，自らが自らを生み出すという性質である。例えば細胞は，新たな細胞を生み出すことができる。生み出された細胞はさらに次の細胞を生み出すことができる。つまり，細胞は，「自己を産出する」というプロセスそれ自体を産出しているのである。また，生み出すべき細胞の種類は場所によって異なる。次に何を産出すべきかも，産出プロセスの中で指示されている。このような，自律的自己産出システム

の特性を表すために，彼らはギリシア語のオート（自己）とポイエーシス（製作）から，「オートポイエーシス」という言葉をつくり出した。

オートポイエーシス・システムは，もちろん生物に限るわけではない。自律的な自己産出によって成立するシステムは，すべてオートポイエーシス・システムである。

ルーマン（N. Luhmann）は，オートポイエーシス概念を社会システムに適用し，その機能システムの一つである教育システムについても論じている。

オートポイエーシス・システムとしてとらえられる教育システムの在り方は，その外部に存在する目的や意図からではなく，システムの構成要素（例えば，個々の人間）間の関係によって記述されることになる。

ルーマンは，次のように述べている。

> いまや，取り組みを迫られている第一の課題は，個別の人間それぞれと経験的に取り組むこと，そして，個別の人間についての理論的記述を，教育の可能性を出発点とする分析——まして教育の意図を出発点とする分析——の反映から，完全に解放することである。（Luhmann, 2002／村上訳，2004, p. 14）

このようにしてルーマンは，システム外部の意図の存在は退けるが，しかし，個々人の抱く，教育しようという意図はシステムの構成要素として存在していると考える。教育は，そのような「教育する意図」から描き出されることになるのである（Luhmann, 2002／村上訳，2004, p. 62）。

ルーマンの教育システム論も，その源流は生物学的な発想にある。今後，科学技術のさらなる発展に伴い，脳をはじめとする人間の生物学的な知見はますます高度に蓄積されていくことは間違いない。そのような知見をふまえたうえで，教育とは何かを問い続けることによって，新たな教育の可能性もまた，見いだされるであろう。

［砂原由和］

【引用・参考文献】
甘利俊一・伊藤正男・利根川進 『脳の中身が見えてきた』（岩波科学ライブラリー99）
　岩波書店　2004

久恒辰博 「学習，可塑性，成体ニューロン新生」 甘利俊一 監修／岡本仁 編 『脳の発生と発達』（シリーズ脳科学4） 東京大学出版会　2008
Kant, I., 1803／尾渡達雄 訳 『教育学・小論集・遺稿集（カント全集第16巻）』 理想社　1966
Luhmann, N., 2002／村上淳一 訳 『社会の教育システム』 東京大学出版会　2004
Maturana, H. R., & Varela, F. J., 1980／河本英夫 訳 『オートポイエーシス』 国文社　1991
OECD教育研究革新センター，2002／小泉英明 監修・小山麻紀 訳 『脳を育む：学習と教育の科学』 明石書店　2005
Portmann, A., 1951／高木正孝 訳 『人間はどこまで動物か』（岩波新書） 岩波書店　1961
田中智志・山名淳 編著 『教育人間論のルーマン：人間は〈教育〉できるのか』 勁草書房　2004

第2章

教育の概念

　教育とは何かという問いに答えることは，ある意味では本書全体のテーマなのであるが，本章では，このテーマに教育という言葉の使い方を検討することで迫ることにしたい。

2-1　教育概念の多義性

　教育は実体（を表す）概念ではない。例えば，石や犬という概念を考えてみよう。石にもいろんな種類があるし，犬にもいろんな種類がある。それでも，石と石でないもの（例えば木），犬と犬でないもの（例えば猫や狼）との違いは比較的はっきりしている。石も犬も自然界に実体として存在している。しかし，石や犬が存在するのと同じような意味で，教育も存在しているとはいえないのである。教育は，石のように触ってみることもできないし，犬のように観察することもできない。教育は実体として存在するものではない。教育は複数の人間の間にみられる作用や関係を表す概念である。作用や関係は目に見えない。関係をとらえることは難しい。石や犬については共通理解が成り立つが，教育についてはそれが必ずしも容易ではない。教育の概念は約束事のようなものである。教室とよばれる空間の中で，教師とよばれ

る大人が生徒とよばれる若者に何か言っているとしよう。この大人は授業をしているのかもしれないし，何か連絡しているのかもしれない。あるいは，ただ雑談しているだけなのかもしれない。コミュニケーションしていることはわかるが，教育しているのかどうかは，見ただけではわからないのである。

実体をさすものでないから，教育の概念は風船のように膨らんだり縮んだりする。さしあたり，教育という言葉がどのように使われているのか，振り返ってみよう。

（1）教育の語義

たいていの教科書では，「教」と「育」という文字の意味が説明されている。「教」という字は，先生が生徒を杖でコツンとたたいている様子が文字化されたものである。また「育」という字には肉月と，逆さまになった「子」の文字が含まれている，というふうに説明されている[1]。

英語の education はラテン語の educare に由来し，educare は（何かを）引き出すという意味の言葉である。したがって，education 本来の意味は，子どもの素質や才能を引き出すということなのだ，と説明される。

（2）教育概念の包括性

教育は包括的な概念で，その下にいくつかの下位概念がある。たとえていえば，教育というのは，いろんなものを包み込んでいる大きな風呂敷に貼られたラベルのようなものである。

子どもが乳幼児のころは，何はともあれ，健康に育てることが当面の目標になる。**養育**とは，栄養のある食物を与えて子どもの身体をスクスクと育てることである。いろんな危険から保護するという配慮がそこに加われば，**養護**という概念が成立する。

子どもがもう少し大きくなり，幼稚園から小学校低学年になると，しつけとよばれる作用が教育の中心になる。しつけとは基本的生活習慣（早寝早起きや食後の歯磨きといった）の形成や外面的行動様式（あいさつなど）の定着を図ることであり，反復訓練による習慣形成がその方法原理である。ある時期の子どもは，大人がやることを何でもまねる。幼児期に特有の模倣とい

う原理を活用することで，しつけは容易になされる。

　しつけと同時期に**社会化**（socialization）が始まるが，こちらはずっと後（青年後期）まで続く。社会化とは一人前の社会人にふさわしいものの考え方やふるまい方を習得することであるが，それらが十分に習得されるまでには長い時間がかかるからである。社会の一人前の構成員には，社会生活を円滑に営んでいくための規範意識や価値観を内面化し，それに適合した行動をとることが求められる。そのために，家庭でも，学校でも，地域や職場でも，社会化が行われる。社会化は意識的に行われることもある（家庭教育や学校教育）が，無意識的に行われることもある。社会化は，社会の側からみれば，未成熟な人間を同化していく過程であり，子どもや青年の側からみれば，社会人にふさわしい思考様式と行動様式を内面化していく過程である。

　社会化と並行して精神形成が行われる。**精神の形成**こそが，養育やしつけから区別される本来の意味での教育である。精神の分類として古くから行われているのは，知・情・意という三分法である。知る，感じる，信じる（意志する）という働きは，精神の分類であるとともに，教育の対象でもある。なお，知・情・意という三分法に一部重なる教育の分類に知育・徳育・体育という三分法がある。知・情・意が教育の対象を精神形成に限定しているのに対し，知・徳・体は精神形成を知育と徳育（心情の教育と意志の教育を合わせて徳育としているわけである）に二分し，そこに体育を加える。

　このように，成長の各時期，各段階に応じて，教育にはいくつかの相（phase）がある。教育は，それらの多様な相を含み込んだ包括的な概念なのである。

2-2　教育とその関連概念

(1) 教育と学習

　教育は教育者の行う活動であり，学習は学習者（被教育者）の行う活動である。それでは教育と学習はどのような関係にあるのか。教育活動は原則として一人では行えない。教育とは基本的に他者の教育（Fremderziehung）だからである。日本で一時さかんにいわれた「自己教育力の育成」のように，自分で自分を教育することを自己教育とよぶことがあるが，この場合にも，

教育する自分と教育される自分は別人格と考えられなくもない。それに対して学習は一人でも行うことができる。

　教育は，教育者の学習者に対する働きかけであるが，その前提には学習者が教育者による働きかけを受け容れる用意があると考えてよいであろう。学習者が望みもしないのに，教育者が勝手に教育活動を行うのはお節介というものであり，学習者の要求を無視して行われる教育活動は学習者の反発を招き，効果を上げるとは考えにくい。少なくとも，学習者が教育者の助力を望むという条件下で行われる教育活動が効果的であることはみやすい道理である。そこで，教育とは学習の支援であるといってよいように思われる。もちろん学習者からの要求がないからといって，教育者が手をこまねいているのは，教育的働きかけとして優れたものとはいえない。時として学習者がいまだ自覚していない学習要求を喚起するという積極的な働きかけを行うことが必要な場合もある。しかしその場合であっても，学習者の内発的欲求を受けて教育活動が行われるのが原則である。

（2）教授と教育

　教育という概念がとらえにくい理由の一つに，同じ教育という言葉が，狭い意味にも広い意味にも使われるということがある。狭義の教育は，徳育という意味に近い。狭義の教育が徳育をさすことは，欧米では学校教育と家庭教育がしばしば対比され，英語でいえば，前者には public instruction，後者には domestic education があてられることからも明らかである。フランス語にも，ドイツ語にも，同様の区別がある（英語の instruction にあたるドイツ語は Unterricht）。学校は主として教授ないし知育を担当し，家庭は主として徳育を担当するという役割分担が，伝統的にみられるのである。

　しかし，教授（知育）と狭義の教育（徳育）を合わせた全体も，教育とよばれるのである。これが広義の教育である。旧東ドイツでは Bildung と Erziehung が対比的に用いられた。その場合は Bildung が知育，Erziehung が徳育ないし訓育である。教授ないし知育と訓育ないし徳育という二分法は，公教育（学校教育）と私教育（家庭教育）という区分に対応しており，Erziehung という言葉はそのうちの一方（徳育ないし訓育）を意味するとともに，両者を包括した上位概念としても用いられるのである。

(3) 狭義の教育と広義の教育

　教授（知育）と狭義の教育（徳育）を合わせたものが広義の教育であると述べたが，その場合，広義の教育も意図的な活動である。しかし，広義の教育には，別のとらえ方もある。例えば「教育はすべてをなしうる」とフランス啓蒙期の思想家エルヴェシウス（C.-A. Helvétius）は述べ，哲学者のカント（I. Kant）も「人間とは，教育によって創り出されたものにほかならない」と述べているが，そこでいう教育は，人間の成長に環境が及ぼす影響の総和という意味である。「人間の成長に及ぼす影響の総和」としての教育は，無意図的な影響をも含むから，知育と徳育を合わせた広義の教育よりもさらに広く，いわば最広義の教育である。ルソー（J.-J. Rousseau）が『エミール』の「序論」で述べている「自然による教育」（身体諸器官の発達）や「事物による教育」（事物との接触による経験的学習）も，最広義の教育に属する。したがって，以上を図式化すると，外延の広がりからいって，教育概念は次の3種類に区別される。

　　　　　　　最広義の教育　⊃　広義の教育　⊃　狭義の教育

　しかし，最広義の教育概念は，あまりに広すぎて役に立たない。教育と教育でないものを区別することが難しいからである。教育学者が教育の概念規定にあたって，結果説ではなく意図説を採用する理由の一つは，この点にある。

(4)「教える」と「教育する」

　何か（例えば英語，テニス，料理等々）を教える（teach）といういい方は，ごく自然である。しかし，自転車の乗り方を教育する（educate）といったり，シェークスピアを教育するといったら，異様な感じがする。原聡介（1990）はこのように「教える」と「教育する」の相違を指摘している。教えるという言葉は，特定の個別的で具体的な知識や技能を教える場合に使われる。それに対して教育という概念は，人格全体に対する総合的・全体的な働きかけをさす場合に使われるのである。それでは「教える」と「教育する」はどういう関係にあるのだろうか。ひと言でいえば，さまざまな知識や技能を「教える」ことを通して，「教育する」こと＝人格全体に対する総合的・全体的な働きかけは行われるのである。

（5）formal education, informal education, nonformal education

　英語圏では，教育を formal education と informal education に分けることが，古くから行われていた。しかし比較的最近になって，nonformal education という新たな概念が登場するようになり，従来の二分法に代わって nonformal education を加えた三分法が採用されるようになったのである。

　これらの英語はいずれも日本語に翻訳しにくい。例えば，formal education を直訳すると「形式的教育」となるが，何のことかわかりにくい。特に日本語の「形式的」という表現は，「形式的なあいさつ」のように，否定的・消極的な意味で用いられる場合があるが，formal education にそのような否定的・消極的な意味はない。また，形式論理学や形式陶冶という場合の「形式的」は，内容を問わない（contents-free）という意味であるが，formal education の formal は，それとも意味が違う。この formal は，formal wear とか，formal dress というときの formal で，「きちんとした」「正式の」という意味である。そこから，formal education を「制度的教育」と意訳することもある。formal education は，形式が整い，制度として確立された教育という意味で，その典型は学校教育である。

　学校教育を考えてみよう。学校には校舎や運動場などの施設・設備がある。学校には教職員がいて，教員は大学等の教育機関で専門的な教育を受けたことを示す免許状をもっている。教科書は「教育課程の国家基準」である学習指導要領に準拠して作成され，検定に合格している。こういう教育のことを formal education というのである。

　formal education が形式的，制度的教育であるのに対し，informal education は，その対極の非形式的で非制度的な教育である。施設・設備もなければ，資格をもった教員もいないし，カリキュラムも教科書もない。しかし，たしかに教育的影響が認められるという場合に informal education というのである。「朱に交われば赤くなる」ということわざがある。優れた人々と交際していると，自然によい影響を受けるという意味である。友だちづきあいは，相手を教育しようとか，相手からよい影響を受けようと思ってやるものではない。楽しいから，馬が合うからつきあうのだが，つきあっているうちに影響を受けることがある。それがよい影響であれば informal education である。informal education は，結果としての教育あるいは機能としての教育といって

もよい。

　気がついてみたら、いつとはなしに教育されていたというのが informal education なら、これを社会化（socialization）といってもよいだろうか。たしかに社会化にも無意図的影響という面がある。しかし社会化は意図的に行われることもあるから、社会化＝無意図的教育とすることはできない。また、意図的であれ無意図的であれ、社会化の力点は社会的行動様式の習得と社会規範の内面化にある。それに対して informal education は、教育的によい影響というだけで、その内容は決まっていない。そういう意味からも、informal education と社会化は区別される。

　また、教育を意図的概念とするなら、informal education には、そもそも意図が欠如しているのであるから、これを無意図的教育、非制度的教育あるいは非形式的教育と訳すことは、厳密にいえば言語矛盾であり、正確には無意図的影響ないし無意図的形成とでも訳すべきである。しかし、そうするとまた別の問題が出てくる。というのは、無意図的影響ないし無意図的形成は文字どおりの意味にとるならば、よい影響とばかりはいえないはずだからである。意図的教育は、無意図的影響の大きな力を意識しつつ、それを望ましい方向に規制することにその役割があるのである。

　しかし近年、formal education ではないが、さりとて informal education でもないものの存在が意識されるようになり、それが nonformal education とよばれるようになった。その具体例として、発展途上国における巡回図書館があげられる。巡回図書館というのは、自動車に本や絵本を積んで、学校のない地域の村々を定期的に巡回し、子どもたちに書物に親しむ機会を提供することをいう。ただそれだけのことであるが、そこには子どもたちに学習の機会を提供しようとする意図がある。子どもたちを教育しようとする意図によって、その活動は informal education からは区別される。しかしその活動を formal education とよぶことはできない。このように、子どもを教育しようとする意図はあるものの、施設も教師もカリキュラムもない学習支援活動の存在が意識され、それが formal education とも informal education とも違うことから、nonformal education とよばれるようになったのである。

2-3　意図としての教育と結果としての教育

　教育概念の定義には意図説と結果説があって，対立している。

　結果説というのは，成功的定義ともよばれていて，結果的にうまくいった（成功した）場合に教育が行われたとみる立場である。どんなに意図的に教育活動を行っても，意図的に行ったというだけでは，予期どおりの望ましい結果が得られるという保証はない。教育が意図的・計画的・継続的に行われたかどうかは，どうでもよいことであって，結果（教育的効果があったということ）こそが大事だ，という立場である。無意図的教育（informal education）も結果説に立っている。授業で結果説を説明するとき，筆者はしばしばプロ野球選手のイチローを例にあげる。イチローにあこがれて，自分も野球選手になりたいと思い練習に励む少年は少なくないだろう。イチローは結果として野球少年たちに教育的影響を与えている。しかしイチローは少年たちを教育しようと思っているわけではなく，野球選手としてベストを尽くしているだけである。

　これに対して意図説とは，教育行為の成立を，結果ではなく意図の有無によって判断する立場である。結果は，常にはっきりと確認できるとは限らない。また，ある時点では成功とみえたことが，後になって失敗と思えることがある。例えば，小学校から塾に通い，中学生まではその効果があって成績がよかったのに，高校生になってからは伸び悩み，ついには目指していた大学に入学できなかったという場合である。このように，教育が成功したかどうかの判断は必ずしも容易ではないし，どの時点で判断するかによって結果（成功か失敗か）が変わってくる場合がある。それに対して，教育意図の確認は比較的容易である。当人に意図の有無を確かめてみればよいからである。だから，教育学では意図概念を採用している。次に示すのはドイツ語圏を代表する分析的教育哲学者ブレツィンカ（W. Brezinka）による教育の定義であり，現代教育学における標準的な教育の定義といってよいが，この定義も意図説に立っている。

　　　教育というのは，他者の心意的な諸性向の組織を継続的に改善したり，その価値あるものと評価される構成要素を保持したり，よくないものと評価される性向の発生を防止しようとする人間のもろもろの行為の

ことである。(Brezinka, 1978／小笠原 監訳，1990，p.58)

　教育学は結果説ではなく意図説を採用していると説明すると，学生は怪訝な顔をする。なぜなら，意図説に従えば，実際に教育効果を上げている（ようにみえる）作用でも，意図が確認されなければ，教育とは認められないからである。その逆に，効果が上がっていなくても，意図が確認されれば，教育が行われたことになるからである。こういう議論はおかしいというわけである。教育効果を上げているものを教育と認めず，効果がなくても意図が確認できれば教育とするのは，議論のための議論にすぎない，というのである。

　教育を意図的で計画的な活動に限定しようというのであれば，それはそれでよい。しかしその場合，教育の外に広がり，人間の成長・発達に影響を及ぼしている諸々の作用を無視することはできない。つまり，人間は決して教育によってだけ形成されるわけではない。いや，むしろ人間形成の過程において，教育はほんの一部を占めているにすぎない。人間は教育をも含む諸力の相互作用の中から生成してくるのである。こう主張するのが教育人間学の立場である。その立場からすると，教育の概念を意図的なものに限定するかどうかは本質的な問題ではない。真に問題なのは，人間の形成あるいは生成過程を教育だけで説明しようとすることにある。子どもが学校だけで教育されるという考えに無理があるように，人間の成長・発達・変容過程を教育だけで説明することはできない。

2-4　事実としての教育と価値としての教育

　価値（当為，理念）としての教育とは，教育を望ましいもの，価値あるものとみる見方のことである。例えば，教育とは，被教育者を価値ある状態へ高める，理想追求的で価値実現的な行為であるとする定義がある。教育をこのように定義すれば，望ましくない教育などというものはありえないことになる。しかし，そうだろうか。教育はいつもそのように望ましい営みであるといえるだろうか。例えば，ナチス・ドイツや軍国主義時代の日本における教育もよいこと，すばらしいことだったか。むしろ，教育の名のもとに間違ったこと，教育とはよべないようなことが行われていたのではないか。た

しかに教育は理想の追求であり，価値の実現であるべきだろう。しかし現実の教育は必ずしもそうではなかった。教育が理想追求的で価値実現的な行為であるというのは，したがって，事実ではなく，教育に対する期待や願望の表明にすぎないのである。

期待や願望の表明であるという自覚のもとに，このような教育概念が唱えられるならまだしもよい。その場合，この概念と一致しない現実をなんと説明するかという問題は依然として残るけれども，教育の概念をこのようにとらえたいというのであれば，そのこと自体は問題ではない。教育をどう定義するかは論者の自由だからである。しかし，願望の表明という自覚がないままに，この概念が唱えられているとしたら問題である。事実としての教育と価値としての教育が混同されることになるからである。

教育目的はなるほど理想的な契機を含んでいるであろう。しかし教育目的は，働きかけの主体によって設定されるものである。教育目的は，働きかけの主体によってそうであるとみなされた理想なのである。極論すれば，主体が理想であると信じた教育目的が，客観的には全然そうでないということもありうる。もちろん，こういう極端なケースは現実にはそうあるものではない。しかしいずれにしても，教育目的が主体によって抱かれるものである以上，それは主観性の契機を完全に払拭することはできないのである。

したがって「教育とは理想追求的で価値実現的な行為である」という命題は，次のように訂正されなければならない。すなわち「教育とは，主体が理想ないし価値と信ずる教育目的を実現しようとして行われる客体への働きかけである」と。教育は，主体が客体に対してよかれと思って働きかける行為である。しかしそのことは，教育が客観的にもよい行為であることを必ずしも保証しない。相手のためによかれと思ってなされる働きかけと，相手にとってよい働きかけとは違うのである。教育に携わる者は，特にこの点の区別をわきまえ，自身の行為の価値について独善に陥ることがないように注意しなければならない。

このような控えめな教育概念は，しかしだからといって，教育の価値をいささかもおとしめるものではない。教育目的に主観的な契機が含まれるということは，教育が価値のないものだということを決して意味しない。ただ，いいたいのは，最も崇高な教育も，最も愚劣な教育も，等しく客体のために

よかれと念じて主体が行う働きかけだということである。ある行為を教育とよぶことができるかどうかは，この一点にかかっているといって過言ではない。

2-5　教育 対 人間形成

　最後に，教育における強制の問題について検討したい。宮寺晃夫（2009）は「教育の概念規定のあり方：規範主義と事実主義の相反」において，次のように述べている。

> ……教育の「大きな物語」を前提にしないで，人が人になりゆく事実と過程と変容を追跡することから教育を論じることが，教育哲学の潮流として市民権を得てきている。「教育人間学」がそれである。
>
> しかし誤解をしてはならない。この傾向は教育の概念を解体したり，不要にしたりしていくことを意味しない。(中略)「教育」の適用範囲が相対的に狭くなっただけである。(宮寺, 2009, p. 59)

　「教育人間学」は，教育の代わりに人間形成とか，人間生成という言葉を好んで使う。そこでこの立場を「人間形成」派とよぶことにしよう。「人間形成」派が教育という言葉を積極的に使わないのは，教育に対してある種のマイナスイメージを抱いているからである。

　意図的な行為としての教育に対して，嫌悪感とまではいわないまでも，一種の警戒感が抱かれるのは，教育という営みには，たとえ善意から出ているとはいえ，主体が正しいと信ずる方向へ客体をコントロールしようとしたり，主体の抱く理想を客体に押しつけたりする傾向があるからである。要するに，教育のもつ統制的性格，強制的性格が疎まれるのである。

　それに対して，自他ともに許す「教育」派の宮寺はいう。「教育人間学」も結構だが，それで教育が「解体」されるとか，「不要」になると考えるとしたら，それは甚だしい「誤解」である。教育の「適用範囲」は以前と比べて「相対的に狭くなった」ものの，教育の存在理由が失われることはない，と。

　宮寺はまた，教育の概念には「論者の規範的判断を払拭できない部分」が残る，ともいう。教育について価値中立的に論じようとしても，そこには

「論者の規範的判断」が，つまり，教育はこうあるべきだ，こうあってほしいという論者の判断が入り込む，という。しかるに，この新たな傾向（＝「教育人間学」）は，「教育の規範概念へのニヒリズム」を助長した，と宮寺はいう。「教育人間学」は，あるべき教育を語ることに対して，人をニヒリスティックにさせた。あるべき教育といったところで，しょせんは個人の主観的な信念の域を出ない。あるべき教育については，相対主義的にしか語れない。

　もっとも，「人間形成」派も，教育がいっさい不要と主張するのではない。教育の押しつけがましさには辟易するけれども，だからといって，「反教育学」などの教育否定論あるいは教育無用論へ走るのも極端である。そこで，学習者による主体的で自律的な自己形成活動を支援するという控えめなスタンスが好ましいものと思える。「ソフトな教育」路線とでもいおうか。人間は多様な要因が複雑に絡み合うなかでおのずと形成されていくものであって，教育はその一つの要因にすぎない。人間形成過程における教育の影響を過大視するのはやめようという立場が主張される。

　このように，教育という営為自体に内在する一種の強制的性格に対して，懐疑的な見方が示される。たしかに教え子には教え子の人生がある。教え子の人生に介入することに対して，教育者は慎重であるべきだ。相手が望まなかったり，相手の同意が得られないことを強制するのは差し控えるべきだ。相手に何かをやらせようとしたら，その必要性をわからせ，同意を取りつけるべきだ。つまり，強制は悪だという感覚が私たちの中にもある。しかし，私たちはその感覚に縛られすぎてはいないだろうか。

　教え子が要求することを支援するだけというかかわり方で，教育者としての責任が果たせるだろうか。相手が自立した大人であればなんら問題はない。相手が望まないことや同意しないことを強制することはできない。その結果，何か問題が生じても，それは相手の自己責任である。しかし，教育者が相手にするのは自立できていない子どもや若者である。そういう場合，教育者は相手にいやがられたり反発されたりするのを覚悟のうえで，積極的に指示する必要があるのではないか。

　強制的に何かをやらせたり禁じたりするのは教育ではない。だから，子どもの好きにさせておいたら失敗するのが明らかな場合でも，相手が説得に応

じなければ，教師はそれ以上の働きかけをやめるべきなのか。それとも「つべこべいわずに，私のいうとおりにしなさい」と指示すべきなのか。教育に携わる者は，この問いから逃れることはできない。

［新井保幸］

【注】
1) 山崎高哉（2007）は，教育，学習，発達の語義について詳細で見事な分析を行っている。

【引用・参考文献】
Brezinka, W., 1978／小笠原道雄 監訳 『教育学から教育科学へ：教育のメタ理論』 玉川大学出版部　1990
原聡介 編 『教育と教育観：現代教育の本質と目的を考えるために』 文教書院　1990
宮寺晃夫 「教育の概念規定のあり方：規範主義と事実主義の相反」『教育哲学研究』100 号記念特別号　2009
山崎高哉 「教育と学習」 江原武一・山崎高哉 編著 『基礎教育学』 放送大学出版会　2007

第3章

教育の理念

　教育の理念と概念はどう違うのか。前章を読んだ方は本章のタイトルを見て，そう思うだろう。その疑問はしごく当然のことである。理念という言葉にはあるべき姿という意味があり，ここでもその意味で用いている。教育の理念とは，教育のあるべき姿，教育本質論といってもよい。教育というものは本来こうあるべきではないかというのが，教育本質論であり，教育の理念論の主題なのである。そのような教育の理念として，とりあげるべきことは何か。ドイツの教育学には教育という営みの本質的特徴をとらえようとする伝統がある。例えばシュプランガー（E. Spranger: 1882–1963），リット（T. Litt: 1880–1962），ボルノウ（O. F. Bollnow: 1903–1991）などである。それらの先行業績に学びながら，教育の理念について考えてみたい。

　昔の人は，教育とはいったい全体何であろうかと問いを発し探究するうちに，身近にあるものになぞらえて，その特質を説明してみようと思ったようである。よく知られているものに，ものをつくること，植物を育てること，動物を飼い馴らすこと，の三つがある。

3-1　ものづくりとしての教育

　ものづくりとは，自然界に存する原材料を加工して，人間の利用に供する品物をこしらえることである。例えば，原始時代なら，石や動物の骨を尖らせて武器などの道具をこしらえた。刀剣や槍，弓矢などの武器を製造することや，農作業に使う鋤(すき)や鍬(くわ)などの農具をつくることはその延長上にある。

　素材は土だったり，石だったり，木材だったり，鉄や銅などの金属だったりする。それらの素材に共通するのは無生物だということである（もっとも，酒づくりなどは酵母等の微生物に大きく依存するので，ものづくりの対象は無生物と言い切ってしまうことはできないが）。原材料が生物であるなら，つくり手である人間の意のままにならないこともありうるが，命をもたない物質であるならば，勝手に動くことはない。

　もちろん，命なき物質だからといって，つくり手の自由自在になるわけではない。曲げたり，切ったり，砕いたりといった加工作業において素材の抵抗はある。柔らかくて加工しやすい木材もあれば，硬くて加工に骨の折れる木材もある。

　しかし素材の性質を十分にわきまえ，それを計算に入れたうえで素材に働きかければ，製作者の意図するものをある程度予想どおりこしらえることができる。もっとも，そう言い切れない例がここでも思い浮かぶ。焼き物の例である。陶工は茶碗や皿やその他の品の形を整え，釉薬(うわぐすり)を塗ったりして，窯に入れて焼き上げる。しかしどんな完成品ができあがるかは必ずしも予測できない。予測に反して満足のいくものができなかった場合，陶工はせっかくできあがったものを惜しげもなく自らたたき壊してしまうことがある。ある程度予測どおりのものが，何割ぐらいかわからないが，仕上がる場合もあるであろう。そしてまれには，予測以上のものができあがることもあるかもしれない。その違いは，ひと言でいうと火加減（燃料や気象条件も含め）によるものらしい。火加減は，ある程度はコントロールできても，完全にコントロールすることは難しい。そこに偶然性とか一回性という要素が入り込む余地がある。

　さて，ものづくりは必ずしも日常生活の用具とばかりは限らない。いいかえれば，ものづくりは技術的製作ばかりとは限らず，芸術的な制作の場合も

ありうる。技術的製作は同じ品質のものをいくつも複製することが可能だが、芸術的制作ではすべてが一回的である。

　人間が相手の教育をものづくりになぞらえるとは、いかにも乱暴な話だと思われるかもしれない。人間は生きており、赤ん坊でさえ自分の意思をもっている。そういう人間をもの言わぬ物質にたとえることにははじめから限界があることはわかっている。にもかかわらず、教育は、しばしばものづくりにたとえられてきた。最も有名なのは「鉄は熱いうちに打て」という格言であろう。熱いうちは加工しやすい。冷えてきたら加工しにくくなる。人間もそれと同じで、若いうちは柔軟性があるから教育可能性が高い。年をとると、身体も心も言うことを利かなくなる。言いえて妙である。精神をもの扱いするのは問題だが、人間のうちにも、もののようにこしらえたり鍛えたりできるものがあるのではないか。

　例えば、体力である。放っておいたのと、練習によって鍛えたのでは違ってくるのは当然である。学力や知力といったものはどうか。こしらえることや向上させることができるもの、そうしたほうがよいもの、は現実にある。体力や知力があるのと同じような意味で、徳力というのがあるかどうかはわからないが、意思力という言葉はある。気持ちでさえ鍛えられるのである。

3-2　成長にゆだねる教育

　私たちの身体にも、心にも、知能にも、形成したり鍛えたりする余地があることは、以上の考察から理解できよう。それは確かである。しかしながらそれは、私たちのすべてがこしらえられるという意味ではない。ここにもう一つ、教育を、植物を育てることになぞらえる考え方が成立することになる。教育に携わる者を園丁、庭師にたとえる考え方である。

　広い庭にはたくさんの植物が植わっている。植物にはそれぞれのもって生まれた性質がある。風に逆らわずそよぐ草も、その逆に強風をものともせず立ちはだかる太い幹の木々もある。陽当たりを好む植物も、それが苦手の植物もある。水分をたっぷりと吸う植物も、ちょっとあればそれでいいという植物もある。多くの植物は春から秋にかけて花を咲かせ、冬にはひっそりとしているが、冬になって花を咲かせる植物もいる。植物は多様である。園丁

は各植物の特性をよく知っていなければ務まらない。それぞれの植物が何を好み，何を苦手とし，何を求めているかをよく知り，それぞれの植物をそれに適した環境の中に置いてやらなければならない。植物はものを言わないけれど，どうしてほしいのかをちゃんと表現している。園丁はもの言わぬ植物たちの声に耳を傾けなければならぬ。

　陽当たりをあまり好まない植物を，たっぷり陽を当てなければならないと思って，陽の当たるところに置き続けると，だんだん弱ってきて，場合によっては枯れてしまう。植物にはそれぞれの特性があり，それを無視したのではうまくいかないのである。しかし逆にそれぞれの植物は，好適な条件の中に置かれて世話をされれば，それ本来の可能性を十分に実現できるということでもある。下世話にも「桃，栗3年，柿8年」という。桃や栗の実は3年経てば得られるが，柿の実を得るには8年かかるというわけである。3年間で柿の実を得ようというのは無理な話なのである。

　人間にもそれぞれの素質があり，それを自己実現させるようにするのがよい。これが「成長にゆだねる教育」の基本的な考え方ということになる。各人がもって生まれた素質，天分を伸ばすという考え方である。これは一種の自己実現論である。内在する素質がおのずから展開していくという考え方である。そうだという証拠はないが，そうでないという証拠もない。将来どうなるかは遺伝子の中に全部インプットされていて，それが与えられた環境の中で十分に自己実現するか，それとも不十分な自己実現にとどまるか。

　これはある意味では素質決定論ということになる。ものをこしらえるように，人間はどういうふうにもできるというのを教育万能論ないし環境決定論というけれども，有機的成長論では成長の目標も方向もあらかじめ決まっていることになる。両者は鋭く対立する。

　素質決定論で最も説明しやすいのは，能力的なものではなく，性格的なものではないか。生まれつき活発で積極的な者もいれば，控えめでおとなしい者もいる。自己顕示欲の強い者（目立ちたがり屋）もいれば，その逆に引っ込み思案な者もいる。生まれながらの指導者といった趣の者もいれば，指導者についていくことが性に合っている者もいる。惣領の甚六といわれるようにおっとりした性格の者もいれば，せっかちな性格の者もいる。これらの性格特性は，どれがよくてどれが悪いということはない。どれもみなあってよ

い。どうでなければいけないということはない。

　それらの性格は，素質と環境の掛け合いの中で形成されたものだと考えることもでき，実際そう考えるべきであろう。そういう考えを**輻輳説**（ふくそう）というが，輻輳説も素質要因を仮定しているわけである。素質要因がそのまま顕現するのか，環境要因との輻輳で変化して発現するかはともかく。しかし，ある一定の年齢に達すると，「もって生まれた」とでもいうほかはないような性格が現れてきて，一度定まるとめったには変わらないようになる。素質は基本的には伸ばすべきものだが，何でも伸ばせばよいというものではなく，基本的には変えられないにせよ，それを洗練させていくことは必要だし可能である。例えばせっかちな性格は基本的に直らないのかもしれないが，それを応用して何事につけても先々の準備を怠らないようにすれば，その性格を活かしたことになる。ある人は物事を悪いほうに悪いほうに考えがちな悲観論者なのだが，その性格を活かせば，最悪の事態に備えてあらかじめ手を打っておくことができるのである。

　この考え方と，先の「鍛える，形成する」という考え方は矛盾しないだろうか。各人の素質や向き不向きを無視して，一様に力を付けさせようとするのであれば，それは矛盾である。しかし，各人の個性に配慮しながらも，それでもまだ伸びる可能性があると考えること自体は必ずしも矛盾ではないだろう。両者を適度に組み合わせること自体は可能だということである。

3-3　調教としての教育

　教育という営みを，ものをつくることや植物を育てることになぞらえることができるならば，動物を飼い馴らすことになぞらえるという発想も早晩出てくるであろう。なぜなら人間は，命はあっても，動くことも意思表示することもない植物とは異なり，活動し，好悪や欲求をストレートに表現する動物にいっそう近いのだからである。

　動物を飼い馴らし人間の目的に供することを，**調教**，馴養，馴致などという。調教といって最初に思い浮かべるのは，サーカスでさまざまな動物（チンパンジー，ウマ，クマ，果てはライオンやトラなどの猛獣まで）を意のままに操る場面だろう。

調教の基本原理はアメとムチである。調教師の指示に従わなければ，ムチでたたかれる。逆に指示どおりの行動をとれば，アメ（報酬）をもらえる。動物は思いどおりに行動することを許されない。自分の意思をもつことは許されない。調教師と調教される動物の関係は，基本的に主人と奴隷の関係である。調教とは，対象の動物を調教師の完全な支配下におくことである。従順が動物にとっての美徳であり，反抗や自由は悪徳なのである。調教師と動物の関係が相互の愛情や信頼で結ばれているようにみえても，基本的な構造がムチへの恐怖とアメの誘惑であることは変わらない。

　一方が他方を完全に制圧し，他方は相手に服従するしかないという，権力的関係が教育のモデルになるのだろうか。難しい問題である。理想的な教育はともかく，現実には教育的関係は権力的関係を含む。教員には懲戒権や単位認定権が認められており，高校生以上なら退学させることもできる。司馬遼太郎は，文明というのは人間を飼い馴らすための装置である，と述べた。その場合の文明というのは主として，儒教やキリスト教などの世界宗教をさしているのだが。

　教育とは何かを考える際，調教が参照されるのは，子どもの奔放なエネルギーをいかに制御するかが課題になるからであろう。むやみに抑えつければよいというものではないが，さりとて傍観していることも許されない。さてどうするかというときに，調教は一定の示唆を与えてくれる。それはどういうことか。

　教育的関係も，説得が功を奏さないときは問答無用とばかり力による解決に訴えるという意味で，つまるところは権力関係もしくは暴力関係に帰着するのだが，それはあくまでも最終手段であって，そうならないに越したことはない。調教からの示唆は，規律を守らせるために報酬と制裁という仕組みが有効だということ，である。しかし報酬や制裁は物的なものや暴力ではなく，言葉による承認や否認であることが望ましい。つまり，教師の期待に応えてくれたときには誉め，教師の信頼を裏切ったときには叱責するという具合である。それから，相手の欲求を無視ないし否定するのではなく，ある限度内での表出や発散はこれを認めるようにすることである。つまり，徹底的に力で制圧するというやり方では，相手は無気力になる可能性がある。相手のやる気をなくさせては元も子もない。相手のエネルギーや欲動を，社会的

に望ましい，あるいは無害な水路に放出させる必要がある。心理学ではこれを水路づけという。荒れていた伏見工業高校にラグビー部をつくり，不良少年たちを見事に立ち直らせた先生の話はNHKの「プロジェクトX」などでもとりあげられたが，まさにこのケースにピッタリだと思う。司馬遼太郎が，文明は人間を飼い馴らすための装置であると喝破したとき，彼も同じことを考えていたように思う。

　つまり，教育には相手の意思や欲求をどう取り扱うかという問題があるのだが，ものづくり論や植物類推説はその問いに答えられないのである。上品とはいえないが，調教論が参照されるのは，そのためなのである。人を見て法を説けという言葉があるが，教育という営みは信頼と優しさだけではやっていけないことがある。それがかえって仇になる場合がある。相手に要求すべきことは断固として要求しないといけない。そういう場合に，この教育＝調教説は参考になる。

　最後に，調教といっても，腕っ節が強くないといけないわけではないということを述べたい。かつて京都大学の人文科学研究所（人文研）に桑原武夫という名教授がいた。桑原先生は人文研の所長も務めた。人文研には若手の腕に覚えのある研究者たちがたむろし，自説を譲らず相手が誰かれかまわず攻撃するので，猛獣と恐れられた。そんな猛獣たちが桑原先生の前に出ると，どうしたわけか，借りてきた猫のようにおとなしくなったという。そこで，自身も「猛獣」の一人だった（と推察される）梅原猛氏は，桑原先生を「稀代の猛獣使い」と評した。「猛獣」たちが桑原先生の前では，調教師の前の動物のように従順になったのはなぜか。そのわけは桑原先生が亡くなったときに判明した。通夜の晩，集まった「猛獣」たちが桑原先生の思い出を語り出し，そのうち先生に一番愛されたのは誰かという話になり，「猛獣」たちが一様に「それはもちろん私だ」と言ったのである。何のことはない。桑原先生は「猛獣」たち一人ひとりに「あなたには期待してますよ」「私はあなたを評価してますよ」と声をかけていたのである。尊敬する大先生のひと言は「猛獣」たちの心をとろけさせてしまった。「猛獣」をおとなしくさせるのにムチはいらない。ちょっとした誉め言葉があればいい。大事なのは「猛獣」たちが日ごろ尊敬している人からの言葉でないと効果がないということなのだが。

3-4　文化現象としての教育

　ここまで，教育の本質的特徴を解明するのに，ものをこしらえたり，植物を育てたり，動物を飼い馴らしたりすることと対比してみてきた。それらはいずれも教育そのものではないが，教育の在り方を考えるうえでヒントを与えてくれた。

　教育を何かに見立てるやり方には，このほかにも技術や芸術になぞらえる議論がある。この議論を行っているのはリットの『教育学的思考の本質』(Litt, 1927／石原 訳, 1971) である。いささか難解な議論だが，彼の議論をしばらくたどることにしよう。

　リットは，芸術的行為と教育的行為を比較していう。両者に共通するのは，何らかの「形式」を与えようとする意図をもって対象に働きかける点である。ちなみにリットは「形式」を，主体の念頭にある，対象の理想的な在り方という意味で用いている。しかし両者には相違点もある。芸術的行為では，形式は素材と無関係に決められる。芸術家は，素材の制約を克服して，付与すべき形式を自由に決定する。しかるに教育的行為では，形式は対象と無関係に主体の一存で決められるのではない。むしろ形式は，対象そのものの中に潜在しているとみるべきである，とリットはいう。

　リットはまた，教育的行為と技術的行為を比較してこういう。技術学の任務は，目的を実現するための有効な手段を考え決定することである。技術的行為では，目的は外から与えられる。つまり，目的の妥当性が問われることはない。それに対して教育的行為では，手段だけでなく，目的（被教育者に付与すべき形式）の妥当性も問われる。しかも，教育の目的は，被教育者の特性を無視して教育者が任意に決めてよいわけではない。むしろ，被教育者に宿る形式を実現することこそが，教育の目的とされるべきである。技術者は与えられた目的を実現する手段だけを考えればよいが，教育者は目的を考えなければいけないし，その目的は「被教育者に宿る形式」の実現であることが望ましい，とリットは述べる。どのようにして「被教育者に宿る形式」を見いだすかという問題はあるが，おおむね妥当な主張であるといってよいように思われる。

　リットはまた，植物を育てたり動物を飼ったりすることと対比させて，教

育の特質を次のように論じている。教育は，対象に潜在する形式の実現を目指す園芸や飼育にたとえられる。しかし教育には，園芸や飼育と決定的に違う点がある。それは，植物や動物が実現すべき形式は一義的に決まっているが，被教育者の形式は固定してはいないということである。被教育者が実現すべき形式は一人ひとり異なっている。同じ種類のバラの花はどこで咲いても同じバラだが，同一個人であっても，その素質がどういう展開をみせるかは，どういう環境で育つかによっておおいに変わってくる。そこにはほとんど無限のバリエーションがある。ある個人がどういう素質をもっているかをあらかじめいうことはできない。素質は，発現したあとで結果として確認されるにすぎない。それでは発現しなかった場合，素質はなかったのかというと，断定はできない。別の環境で育ち別の教師についていたら発現したかもしれないからである。つまり，素質の有無を，それ単独で問題にすることはできない。したがって，教育を園芸や飼育にたとえることは，教育を芸術や技術にたとえることとは逆の理由で，不適切である。教育を芸術や技術にたとえることが不適切であるのは，被教育者の特性を考慮していないからである。しかし，教育を園芸や飼育にたとえることが不適切であるのは，教育を潜在する形式の助成に限定しているからである。教育とは被教育者に形式を与えようとする営みであるが，教育者は芸術家のようなフリーハンドをもっているわけではない。さりとてまた，被教育者の形式は，植物や動物のように先天的に決まっているわけでもない。およそこういう意味のことをリットは論じている。

さて，どういう環境で育つかによって発達には無限のバリエーションがあると述べたけれども，環境の違いを考えるうえで何よりも重視しなければならないのが文化である。なぜなら教育が園芸や飼育と違うのは，人間が精神的な存在だからであり，この精神生活を形成するのが文化だからである。被教育者は外在的文化を習得することで精神を形づくり，外在的的文化は被教育者のうちに浸透して彼を精神で満たす。被教育者と文化の相互浸透過程こそ，教育という文化現象にとって基本的なものである，とリットはいう。

教育者は被教育者にどういう形式を付与すべきか。この問いに答えるためには，被教育者の現状を知らなければならない。現状を無視して実現すべき形式を設定するのは現実的ではないからである。しかし他方で，被教育者が

実現すべき形式を考えるから，それとの関係で被教育者の現状が位置づけられるという面もある，とリットは述べる。被教育者の現在を知ることで，彼の可能的な未来を構想するとともに，可能的未来を考えることによって生徒の現在がみえてくる。被教育者の現在と未来は相互に浸透し合うのである。

3-5　生涯にわたる発達

　アメリカの代表的な教育哲学者デューイ（J. Dewey）のいう「成長としての教育」も，一つの教育理念である。ここには，教え子をある特定の方向へ導くという発想はみられない。彼は，方向づけ（指導）としての教育という立場をとらず，よりさらなる成長を図ることをおいて，ほかに教育の目的はない，という立場をとる。生涯教育，生涯学習という概念は「成長としての教育」論と親和的である。

　「成長としての教育」は，誰にも，いくつになっても，原理的には可能である。若者や健常者はもとより，高齢者にとっても，ハンディキャップのある者にとっても，成長は可能である。その場合，成長は必ずしも通常のような右肩上がりのものばかりとは限らない。例えば，音楽家，ピアニストのことを考えてみよう。テクニックなどの技術的な面に注目して30代と60代を比較すれば，加齢に伴う技術的な衰えということは当然のことながらある。指は思いどおりには動かなくなるし，視力の衰えはミスタッチを引き起こしがちである。しかし演奏の評価は技術だけでは決まらない。もしそうだとしたら，ピークを過ぎた演奏家に存在理由はない。せいぜいのところ，老化をいかに遅らせるか，現状をいかに長く維持できるか，が問題となるにすぎない。

　そうではあるまい。技術的には衰えても，それをカバーするものがあるのだ。音楽評論家の吉田秀和氏は，かつてピアニストのヴィルヘルム・バックハウス（W. Backhaus）を論じてこういった。若いころのバックハウスは，どんな難曲をも楽々と弾きこなすテクニックをもっていて「鍵盤上の獅子王」との異名をとっていた。しかし，その演奏はメカニック的であり，深みに欠ける憾みがあった。しかるに70歳を過ぎた晩年のバックハウスの演奏を聴いて，さすがに技術的衰えは隠せないものの，その温かみのある音の響

きに驚いた。それで吉田氏はバックハウスに「あなたは変わりましたね」と訊いた。それに対してバックハウスはこう応じた。「いいえ，私は何も変わっていません。私は昔から自分が理想と信ずる道を歩き続けてきただけです」と。バックハウスの答えは非常に興味深いし，吉田氏の理解とのギャップをどう解釈するかは考究するに値する問題であるが，ここではその問題にはふれない。年を取っても人は変わりうる，成長しうる。技術的衰えにもかかわらず，新たな境地，音楽的世界をつくりあげることができるということを確認すれば十分である。もしかしたらそれは，倦まず弛まず努力してきた人が高齢に達して初めて到達できる境地なのかもしれない。晩年の演奏が全盛期のそれと比べてあらゆる点で優れているなどとはいえないだろうが，晩年の演奏には全盛期のそれにはない価値がある。この話は，年を取ることが必ずしも悪いことばかりではないという希望をもたせる。

　このことは音楽家だけでなく芸術家一般についていえることだろう。いや芸術家だけでなく宗教家や思想家にもいえることだろう。どこまでいえるかはわからないが，成長をやめない限り，絶えず工夫を続け課題意識をもち続ける限り，発展はありうる，といってよいように思う。

3-6　覚醒としての教育

　20世紀の中盤，ヨーロッパを中心として，実存主義（Existenzialismus）ないし実存哲学（Existenzphilosophie）とよばれる思想がさかんに行われ，その教育学的意義が検討された。実存主義は，不条理な世界に個人が単独者として投げ出されていることを強調する。安穏な日常生活を送っている者が，何らかの危機的な経験（孤独，挫折，病気，親しい人間の死など）をきっかけとして，人生の深淵をのぞき込むような瞬間がある。慣れ親しんできた日常生活の基盤が突き崩され，それまでの自分の生き方が根底から問いに付され，このさき自分は何をよりどころとして生きていったらよいのか，という問いに直面させられる。とはいえ，そういう不安な時間も長くは続かず，幸か不幸か私たちは，何事もなかったかのように，再び日常性に回収されていくのではあるが。人生においてそう何度も訪れるわけではない，突発的に出現する非日常的な瞬間に，まどろみから揺り起こされ自分本来のあり

ように目覚めさせられることを「覚醒」という。覚醒はもともと宗教的な概念である。

危機は人を不安にさせ混乱に陥れると同時に，忘れられていた根源的な問題——一回限りの人生をどう生きるか——に際会させる。危機の意義は，名声とか富といった世俗的な価値尺度へのとらわれから，私たちを解放してくれるところにある（例えば，余命半年と宣告されれば，名声も富もいらなくなる）。危機を乗り越えることに成功した場合，人は見違えるようにたくましく成長している。危機は精神的成長の契機ともなりうる。実存哲学の影響を受けた教育思想家たちはこのことに着目し，もともとは宗教的な概念である覚醒を，教育学の概念に転用できるのではないかと考えた。ボルノウは，人間の成長発達が持続的・連続的に行われる場合と，非連続的に遂行される場合とを区別し，後者を「教育の非連続的形式」と名づけた。

非連続的形式の教育はリスクを伴う。危機の克服に成功するという保証はなく，失敗すれば命取りになる可能性もある。それに加えて，危機はいつ訪れるかわからないから，この形式の教育は計画することができない。しかしどれほど用心していても，人生において危機と遭遇することは避けがたい。そうだとすれば，いたずらに危機を回避するのではなく，危機に積極的に立ち向かうという対応が考えられてよいだろう。何より，危機を乗り越えられたときは，自信がもてるようになる。日ごろ私たちにできるのは不測の事態に備えて準備を怠らないということだけなのだが。

教育者が被教育者にしてやれることといえば，「危機に見舞われたときは，災難とばかり思わないで，試練だと思って前向きに受けとめ，自分に可能と思われる範囲で乗り越えるように努めなさい。危機を，自分の生き方を見つめ直す機会としなさい」と助言を与え，被教育者に寄り添って見守ってやることぐらいしかない。危機の克服に成功するかどうかは第一義的な問題ではなく，本当に大切なのは危機から逃げないということである。大きな危機を乗り越えた経験は，その後，別の危機に遭遇したときにも「あのときに比べたら楽なものだ」とか「あのときだってなんとかなったのだから今度もきっと乗り越えられる」と挑戦的姿勢をとり続けることを可能にする。

実存哲学には人生の暗い否定的な側面を強調しすぎるきらいがある（ボルノウものちに，人生は危機的なことばかりでなく，何か大きな存在によって

庇護されていると感じられることもあるといって，楽観主義の必要も説いている）。それはたしかに真実であるのかもしれないが，誰もが厳しい試練に堪えられるわけではない。今日のように優しさや癒し優位の時代においてはなおのこと，教え子をリスクの大きな問題に立ち向かわせて，再起できないような傷を負わせることになりはしないかという懸念もある。教育に携わる者としては，いたずらに危機に立ち向かうよう励ますばかりではなく，被教育者の性格や能力を慎重に見極めたうえで，適切な指示と助言を与えるように注意すべきである。

［新井保幸］

【引用・参考文献】
Litt, T., 1927／石原鉄雄 訳 『教育の根本問題』 明治図書　1971

第4章

教育的関係

　本章の前半では，教育的な関係と擬似教育的関係を対比することで，また教育における権力と権威の区別や，自由と統制の問題をとりあげることで，そして後半では教育的関係論の展開過程をたどることで，教育的関係という概念について考察を試みることにしたい。

4-1　教育関係か教育的関係か

　教育関係といっても，教育的関係といっても，内容的には同じことである。しかし，以前は教育的関係という表現のほうが多く使われ，最近は教育関係という表現のほうが多く使われる。たしかに恋愛関係とはいっても恋愛的関係とはいわないから，教育関係といえばよいのかもしれない。ただ，教育関係といえば教育だけの関係に限定される。しかし教育的関係というと，教育とよんでもよい関係，教育に近い関係というように，多少ふくらみのある，外延が限定されない関係になる。親と子がタテの関係，友人どうしがヨコの関係であるのに対し，例えば叔父と甥の関係をナナメの関係というが，そういう場合は，教育関係と限定するよりは，教育的関係という表現のほうがしっくりくる。政治的な要素や経済的な要素よりも教育的な要素が強い関

係という場合に，教育的関係という表現が用いられる。文学的表現といって文学表現といわないのは，また教育的指導とか教育的配慮といって教育指導や教育配慮といわないのは，慣用的な使い方の問題である。昔から使われてきていて，使い勝手がよいという理由で，筆者は原則として教育的関係という表現を用いることにする。

なお，教育的関係という言葉は，教育的に望ましい関係，あるべき教育的関係という意味の規範的な概念として用いられることもあれば，価値中立的な記述的概念として用いられることもある。

4-2　教育的関係と擬似教育的関係

教育的関係の特質は，これを非教育的な関係と対比することによってより明らかになる。教育的関係と似通っているけれども，厳密には異なるものを擬似教育的関係とよぶことにしよう。そのような擬似教育的関係（あるいは似非(えせ)教育的関係）として，**教化**（indoctrination）と**宣伝**（propaganda）をあげることができる。

英語の indoctrination には「教え込み」や「注入」などの訳語もあてられ，「教化」とはニュアンスの違いもある。「教化」は，例えば為政者が民衆を教化する，というように使われる。政治権力者や宗教的権威者が民心のコントロールを目的として，何らかの思想や教義を教え込むことが教化である。有無を言わせぬ「教え込み」や一方的な「注入」というように，「教え込み」や「注入」は，教える内容よりも，疑問や批判を許さない強引な教え方に強調点がある。それに対して「教化」には，必ずしも強引という意味合いはなく，むしろ教え諭すというニュアンスもないではない。「教化」には，感化や徳化と同様，倫理的影響を与えるというニュアンスが感じられるが，「教え込み」や「注入」にはこういった意味合いはない。

宣伝は，送り手の意図に沿うような行動や態度を受け手に取らせるという意図をもって，送り手が受け手に情報を伝達することをいう。宣伝には，政治活動における宣伝，経済・商業活動における宣伝，宗教活動における宣伝（布教），その他の広報活動（public relations）が区別される。政治活動では教育と宣伝を組み合わせた「教宣」という用語もある。政治的宣伝の中で特

に煽動的性格をもつものをプロパガンダというが，すべての宣伝がプロパガンダであるわけではない。宣伝には特定の個人等をターゲットにしたものもあるが，一般的には不特定多数を対象にする場合が多い。

宣伝には質のよし悪しがある。悪質な宣伝はしばしば誇張や嘘を含み，煽動（受け手の合理的判断を妨げ，非合理的な感情に訴える）という手段をとることが多い。その反対に，多くはないけれども，良心的な宣伝もある。良心的な宣伝の特徴としては，嘘をつかない，誇張しない，送り手にとって不利な情報も隠さない，受け手の自律的で合理的な判断を尊重する，などがある。

教化も宣伝も，教育同様，客体に対する主体の意図的な働きかけをさす。しかし，ふつうは教化や宣伝を教育とはよばない。それどころか，時としてこれらは反教育的な活動とみなされる。どこが違うのか。教化も宣伝も教育も，客体の思考や行動を，主体が望む方向に導いたり，変えようとする営みとしては同じである。しかし教化や宣伝の場合，働きかけの主体は客体を操作の対象としかみない。教化や宣伝の主体は，客体が自立的・主体的に考え，行動することを必ずしも望まない。むしろ働きかけの主体が期待する考え方や行動を，客体が自発的に（コントロールされているとは思わずに）行うようになることが，働きかけのねらいなのである。

しかし教育的働きかけの目的は，客体のコントロールではなく，客体（被教育者）の自立を助けること，その自律的で主体的な判断力を育てることでなければならない。客体の判断力を高めようとする志向が教化や宣伝には乏しい。教化や宣伝では客体は主体の目的を達成する手段として扱われており，自己目的的な存在として扱われていないのである。それに対して被教育者を自己目的的な存在としてみるところに，本来の教育的関係が成立する。

4-3　教育における自由と統制

教育的関係が，好むと好まざるとにかかわらず，権力的関係を含むことは知られていよう。学校における教師と生徒の関係は，教師が評価権と懲戒権という「武器」をもつことによって，明らかに対等ではない。生徒が正当な理由なく，教師の指示に従わなかったり反抗的行動に出たりするとき，教師

は懲戒権を行使することができる。

　反抗的態度をとるつもりのない生徒は，懲戒権には何の痛痒も感じない。そういう生徒にとってはむしろ評価権のほうが気になる。不利益（悪い点数をつけられる）を受けないように，生徒は教師の気に入られるようにする（少なくとも嫌われないようにする）傾向がある。これらの「自主規制」はすべて教師に評価権があるためである。評価権というもう一つの「武器」をもつ教師は，間接的に生徒の行動を規制しているのである。

　権力的関係と似ていて混同されやすいのが権威的関係である。権力的関係と権威的関係の一番の違いは，権力者が強制力をもっているのに対し，権威者は強制力をもたないことである。**権力**は強制するが，**権威**は強制しない。しかし強制力をもたなければ人を従わせられないかといえば，決してそうではない。権威は強制することなく，人を自発的に従わせることができる。権力が恐怖によって人を従わせるとすれば，権威は尊敬と信頼によって人を従わせる。権威に対して人は自発的に従うが，権力に対して自発的に従うことはない。権力による統制には限界がある。外的行動は統制できても，内心まで統制することはできないし，一時的に統制することはできても，いつまでも統制し続けることは難しい。ここに権威への自発的服従を考える必要がある。

　肝心なのは，教師が権威をもっているかどうかを判断するのは，権威をもたない生徒の側だということである。教師の権威は生徒に認められることで初めて成立するのである。教師がもちうる権威は，専門分野における知的権威と人格的権威に分けられる。教師がある専門分野での知的権威である場合，生徒は当該分野に関することでは教師の言うことに自発的に従うだろうが，生徒の信従がその分野を越えて及ぶことはない。それに対して教師が人格的権威である場合，生徒の信従は特定分野にとどまらない可能性が高い。

　ところで，生徒の自由意思を尊重しながら，望ましい（と教師が信ずる）方向へ生徒を導くことは，果たして，またいかにして可能なのか。教育における自由と統制という相反する課題の両立は，教育的関係論の古くからの根本問題であり，教育的関係における二律背反（Antinomie）問題とよばれたりもする。

　生徒を教師の意図どおりにすることが，望ましい教育的関係であるとは必ずしもいえない。なぜなら，生徒に自由がなく教師の言いなりだとしたら，

生徒は教師の奴隷だからである。この場合，「教師－生徒」関係は「主人－奴隷」関係にほかならない。だから，生徒には教師に反対する自由も認めるべきである，と良心的な教師ならいうだろう。

　しかし，教師に反対する自由を認めると，教師からみて不適切と思われる判断や行動を生徒がすることもありうる。そのような場合，教師は当然のことながら忠告するだろうが，生徒は教師の忠告に耳を貸そうとはしないかもしれない。こういうとき教師はどうしたらよいのか。

　どうもこうもない。教師からみてたとえ間違っているとしても，生徒の人生なのだから，教師がとやかく言うことではない。きちんと理由も説明して生徒に忠告した以上，あとはどうなろうと生徒の自己責任である。生徒といっても，しょせんは他人である。こう割り切ることができれば楽なのだが，なかなかこうは割り切れないことが多い。親身になって忠告しているのに，生徒が従わない場合は，自分が無視されたようで何とも腹立たしい思いがする。

　教師は生徒のためを思えばこそ忠告に従わせたい。しかし気持ちはどうあれ，教師が望んでいることは，結果として生徒が教師の指示に従うことである。結局のところ，教師は生徒を支配しようとしているだけではないのか。生徒が言うことを聞かないので，教師としての自尊心を傷つけられ，腹を立てているだけではないのか。教育的関係は権力的関係ではないと口先では言いながら，実際は権力的関係を肯定しているのではないか。また，教師の忠告がいつも正しいとどうしていえようか。

　よかれと思ってする忠告が結果的に仇となることは珍しくはない。教師としては，期待したとおりに事が運ばなくても，相手の人生だ，そこまで教師は責任をとれないのだ，と思うしかないだろう。教師の人生は，ある意味で，期待を裏切られることの繰り返しなのかもしれない。いや，裏切りという言葉を使うことさえ適切ではない。教師だからといって，生徒の人生に介入する権利はないからである。

　結果が大事だということになると，教師が先回りして生徒に間違いを起こさせないように手を打っておこうということになりがちである。生徒は教師の掌の上で踊っているにすぎない。これでは生徒はいつになっても自立できない。失敗は覚悟の上で，生徒は失敗を繰り返しながら成長していくものと

信じて自由にさせたほうがよいのか。結局は自由と統制の兼ね合いの問題なのだが，こうすればよいという処方箋はない。教師は心の内に葛藤を抱えたまま，教育的関係の隘路(あいろ)をたどる。

4-4　古典的な教育的関係論

今日にまで及ぶ教育的関係論に先鞭をつけたのはドイツの教育学者ノール（H. Nohl）であり，彼は「教育的関係（der pädagogische Bezug）」を次のように定義した。

> 教育の基礎をなすのは，成熟した人間の，成長途上の人間に対する情熱を傾けた関係である。この関係がめざしているのは，成長途上の人間が自身の生と形式に到達できるように支援することである。（Röhrs & Scheuerl, 1989／天野他 訳，1992, p. 65）

ノールが提起した「教育的関係」の特徴を宮澤康人（1990）は次のように指摘している。

① 教育者と被教育者の間の権威と服従に基づくタテの関係であること
② しかし政治的・権力的関係とは次元を異にする，愛を伴った関係であること
③ 基本的には一対一の直接の人格的な関係であること
④ この関係の最終目標は，この関係それ自体を解消するところにおかれていること

しばしば古典的な教育関係論ともよばれるノールの教育関係論については，教育者と被教育者との間の「成熟の落差」を前提としたもので，一方的な「主体−客体」関係であるという，やや批判的な受け止め方もある。「主体−客体」関係とは，教育者が働きかける主体で，被教育者は働きかけられる客体であると，教育者が一方的にみなしている関係をいう。ノールにおいて被教育者は教育者から一方的に働きかけられる存在である。教育的関係は対等な関係ではない。関係の不対等性が疑われることはない。

ノールの教育的関係論については「従来の教師中心か，児童中心かという学校中心の関係論を越えて」「家族や共同体という関係性の視点」が認められるという評価（高橋，2009, p. 195）もある。たしかにノールがこの概念

を提起することになった背景には，第一次世界大戦直後の混乱の中で学校教育を受ける機会を奪われていた児童・青年に救いの手を差し伸べたいという志向があったといわれている（Röhrs & Scheuerl, 1989／天野 訳，1992）から，その限りでは「学校中心の関係論」とはいえないだろうが，だからといってそれを「家族や共同体という関係性の視点」といってよいかについては，いささか疑問が残る。

4-5 教育的関係論の発展

渡邊隆信（2009）は，ノール以後の教育関係論の流れを要約して次のように述べている。

> 教育関係論の主流は，教師と生徒の「主体−客体」関係を「主体−主体」関係へと転換していこうとする議論である。それは二つのタイプに類型化できる。一つは「共同探究としての教育関係」，いまひとつは「相互形成としての教育関係」である。（渡邊，2009，p. 179）

古典的な教育関係論は，「教師−生徒」関係を「主体−客体」関係ととらえてきた。「主体−客体」関係では，生徒は教師からの働きかけを一方的に受けるだけの受動的な存在である。そこでは，教師の愛情と権威を前提として，生徒は教師の働きかけを受け入れ，その指導に服することが暗黙の前提とされていた。生徒が教師の働きかけに反発したり反抗したりすることは想定されていなかった。

古典的な教育関係論には，生徒もまた主体であるという視点が欠落していたか，あったとしてもきわめて弱かった。その弱点を克服しようとして登場してきたのが「教師−生徒」関係を「主体−主体」関係ととらえ直す見方であり，いまではこれが「教育関係論の主流」であるという。「主体−主体」関係に立脚する教育関係論は，教師がそうであるように，生徒も自らの意志や欲求をもつ主体であるととらえ直した点において，古典的な教育関係論を確実に一歩進めたといえる。

しかし，生徒の主体性を認め尊重することで，教育関係論は現実的なものとなる一方，複雑になっていく。「主体−主体」関係には，教師を信頼して服従したり，教師からの働きかけに応じるだけでなく，反発したり反抗した

り，無視したりという可能性も考えられるからである。その意味で，渡邊が「教育関係論の多くは，『主体－主体』関係の中身をより精緻に論じることに主眼を置いてきた」と述べていることも納得がいく。

「共同探究としての教育関係」とは，教師が生徒を一方的に教えるのではなく，両者が「共同」で（真理を）「探究」する過程が教育関係であるという主張だろう。共通の目標達成に向かって，教師と生徒が手を携えて進んでいく（「師弟同行」）というイメージが「共同探究としての教育関係」にはある。また「相互形成としての教育関係」とは，次のようなことを意味していると考えられる。すなわち教育の過程では，教師が生徒を教えるだけでなく，生徒から教師が教えられたり学んだりする面もある。教育関係は相互的であり，教師が生徒に一方的に形成的影響を及ぼす関係ではなく，相互に形成的影響を及ぼし合う関係である。これが「相互形成としての教育関係」という意味であろう。

さて，教育的関係に「共同探究」の面があることは認められるべきである。しかし「共同探究」こそが本来の教育的関係であるという主張には，にわかには同意しがたい。教育的関係の一部に「共同探究」的な側面があるということと，「共同探究」が真の教育的関係であるということとは別のことだからである。前者には賛成できても，後者には賛成できない。後者は過度の一般化という過ちを犯しているからである。「相互形成としての教育関係」についても同様のことがいえる。教育的関係には「相互形成」の面もあると主張することは正しい。しかし「相互形成」が真の教育的関係であると主張するのは不当であろう。「共同探究」論にしろ「相互形成」論にしろ，古典的な教育関係論の欠陥（垂直方向：タテの関係の強調）を是正しようとするあまり，その対極（水平方向：ヨコの関係の強調）に走っている印象が否めない。過ぎたるは及ばざるがごとし。教育的関係の多様性を確認するにとどめるのが妥当であろう。渡邊も「教育関係論の主要な目的と意義は，子どもや大人の人間形成の可能性を，より多様で開かれた『関係』のなかに見出すことにある」と述べている。

4-6　教育的関係論の到達点

　最近の傾向として教育的関係の拡張がある。すなわち，教育的関係の問題圏を学校に限定するのではなく，子どもの生活世界で織りなされる多様な関係性にまで広げていき，その中に「教師－生徒」関係を位置づけるという方向であり，その代表的論者は高橋勝である。

　高橋（2004）によれば，「教師－生徒」関係は特殊近代的な人間形成システムにすぎない。教育関係は「教師－生徒」関係よりもはるかに広い。それにもかかわらず，教育関係が「教師－生徒」関係と同一視されてきたのはなぜか。「問題は，〈教師－生徒〉という近代学校の制度枠の内部で教育関係を考えようとしてきた視界の狭さにある」。教育関係が「教師－生徒」関係として論じられてきたのは，近代教育学の問題構制にとらわれてきたからであると高橋は述べている。「教師－生徒」関係を越えて，教育関係をもっと広い枠組みでとらえるべきだというのが，高橋の基本的な立場である。

　　〈教師－生徒〉関係という狭い枠組みの中で教育関係を考えるならば，子ども，青年の自立と発達に向けた教師の働きかけという教育思考しか生まれない。こうした枠組みでは，子どもの自己活動を生かすか，教師の教育的指導性を発揮するか，という二項対立図式のパターンが延々と繰り返されるだけである。

　　近代社会において制度化された「教師－生徒」という枠組みを，あたかも不動の実体であるかのように受け取ってしまうと，そこから導き出される教育関係論は，まことに貧しいものとならざるをえない。教師は生徒にどう働きかけるべきか，生徒はどう学習すべきか，という技術的関係を抜け出すことができなくなるからである。（高橋，2004，p.3）

　教育関係を〈教師－生徒〉関係という「狭い枠組み」で問題にすると，問題の立て方が限られてしまう。つまり，「生徒の自発性の尊重」対「教師の指導性の発揮」という「二項対立図式」であり，それは「技術的」な問題である。〈教師－生徒〉関係論における問題設定は，生徒の自発性と教師の指導性の両立をどのように図るかに収斂していき，この問題が「延々と繰り返されるだけである」。こういう問題設定にしかならない教育関係論は「まことに貧しいもの」といわざるをえないというわけである。

教育関係は「教師－生徒」関係よりも広い。「教師－生徒」関係は多様な教育関係の一つにすぎない。したがって「教師－生徒」関係を教育関係の一つとして相対化しよう。これが高橋の主張である。教育関係を「教師－生徒」関係と等値するのではなく，もっと広げて考えようという主張は，基本的方向としては理解できる。それでは，教育関係をとらえるもっと広い枠組みとはどういうものなのか。

　　時間軸においては，「子ども」から「大人」へ，という直線的で上昇志向の時間の観念においてではなく，「誕生－子ども期－壮年期－老年期－死」という，誕生から死に至るライフサイクルの円環する時間の中で，子どもが大人になり，老年期を迎えることの人間学的意味を考えたい。

　　空間軸においては，遊び仲間，叔父，叔母，旅先で出会う異邦人，さらには異界に住む死者など，従来の「教師－生徒」「親－子」関係からは，排除されてきた多様な「他者」との関わり合いの有する人間生成的意味を解読していきたい。（高橋，2004，pp. 4-5）

　　人の一生を「誕生，子ども期，壮年期，老年，死」という一回りする円環型のライフサイクルで理解するならば，「教師－生徒」関係だけに熱中していた近代教育学の問題構制が，いかに生産主義的で，「開発の物語」に囚われていたかがよくわかる（高橋，2004，p. 8）

「教師－生徒」関係中心の教育関係論と，高橋の唱えるそれとを対比してみよう。

　① 従来の教育関係論は「子ども」から「大人」への「直線的で上昇志向の時間」しか考えていなかった。それに対して高橋は「誕生から死に至るライフサイクルの円環する時間」つまり一生を考えており，子どもが大人になり老年期を迎えるまでの人間学的意味を考えている。

　② 従来の教育関係論は「教師－生徒」関係や「親－子」関係しか考えていなかった。それに対して高橋は「遊び仲間，叔父，叔母，旅先で出会う異邦人，さらには異界に住む死者など」，多様な「他者」とのかかわり合いを視野に入れている。

　③ 従来の教育関係論は近代教育学の所産である。近代教育学の発想は「生産主義的」（子ども期から壮年期までが重視され，老年期は無視さ

第4章　教育的関係　　49

れた）であり，「開発の物語」にとらわれていた。

　さらに高橋は世代にも言及し，「子どもと大人という二世代間だけで教育関係を考えるのではなく，子ども・壮年・老人という三世代の相互関係において，人間形成を考えることが必要」（高橋，2004，p. 8）であると述べている。そして「子どもが大人になる」ということは「多様な他者と関わり合い，熟達者の振る舞いを模倣し，老人の知恵を学び，人間の有限性を自覚し，異界とのつながりをも感じ取る，そうした多元的で重層的な関係を編み上げていくこと」（p. 8）だとも述べる。

　たしかに高橋の提示する教育関係論は，時間論でも，空間論でも，これまでの教育関係論を凌駕している。その議論には十分な説得力がある。高橋が主張していることは，ほぼそのとおりだとは思う。しかし一つだけ指摘しておきたい。それは「二世代間だけで教育関係を考えるのではなく」「三世代の相互関係」で「人間形成を考える」必要があると述べられているように，「教育関係」がいつのまにか「人間形成」に置き換えられていることである。二世代間だけの教育関係論では人間形成の広がりや奥行きを十分にとらえられない，と高橋は考えている。そうであるならば，教育関係論に破産宣告を突きつけてもよかったはずだ。しかしそうではなく，教育関係論をとらえ直そうと述べている。そう述べつつ，教育関係論という用語を人間形成論という用語に言い換えている。狭い教育関係論を後生大事に守るのはいいかげんにやめて，人間形成論に向かうべきである，と高橋は述べる。

　「教師－生徒」「大人－子ども」という二項対立図式を克服するものとして，「父－母－子」という三項関係，「社会的おじ」の意義，「子ども－動物」関係など，「教師－生徒」関係を超えた「第三者」の視点から教育関係をとらえ直す研究が提示されている。いずれも，教育関係論における現在の到達点を示す研究成果である。と同時に，「子ども」と「老人」の関係に着目することも，人間の多元的な関係のなかでの自己生成を考えていく上で，きわめて重要である。（高橋，2004，p. 27）

　従来の教育関係論にこういう視点が欠落していたことも確かである。こういう視点を盛り込んで，教育関係論を豊かで充実したものにしていくことはけっこうなことである。しかし，それは「教師－生徒」関係論を否定することとは違う。高橋の議論には「教師－生徒」関係論を葬り去ろうとするとこ

ろがある。「教師－生徒」関係論は，たしかに広大な教育関係論の一分野として相対化された。しかしそのことは「教師－生徒」関係論自体が存在理由を失ったということではない。高橋は「教師－生徒」関係論を乗り越えようとするあまり，それを不当におとしめているきらいがある。

　高橋は教育関係論自体を否定しようとするわけではなく，教育関係論における「教師－生徒」関係だけに焦点をあててきた近代教育学の問題構制を批判している。高橋が批判するのは「開発の物語」であり，「生産主義的」な発想であり，「技術的関係」である。教育関係論はこれまでそういう枠組みで論じられてきたが，思い切ってその枠組みを広げようというのが，高橋の言わんとするところなのだろう。

　高橋の議論の意義を十分に認めながらも，ある種の違和感を覚えるのを禁じえない。例えば「『教師－生徒』という制度的枠組みの中だけでしか」教育的関係を論じることができない「思考の貧しさ」を彼が批判するときである。また「〈教師－生徒〉という近代学校の制度枠の内部で教育関係を考えようと」する「視界の狭さ」を難詰するときである。教育的関係をもっと広い枠組みでとらえようという提案の趣旨に反対するものではないが，「教師－生徒」関係として教育的関係を考えてきた先人たちに対して，貧困だとか狭隘だとかと批判するのは，いささか酷ではないかと思う。

　それにまた，もっと広い枠組みで人間形成を考えようといってくれるのは，教師だけが責任を負う必要はないといってくれているようで，ありがたい気もするのだが，そうはいっても教師は目の前の生徒から逃げるわけにはいかないから，教師の責任が免責されるわけでもない。教育関係論の問題圏がどれほど広がっても，教師として生徒にどうかかわるかという問題が消えてなくなるわけではない。教師が引き受けなければならない問題を「技術的な問題」のひと言で片づけてしまうのはどうかと思うのである。

[新井保幸]

【引用・参考文献】
宮澤康人　「教育関係」　細谷俊夫・奥田真丈・河野重男・今野喜清 編　『新教育学大事典』（第2巻, p.202)　第一法規　1990
Nohl, H., 1935／平野正久・大久保智・山本雅弘 著訳　『ドイツの新教育運動』（世界新教

育運動選書 20）　明治図書　1987
Röhrs, H., & Scheuerl, H., 1989／天野正治訳者代表　『現代ドイツ教育学の潮流：W. フリットナー百歳記念論文集』　玉川大学出版部　1992
高橋勝　「人間形成における『関係』の解説：経験・ミメーシス・他者」　高橋勝・広瀬俊雄 編著　『教育関係論の現在：「関係」から解読する人間関係』　川島書店　2004
高橋勝　「教育関係論が切り拓いた地平」『教育哲学研究』　100 号記念特別号　2009
渡邊隆信　「教育関係論の問題構制」『教育哲学研究』　100 号記念特別号　2009

第5章

教育の目的

5-1 ある中学校の事例──学校の教育目標

(1) 社会科（公民分野）の授業

　ある公立中学校の具体例から始めよう。3年公民分野「わたしたちの暮らしと経済」の単元から「消費と貯蓄」の授業である（2009（平成21）年度のものである）。

　教師はまず，自作の穴埋め式プリントを配布した。「所得と消費と貯蓄とはどのような関係にあるのでしょうか。また，消費活動における選択について，考えてみましょう。」と課題が書いてある。このプリントに従って授業は進められる。

　はじめにアンケートとして，(1) 商品を買う際に選択の基準として重視することは何か，(2) クレジットカードの使い方を知っているか，(3) 日ごろどんなことに注意して商品を買っているか，の3点についてプリントに記入させ，数名に発表させた。

　次に，家計とその仕組みについて，資料集も参照しながら「収入の種類」（勤労所得，事業所得，財産所得），「支出の種類」（消費支出，非消費支出）を具体的に説明し，「貯蓄＝所得－（消費支出＋非消費支出）」であることを

確認する。

　続いて，クレジットカードの使用について教師自身の経験を話し，その内容や教科書の記述を参考にカードの利点と注意点についてプリントに記入させ，発表させた。

　最後に，この日学習しプリントに書き込んだキーワードをあらためてノートに書かせ，プリントを回収して授業は終了した（プリントは確認印を押して後日生徒に返却した）。

　この授業の目標（ねらい）は何か。それはプリントの課題にも書いてあるが，あらためて次のように整理することができるだろう。

　　① アンケートを通して消費行動について興味をもたせる（興味・関心）。
　　② 貯蓄と消費の種類，及び貯蓄の概念を理解させる（知識・理解）。
　　③ クレジットカードの利点と問題点について考えさせる（思考・判断）。

　中学校3年の公民分野でこうした授業を行うことの根拠は何か。また，この授業の目標はどのようにして設定されたのか。

　教科書に書いてあるから。それはそうなのだが，それでは教科書の記述の根拠は何か。それは1998（平成10）年版中学校学習指導要領（2003（平成15）年一部改正）社会科公民分野「(2) 国民生活と経済　ア　私たちの生活と経済」の以下の記述である（すでに2008年3月に新しい中学校学習指導要領が告示されているが，2009年度はいわゆる移行期間であり，この中学校では1998年版中学校学習指導要領に基づいて授業が行われている）。

　「身近な消費生活を中心に経済活動の意義について理解させる（以下略）」

（2）「学習計画書」

　この中学校は「学習計画書」と称する冊子を作成している。「学校教育の基本構想」に続き各教科・領域の目標と評価の観点・方法，学習の特色，年間の学習内容が書かれているが，教科等の目標については1998年版学習指導要領の文言をほぼそのままもってきている。社会科公民分野については「日本や世界の社会的事象に対する関心を高め，社会的課題を自分自身の身近な問題としてとらえ，国際社会に生きる民主的，平和的な国家・社会の形

成者として必要とされる公民的資質を育む」となっている。

「学校教育の基本構想」のページによると，「校訓」は「自主・共生・感動」であり，「学校教育目標」は

  たくましく　たのもしい　○○中生徒
- 心をみがく生徒——豊かな心をもち，奉仕の心を育む
- 力をつける生徒——学び方を身につけ，体を鍛える
- 目をひらく生徒——身近な変化に気づき，広い視野をもつ

だそうだ。同じページにはさらに，「目指す生徒像」「目指す教師像」「目指す学校像」が述べられ，これらに囲まれて6項目の「学校経営方針」が書かれている。さらに，「今年度の重点・努力点」として「1　確かな教育課程の編成・実施・評価による基礎基本の徹底と学習意欲の向上，2　生徒指導の充実による社会性の育成と道徳教育の推進による豊かな心の育成，3　情操教育の推進と健康教育・体力向上の推進」があげられている。

このように，学校においては（ここにあげられていないもの，例えば学級目標や月間・週間目標等も含めて）さまざまな領域・場面・レベルの目標（学校の教育目標）が設定されているのである。

こうした「目標」の類はどのようにして，何を根拠に設定されているのか。それは，国や県の動向や要請，すなわち関係法令，学習指導要領，条例，通達等であり，加えて，学校の所在市のまちづくりスローガン（「花かおり　緑あふれ　人輝くまち」），そして生徒の実態や保護者の願い，地域の期待，学校の歴史をふまえてのことである。

5-2　教育基本法，学校教育法，学習指導要領
　　——学校教育の目的・目標とその階層構造

ここでは「関係法令」と学習指導要領についてみていこう。まず，関係法令として「教育基本法」「学校教育法」「学校教育法施行規則」をあげる。

2006（平成18）年に改正された教育基本法では，第1条（教育の目的）として以下のように規定している。

  教育は，人格の完成を目指し，平和で民主的な国家及び社会の形成者として必要な資質を備えた心身ともに健康な国民の育成を期して行われ

なければならない。

　続いて第2条（教育の目標）として「教育は，その目的を実現するため，学問の自由を尊重しつつ，次に掲げる目標を達成するよう行われるものとする」として5項目をあげている（巻末付録参照）。第1条及び第2条は学校教育だけに限らず日本の教育全般についての規定だが，さらに第5条第2項として義務教育の目的について新たな条項が加わった。

　　義務教育として行われる普通教育は，各個人の有する能力を伸ばしつつ社会において自立的に生きる基礎を培い，また，国家及び社会の形成者として必要とされる基本的な資質を養うことを目的として行われるものとする。

ここでいう「普通教育」とは，特定の領域や分野に偏ることなく調和的に発達した人間の育成を目指す「一般教育」とすべての国民に共通の教育を施すという意味での「共通教育」の二つの意味が含意されている。

　これを受け，学校教育法は第21条で「義務教育として行われる普通教育は，教育基本法第5条第2項に規定する目的を実現するため，次に掲げる目標を達成するよう行われるものとする」と述べ，10項目の目標をあげている（第8章の表8-2参照）。

　また，各学校の目的については以下のように述べられている。

　　小学校は，心身の発達に応じて，義務教育として行われる普通教育のうち基礎的なものを施すことを目的とする。（第29条）

　　中学校は，小学校における教育の基礎の上に，心身の発達に応じて，義務教育として行われる普通教育を施すことを目的とする。（第45条）

　　高等学校は，中学校における教育の基礎の上に，心身の発達及び進路に応じて，高度な普通教育及び専門教育を施すことを目的とする。（第50条）

　小中学校においては，これらの目的を実現するために第21条に掲げる目標を達成するよう，また高校においては第51条でさらに3項目の目標を掲げ，やはりこれを達成するように教育が行われるものとする，としている。

　さらに，各学校の教育課程に関する事項は文部科学大臣が定める，とされているが，これについては学校教育法施行規則で，各学校の教育課程は各教科，道徳（高校を除く），特別活動，総合的な学習の時間によって編成する

ものとする，として開設されるべき教科名をあげ，また本施行規則に加えて教育課程の基準として文部科学大臣が公示する学習指導要領によるものとする，と述べられている。

その1998年版小学校学習指導要領では，「第1章　総則」の冒頭で「各学校においては，法令及びこの章以下に示すところに従い，児童（生徒）の人間として調和のとれた育成を目指し，地域や学校実態（課程や学科の特色）及び生徒の心身の発達の段階や特性等を十分考慮して，適切な教育課程を編成するものとする」（カッコ内は中学校学習指導要領）と述べられ，第2章以下で，各教科や領域について，「目標」「各学年（分野）の目標及び内容」「指導計画の作成と内容の取り扱い」について書かれているのである（2008年版学習指導要領では若干の文言が改められている）。

以上，まず具体的な授業から出発し，その授業の目標の根拠が学習指導要領における教育課程の各領域・各学年（分野）ごとの「目標及び内容」に根拠をもつことを示した。今日の日本の公教育制度における「教育の目的」「教育の目標」は，論理的な順序としては以下のような階層構造をなしている。

① 教育基本法における教育の目的・教育の目標・義務教育の目的の規定
② 学校教育法における各学校の目的・目標の規定
③ 同法施行規則における教育課程を構成する領域の規定
④ 学習指導要領における各教科等の目標・内容についての規定

先にみた「学習計画書」のような各学校の教育目標や個々の授業の目標は，これら法令や学習指導要領に加え，学校の所在する地域の現状や特色，生徒の実態や保護者の願い，そして地域の学校に対する期待や学校の歴史・伝統等をふまえて設定されているのである。

5-3　教育目的・目標を構成するもの——人間像と教育内容

(1) 目的と目標

目的と目標をどう区別するか。一般的には前者がより抽象的で後者がより具体的であると理解されているだろうが，ここでは，森昭（1973）による

古典的な説明を紹介しよう。

　　（前略）目的と目標の間には，ⓐ「ある目標を立ててこれを追求する主体の目的はなにか」という関係があり，さらにまた，ⓑ「ある目的を実現するために主体が順次に達成すべき目標はなにか」という関係がある。ⓐの関係からいえば，目的は，目標を設定し追究する主体の意図であり，主体が実現を意図する価値を含意する。ⓑの関係からいえば，目標は，ある目的を実現する手段としての行動において主体が目指す到達点を意味する。いいかえれば，ⓐなんのために教育するかを問うばあい，ひとは教育の目的を問題にしているのであり，そして，ⓑ教育の目標は，教育の目的を実現するための手段としての行動が目指すべき目当てである。

森は，「目的を問うということは『なんのためにか』を問うことである。これに対して，『目標』という概念は，概念自体としては，ある主体が到達ないし達成しようとする客観的な（外在的な）事物や状態を示している」とも述べている。

教育とは他者に対する意図的な働きかけである，と定義するならば，この「意図」が目的である。デューイ（J. Dewey, 1975）は，目的を設定するとは行為の結果を予見することであると述べたが，これは言い換えると，教育の結果として教育の対象である他者（学習者）にどうなってほしいのか，すなわち理想的な人間の在り方（人間像，人間観）を構想することである。こうして，「なんのために教育するのか」という問いに対して，教育目的としての理想的人間像が語られ，目的実現のために到達すべき目標が語られてきたのである。

（2）教育目的としての理想的人間像

教育目的としての理想的人間像はさまざまな形で論じられてきた。ここでは，古代ギリシアが生んだ3人の哲学者，ソクラテス（Socrates），プラトン（Platon），アリストテレス（Aristoteles）の主張をみてみよう。

ソクラテスは倫理学の創始者として知られるが，それは，彼が「善く生きる」とはどういうことか，を問題にしたからである。そして，「善さ」や「美しさ」といった「人生の重大事」について，己の無知を自覚しつつ

(「無知の知」)これを不断に問い続けること，これがソクラテスの答えであった。この不断の過程に対する働きかけは「魂の助産術」ともよばれる**問答法**として知られているが，それは論破と助産の二つの段階からなっている。まず，対話において相手の矛盾を指摘する論破によって相手を無知の知に至らしめる。次の助産は「想起」によって可能になる。ソクラテスによれば，不死なる魂はすでにすべてのことを知っているので，実は教えるとか学習するということはありえない，あるのはただ「想起」だけである。プラトンの『メノン』には，ソクラテスがメノンの召使にある正方形の2倍の面積をもつ正方形とはどのようなものであるのかを見事に「想い起こさせる」過程が描かれている。ソクラテスの求める「不断に問い続ける人間」とは，結果としてできあがった，完成したものとしての人間像ではなく，過程像とでもよびうる人間観である。

こうした問答法の実践を続けたソクラテスだが，アテネの国家が認める神々を認めずに若者をたぶらかした，との罪で裁判にかけられ，死刑になってしまった。ソクラテスの弟子のプラトンは，国家の裁判によって師が死に追いやられたことから，理想の国家とはいったい何か，を考えることとなる(『国家』)。プラトンの中心思想は有名な**イデア論**であるが，最高のイデアである善のイデアを認識しえた哲学者が国王(「哲人王」)となって統治する国家が理想国家であるとされた。彼の教育論は，この「哲人王」の前提となる個人の素質についての見方(天賦の素質は教育によっては変えられない)と，「哲人王」を育て上げるうえで必要とされる教育内容論(体育と文芸，算術，幾何，天文，音調学，哲学的問答法)によって特徴づけられる。「哲人王」という人間像はそれなりの素質をもった者を対象に，必要な教育内容を系統的に教授することによってのみ形成される，と考えられたのだった。

プラトンの弟子のアリストテレスは，『政治学』において教育の目的を「善くて有徳な人」と規定し，その教育は「生まれつき・習慣・理(ことわり)」の三つによってなされると説いた。この発想は今日の発達心理学における三元論に連なるものとしても興味深いが，ここでの文脈では，こうした教育への配慮が「公」のもとでなされるべきであるとアリストテレスが述べていることに注目しよう。

また国民は誰にせよ自分を自分のものであると考えないで，凡ての国民が国のものであると考えなければならない，何故ならば各人は国の部分であるからである，そして本来各部分に対する配慮は全体に対する配慮を目当てにすべきものなのである。

　若者の教育は国民の教育として，国家の責任において，国家のためになされるべきである，というのである。

　以上をもとに，教育目的としての人間像について，いくつかの論点を指摘してみる。

① 目的としての理想的人間像は，いわば完成した人間像という形で表現される場合と「～し続ける人間」といった過程像（自己の状態）で表現される場合がある。前者は，「～できる人間」「～を身につけた人間」といった形で表現されることが多いが，固定化されたイメージがつきまとうこともある。これを批判し，加えて子どもの自己決定権を尊重する立場から，自己指導・自己統御をよく行いうる主体としての自己を育てることを教育の目的とする主張もある（宇佐美，1987）。

② 目的としての理想的人間像を考える際，働きかける相手の現在の状態（素質）や教育の可能性を問題にする必要がある。プラトンは，「善のイデア」に到達するための努力を続けられる者，途中まで続けられる者，続けられない者がおり，この区別は天賦の素質として生まれながらに決まっていると考えた。一方，特に近代の教育思想では，どの子どもにも備わっているとされる「無限の可能性」を引き出すことが教育の課題である，と考える。例えば，『大教授学』を著したコメニウス（J. A. Comenius, 1657／鈴木訳，1962）は，どの子どもも理性的存在として「自らの創造主の似姿」になる，という目的をもって生まれてきている，と述べていた。人間の成長・発達を規定するものは遺伝か，環境か，あるいは後天的先天性（アリストテレスのいう「習慣」）を含めた三元論で考えるか（加藤，2000），議論があるが，今日でも多くの人々が（少なくとも修辞の上では）「無限の可能性」に言及して教育を論じている。

③ 目的としての理想的人間像を考える際，特にどう育てるかを考えるためには，そのための教育内容や方法を問題にしなければならない。

プラトンは「哲人王」を育てるための教育内容を系統的計画的に論じており、これは一種のカリキュラム論とみなすことができる。どのような教育内容を身につけることを目指すか、これを目標として設定することで、教育目的はより具体的に了解され、その達成度を確認できるようになる（次項の(3)を参照）。

④　理想的人間像は、純粋に個人のありようとして論じることもできるが、社会や国家像と結びつけて、すなわちある種の社会や国家を前提にしてそれらへの適応をどう進めるか、あるいはある種の理想的社会や国家を想定してそれらの形成者をどう育てるか、という問題として論じられることが多い。例えば、社会進化論で知られるスペンサー（H. Spencer, 1861／三笠 訳, 1969）は、当時の社会秩序を前提にしながらそこでの「完全な生活」ができるように準備すること、即ち社会的適応が教育の任務であると考え、そのために必要な価値ある知識を人生の主要な活動を五つに分類することで抽出・整理した。これに対して、科学としての教育学を打ち立てたヘルバルト（J. F. Herbart, 1804／高久 訳, 1973）が教育の最高目的として倫理学から導き出した「道徳性」は、社会や国家との関連抜きに設定することができたかもしれない。一方、教育基本法における「人格の完成」とは、「平和で民主的な国家及び社会」の形成者としての国民を目指すものであり、まったく真空の中での抽象的な「人格の完成」なのではない、というべきだろう。

（3）教育目標としての教育内容
——目標に準拠した評価と評価規準の設定

　教育基本法における教育の目的・目標、及び義務教育の目的を受けて学校教育法が各学校の目的・目標を規定し、さらに学習指導要領において各教科等の目標・内容が段階的・要素的に規定されていることは先に述べた。

　ところで現行の1998年版学習指導要領が実施された2002（平成14）年あたりから文部科学省は、学習指導要領はすべての児童生徒が確実に身につけるべき基礎的・基本的内容の最低基準であることを強調しているが、これに先立ち、2000（平成12）年の教育課程審議会答申「児童生徒の学習と教

育課程の実施状況の評価の在り方について」は，児童生徒の学習が確実に行われているかどうかを，学習指導要領に示す目標に準拠して評価する絶対評価をいっそう重視するという方針を打ち出し，これまでの「観点別学習状況」だけでなく「評定」についても絶対評価を採用することになった。その際，学習の到達度を客観的に評価するための基準として，あらかじめ「評価規準」(「基準＝もとじゅん」と区別して「規準＝のりじゅん」と読むことがある) を設定する必要があり，この「評価規準」は，学習指導要領に示された各教科の内容ごとに，「関心・意欲・態度」「思考・判断」「技能・表現」「知識・理解」という四つの観点に基づいて設定されるべきである，としたのである。

国立教育政策研究所ではこの評価規準の研究を進め，例えば，本章のはじめにもふれた中学校社会科の「私たちの生活と経済」について学習指導要領の内容は「身近な消費生活を中心に経済活動の意義を理解させるとともに (後略)」となっているが，ここの評価規準として，以下のような例を示している。

① 「社会的事象への関心・意欲・態度」　個人や企業の経済活動に対する関心を高め，それを意欲的に追究し，経済活動について考えようとしている。

② 「社会的な思考・判断」　社会における企業の役割と社会的責任，社会生活における職業の意義と役割及び雇用と労働条件の改善について多面的・多角的に考察し，個人や企業の経済活動の在り方について様々な立場から公正に判断している。

③ 「資料活用の技能・表現」　個人と企業の経済活動に関する様々な資料を収集し，学習に役立つ情報を適切に選択して活用するとともに，追究し考察した過程や結果をまとめたり，説明したりしている。

④ 「社会的事象についての知識・理解」　経済活動の意義，市場経済の基本的な考え方，生産の仕組みのあらまし，金融の働きについて理解し，その知識を身に付けている。

各学校ではこれらを参考に評価に関する研究を進め，教員間の共通理解を図るべきであるとされている。

5-4　教育目的論の現在
──教育目的論の貧困と目的再構築の可能性

(1)　教育目的論の貧困

　近年，教育目的論の貧困を指摘する声がある。

　例えば「子どもの発見」とともに知られるルソー（J-J. Rousseau, 1762／今野 訳, 1962-64）は，『エミール』において教育を「自然による教育」「事物による教育」「人間による教育」の3通りに分け，完全な教育のためにはこれらの一致が必要であるが，そのためには「自然による教育」に他の二つを一致させなければならない，と説いた（合自然の原理）。「自然による教育」は「自然の目標」に従うものであり，「事物による教育」も「人間による教育」もこの目標に従うことになる。教育の目標は自然にゆだねられているのである。こうして近代教育では，子ども自身に内在する成長発達する力（「教育可能性」）を前提に，その発達をどう助成するか，ということが課題となった。その結果，教育学「自らは方法学としての道を歩んできた」（原, 1996）。

　こうした「教育可能性」概念は，封建社会の桎梏を離れて自立しようとする近代的個人の成り立ちを説明するために持ち出されたとも解釈されよう。しかし，今日，「何のために」という目的に関する根本的議論抜きで教育のさまざまな改革が論じられているところに現代の教育と教育学の深刻な危機がある，ともいわれる。目的論抜きの方法論議は子どもに対する操作可能性を高めるだけであり，子どもの能力の「乱開発」に歯止めがかからなくなる，というわけだ。学校教育を「購入可能なサービス」としてみる「消費者資本主義的な学校利用観」がこうした傾向に拍車をかけている，ともいわれる。他の人よりもよい進学先や就職先の確保に保護者や子どもが学校教育の目的を求めるのは今に始まったことではない。「今の事態が新しいのは，そのような私的利益追求を超えるような，強靭な『教育の目的』を掲げることが難しくなっていることだ」（広田, 2009）。よりよい進学先や就職先の確保という目的がいったん定まれば，あとに残るのは，他の人よりよい成績をとるにはどうしたらよいか，という方法論だけであろう。

（2）教育目的の再構築に向けて

　デューイは，近代において影響力のあった一般的目的として「目的としての自然的発達」「社会的に有為な能力」そして「目的としての教養」の三つをとりあげ，これら三者は一見対立関係にあるようにみえるが，どのような論理のもとでならばその対立が解消するのか，を論じている。ルソーのいう自然，身体の諸器官の生まれつきの構造とそれらの機能的活動（能力）はそれ自体では善でも悪でもなく，それらが，社会的な意味をもつ仕事（共同生活，共同の活動）の中で積極的に用いられるときに社会的に有為な能力は獲得される。また，教養の意味を，経験の意味を豊かにする能力，「意味の認識の範囲を拡大し正確さを増していく能力」と理解するならば，教養によってこそ，共同の活動に参加するなかで，その活動の精神や意味の理解に至るのであり，社会的な有為な能力を個々の狭い範囲の事柄に限定してしまう誤りから自由になることができる。このように理解すれば，三者間の対立関係は解消する，とデューイはいう。

　普遍妥当的な教育目的が成立しないことは，すでにディルタイ（W. Dilthey）が論じたことだが，多くの論者が指摘するように，人々の価値観が多様化している現在，一般的に広く受け入れられる目的を設定することはいよいよ不可能であろう。しかし教育学は，多くの者に合意可能な目的設定の可能性を追究する努力を続けるべきである。先のデューイの主張に学ぶならば，共同生活への主体的参加，という方向性を一つ指摘することができるだろう。近年の政治・社会状況をふまえて政治的発言力を有する「市民」の育成を目指す「シティズンシップ教育」論（小玉，2003）や，「教育の職業的意義」を強調する議論（本田，2009）などがこうした方向における目的及び目標設定のヒントになると思われる。

　どのような教育理念も教育目的も，最終的にそれを目指して実践するのは一人ひとりの教師である。一般的包括的な教育目的と具体的個別的な教育目標との関連構造を考えることは教育目的論の重要な課題であるが，しかし，一般的包括的な教育目的の設定は行政や教育学者に任せ，教師はそれらを前提に学校の教育課程の編成や個々の授業の目標設定と目標達成のための日々の授業づくりに携わる，という機械的な分業は好ましくない。もちろん，後

者の作業だけでも教師にとっては大変な負担なのであるが，教育の責任ある主体としてふるまうために一般的な目的の在り方をめぐる議論と自身の実践との関係を見通す構想力が教師には求められるし，また教育学者には，自身による理論活動がどのような影響を実践にまで及ぼしうるか，その責任を不断に自覚し続けることが求められているのである。

［滝沢和彦］

【引用・参考文献】
Aristoteles／山本光雄 訳　『政治学』（岩波文庫）　岩波書店　1961
Comenius, J. A., 1657／鈴木秀勇 訳　『大教授学（1・2）』（世界教育学選集24・25）　明治図書　1962
Dewey, J., 1916／松野安男 訳　『民主主義と教育（上・下）』（岩波文庫）岩波書店　1975
原聡介 編著　『教育の本質と可能性』　八千代出版　1996
Herbart, J. F., 1804／高久清吉 訳　『世界の美的表現：教育の中心任務としての』（世界教育学選集66）　明治図書　1973
広田照幸　『教育学』（ヒューマニティーズ）　岩波書店　2009
本田由紀　『教育の職業的意義：若者，学校，社会をつなぐ』（ちくま新書）　筑摩書房
加藤尚武　『子育ての倫理学：少年犯罪の深層から考える』（丸善ライブラリー）　丸善　2009
小玉重夫　『シティズンシップの教育思想』　白澤社／現代書館　2003
教育課程審議会　「児童生徒の学習と教育課程の実施状況の評価，在り方について（答申）」　2000
森昭　『現代教育学原論（改訂二版）』（現代教職課程全書）　国土社　1975
Platon／藤沢令夫 訳　『国家（上・下）』（岩波文庫）　岩波書店　1979
Platon／藤沢令夫 訳　『メノン』（岩波文庫）　岩波書店　1994
Rousseau, J.-J. 1762／今野一雄 訳　『エミール（上・中・下）』（岩波文庫）　岩波書店　1962-64
Spencer, H., 1861／三笠乙彦 訳　『知育・徳育・体育論』（世界教育学全集）　明治図書　1969
宇佐美寛　『教育において「思考」とは何か：思考指導の哲学的分析』　明治図書　1987

第Ⅱ部　教育の歴史と社会

　　第Ⅱ部のテーマは，前半が教育の歴史，後半は教育と社会である。教育の歴史は西洋と日本に分けて述べる。西洋教育史では，古代から第二次世界大戦後までの時代を7ないし8の時期に区分し，各時期における教育（思想）史上の重要な事項をとりあげる。日本教育史では，近代以前の時代と近代以降の時代に分けて主要な事項について概説する。後半では社会化をキーワードとして，教育と社会の多面的で重層的な関係について考察する。

第6章

教育の歴史

　本章では教育の歴史を述べる。前半は西洋教育史で,「古代・中世の教育」「ルネサンス・宗教改革期の教育」「実学主義の時代」「啓蒙期の教育思想」「ドイツ教育学の興隆」「近代市民社会の教育」「新教育の時代」「第二次世界大戦後の教育改革」からなる。後半は日本教育史で,こちらは「近代以前の教育」「近代の教育」からなる。論述の視点をキーワードで示すなら,教育の世俗化,教育の学校化,人文主義と実学主義の継起,教育内容と方法における科学化の進展,教師中心から児童中心へ,等があげられる。

6-1　西洋教育史1──古代・中世の教育

　古代・中世の教育は3期に区分される。第1期は,**スパルタ**と**アテナイ**(アテネ)に代表されるポリスが栄え,優れた教育思想家が輩出した古代ギリシアの教育。第2期は,ギリシアに代わって地中海世界を支配し,ギリシア文化を継承した古代ローマの教育。そして第3期は,ローマ帝国の衰亡とともに古代文化の伝統がいったん途切れたあと,キリスト教を中心とする教育が千年近く続いた中世ヨーロッパの教育である。

(1) 古代ギリシアの教育
① ポリスの教育

　古代ギリシアでは紀元前9～8世紀にポリス（都市国家）共同体が成立し，前5～4世紀にその最盛期を迎えた。ポリスの中で特に有名なのはアテナイとスパルタである。ポリスの住民は市民（支配階級）と奴隷（被征服民）からなるが，教育の対象となったのは市民だけである。ポリスの教育は，支配階級がその支配を永続させるための教育であった。

　① スパルタ　　ドーリア人がギリシア半島南部に建設した軍事王国がスパルタである。スパルタの教育目的は，ひと言でいえば強健な兵士の育成である。それは，好戦的な国民性にもよるが，主として政治的・軍事的条件（圧倒的多数の奴隷を武力制圧する必要）による。生まれた子どもは虚弱と判断されると山に捨てられた。そのほかの子どもは，6～7歳までを家庭で過ごした後，18歳まで国家の教育所に収容されて教育を受けた。最低限の知育もなされたが，主眼は身体の鍛錬とスパルタ的諸徳（勇気，忍耐，愛国心など）の教授におかれた。

　② アテナイ　　教育の目的・内容・国家統制などの点で，アテナイの教育はスパルタとは対照的であった。後代の文化に大きな影響を及ぼしたのは，スパルタではなくアテナイの教育である。教育は国家が強制すべきものではなく，市民の自由にゆだねられるべきものとされた。7歳を過ぎると男児と女児は別々に育てられ，女の子は家庭内で母親から家政を学んだ。男の子はパイダゴーゴス（教僕）とよばれる老齢の学識ある奴隷に付き添われて学校に通った。学校は大別して2種類あり，一つは音楽学校（ディダスカレイオン），もう一つは体育学校（パライストラ）である。良家の子弟はさらに国立のギュムナシオンに通い，体育と武技を学んだ。アテナイの教育目的は，精神と身体が調和的に発達した人間，いいかえれば「善にして美なる」人間の育成におかれた。

② 古代ギリシアの教育思想家

　ギリシアの黄金時代の前5～4世紀には数多くの偉人が輩出した。また市民生活における弁論の重要性が高まるのに伴い，諸都市を遍歴して修辞学や

弁論術を教える職業的教師の一群（**ソフィスト**）が現れた。

ソクラテス（Socrates: B.C. 469–B.C. 399）はソフィストの批判者といわれる。知に対する謙虚な態度の持ち主であるソクラテスには，知者を自任するソフィストの態度は不遜と感じられた。同様の理由で「ソクラテスに勝る知者はいない」という神託が，彼には意外に思われた。しかし，世間で知者といわれている人々と話をしてみて，善美の事柄に関しては，彼らも自分同様無知だということを彼は知った。彼と彼らの違いは，自分の無知を自覚しているかどうかという一点にあった。以後，彼は人々，特に青年に無知を悟らせることを使命とした（「汝自身を知れ」）。問答の積み重ねを通して相手を知へ導く技法（**問答法**）は，自分自身では知を産まないが，相手が知を産むのを助けるという意味で，**産婆術**（助産術）とよばれる。また問答法の前提には「想起説」の名で知られる独特の学習理論があった。

ソクラテスの弟子**プラトン**（Platon: B.C. 427–B.C. 347）は『国家』を著すとともに，学塾アカデメイアを開いて（B.C. 387）人材の育成にあたった。『国家』は「洞窟の比喩」で教育の目的を示すとともに，理想の国家における教育の在り方を説く。それによると国家は三つの階級の人間（統治者，守護者，生産者）からなり，3階級にはそれぞれ知恵，勇気，節制の徳が求められる。そして3階級がそれぞれの徳を備えたとき，国家全体としては正義の徳が実現されるという。プラトンは，哲学を修めた者が国家を治めるのを理想とした（「哲人政治」）。人間の器量は生まれつき決まっているという立場（決定論）をとる一方で，世襲身分や男女差別に反対する進歩的側面ももっていた。

アリストテレス（Aristoteles: B.C. 384–B.C. 322）はプラトンに師事した後，自らも学塾リュケイオンを開き，多数の門下生（逍遙学派）を育てた。『政治学』では「人間はポリスにおいて初めてその本性を完成させることのできる存在」と説き，教育の目的を，有徳な自由人の育成においた。その哲学は，中世大学における神学研究に大きな影響を与えた。

なお，プラトンのアカデメイアと並び称されるものに**イソクラテス**（Isocrates: B.C. 436–B.C. 338）の修辞学校（B.C. 392 開設）がある。アカデメイアがどちらかというと数学や自然系の学問を重視したのに対し，こちらは修辞学や弁証法の教授で抜きん出ていた。

（2）古代ローマの教育

　ローマ人は実際的で想像力に欠けるという点で，スパルタ人に似ていた。しかし，生まれながらの政治的才能をもっている点では，彼らと違っていた。初期のローマでは，教育は父親の支配する家庭で行われ，高邁な理想や大望には無縁だが，管理と実務の能力をもつ，控えめな誇り高き国民が育成された。

　カトー（Cato）やプルタルコス（Plutarchos: 著書『対比列伝』）は，家庭を教育の中心とすべきであると主張したが，その訴えもむなしく，ローマは前2世紀ごろから，ギリシアの教育観（教養人の育成）や学校制度を模倣するようになった。ローマの学校は3種類ある。まず7歳から12歳までの子どもに3R'sを教える初等教育機関「遊戯学校（ルードゥス）」。やがてそこから文法学校とよばれる中等教育機関が分化する。前者が実際的で有用な知識を授けたのに対し，後者は教養主義的であった。第三にそこに，16歳以上の青年を対象に，2～3年間，修辞学と弁論術を教える高等教育機関（修辞学校）が付け加わる。ローマの教育思想家としてはキケロ（M. T. Cicero: 著書『雄弁家論』），セネカ（L. A. Seneca），クィンティリアヌス（M. F. Quintilianus: 著書『雄弁家教育論』）などがあげられる。特にクィンティリアヌスは，エラスムス（D. Erasmus）などのルネサンス期の人文主義者に大きな影響を及ぼした。

（3）中世ヨーロッパの教育

　中世ヨーロッパは，4世紀末のゲルマン民族の大移動からルネサンスに至る約1000年間で，聖職者層の支配する封建社会であった。ローマ帝国の衰亡とともに古代文化の伝統はいったん途絶える。中世社会の教育はキリスト教中心であり，学校は王侯，騎士，聖職者などごくわずかの社会層のためにのみ発達した。しかし末期になると，大学や都市学校といった，教会学校の枠に収まらない学校もしだいに形成されていった。

① 教会学校

　ローマ帝国ですでに国教となっていた（392）キリスト教は，以後急速に勢力を広げ，各地に教会や修道院が建設された。6世紀ごろから聖職者の養

成を目的として，これらの機関に付属する学校が開設されるようになり（教会諸学校），後には俗人信徒の教育にもあたるようになる。僧侶対象の学校は内校，俗人対象の学校は外校とよばれた。ひと口に**教会学校**といっても，唱歌や祈祷を教えるだけの初等学校（唱歌学校）と七自由科までを教える中等学校（修道院学校の一部や本山学校）とが区別された。

　王侯の中には高名な学者をその宮廷に迎えて学校を開き，自分や廷臣の子女の教育にあたらせる者もいた。これがいわゆる宮廷学校であり，8世紀末フランク王国のカール大帝（シャルルマーニュともいう）のそれは特に有名である。宮廷はまた，中世社会の花形ともいうべき騎士階級の教育の舞台でもあった。彼らは宮廷規律とよばれた諸徳を修め，騎士の七芸を磨いて騎士道を確立した。騎士の教育は後世の紳士教育論にも影響を及ぼした。

② 大学の誕生

　中世後期の12〜13世紀になると，高等教育が組織化されて大学が誕生する。大学はもともと，教師や学生が互いの権益を守るための組合として成立した（大学の語源であるuniversitasはそのような意味の言葉であった）。学部は法学部，医学部，神学部の上級3学部と，それらの基礎課程である教養学部とから成り立っていた。代表的な大学としてはボローニャ（法学），サレルノ（医学），パリ（神学），オックスフォード，ケンブリッジなどがある。また，商品経済の活発化や十字軍の東方遠征などを契機として，中世商業都市が形成されるようになると，商工市民向けの世俗的な学校がつくられるようになった。これがいわゆる都市学校であるが，富裕層の子弟が通うラテン語学校から手工業者対象の「書き方学校」を経て零細な「片隅学校」や「おかみさん学校」に至るまで，教育条件には大きな開きがあった。

6-2　西洋教育史2——ルネサンス・宗教改革期の教育

　14世紀前半から16世紀末まで，中世封建社会から近代市民社会への転換期を近世という。世界像の振り子は，中世の神中心から，かつて古代世界がそうであったように，再び人間中心へと動き始めた。近世を特徴づけるのは，ルネサンスと宗教改革という，聖俗二世界における巨大な復古運動であ

る。ルネサンスが中等学校の興隆をもたらしたのに対し，宗教改革は新教諸国における初等教育の普及をもたらした。

(1) ルネサンスと教育
① ルネサンス

14～15世紀のヨーロッパは凶作，疫病，戦争などによって荒廃したが，15世紀の後半には再建期を迎える。商業活動によって富を蓄積し，閑暇に恵まれてこれを知的にまた美的に愉しむ都市上層市民が出現する。1000年にわたってヨーロッパを支配してきた神中心の世界像と禁欲的倫理は，もはや彼らを満足させない。中世的世界像にあきたりなさを覚えた人々は，西洋文明の出発点に立ち戻ってみようとした。彼らの関心は古代に向かい，古代の文物の発掘がさかんに行われた。彼らは都市国家的・世俗的な生活基盤の同質性から古代文化に深く共感し，その研究を志すに至る。この運動がルネサンスである。ローマ人がその生活理想をフマニタスと称したところから，この運動を貫く理念は**ヒューマニズム（人文主義）**とよばれた。ルネサンスはイタリアに発し（15世紀初頭），西欧諸国に広まった（同後半）ため，前者をイタリア・ルネサンス，後者を北方ルネサンスとよんで区別する。現世志向が強く宗教性の希薄な前者に対し，後者の特徴は人文主義とキリスト教（福音主義）の密接な結びつきにある。

② ヒューマニストの教育論

イタリア・ルネサンスに道を拓いたのは，二人の詩人，ペトラルカ（F. Petrarca: 1304-74）とその友人ボッカチオ（G. Boccacio: 1313-75; 著書『デカメロン』）である。ヒューマニストたちは諸侯の宮廷や都市の富裕市民層に経済的支援を仰いだから，その教育論は後援者たちの教育要求を考慮したものとなった。その特徴をあげてみると，教育目的としては現世肯定的で開放的な人間像，教育内容としては人文主義的教養と騎士教育の理想（体育，礼儀作法，敬虔）との結合，教育形態としては家庭教師教育か宮廷学校などである。教育家としては『家政論』で家庭教育論を展開したアルベルティ（L. B. Alberti）や「楽しい家」でクィンティリアヌスの理論を実践したヴィットリーノ（Vittorino da Feltre）などがいる。

イタリア・ルネサンスの教育論がもっぱら個々人の教養人としての完成を目指したのに対し，北方のそれの特徴は，教育による社会改革と学校教育を重視した点にある。北方のヒューマニストといえば，まずエラスムス（D. Erasmus: 1469–1536）があげられる。『愚神礼讃』（1509）が特に有名だが，『学習方法論』（1512）や『幼児教育論』（1529）などの教育論もあり，流麗で説得的な文章で，教養階級に多大の影響を及ぼした。そのほかにイギリスではモア（T. More: 1478–1535: 著書『ユートピア』（1516））やコレット（J. Colet: 1466–1519）がいる。ヴィーヴェス（J. L. Vives: 著書『学問論』（1531））はスペイン出身だが，ヘンリー8世の王女メアリーの家庭教師をした。ラブレー（F. Rabelais: 著書『パンタグリュエル物語』（1532））やモンテーニュ（M. E. de Montaigne: 著書『エセー』（1572–89にかけて執筆））はフランスを代表し，ドイツではロイヒリン（J. Reuchlin: 1455–1522）やメランヒトン（P. Melanchthon）が有名である。

③ 人文主義的中等学校

ルネサンス期には新しいタイプの学校である**人文主義的中等学校**が誕生した。なぜ初等学校でも大学でもなく中等学校だったのか。人文主義はギリシア語やラテン語の学習を前提とするから，初等学校では無理である。また大学にはスコラ学の伝統があって，人文主義は広がりにくかったからである。ただし，当時の中等学校と大学の間に質的な区別はなく，中等学校の教育水準は大学と比べてあまり遜色はなかったという。イタリア・ルネサンスの中等学校の特色が人文主義と騎士教育という二つの理念の統合にあったとすれば，北方ルネサンスのそれは人文主義と宗教教授の統合にあった。代表的な中等学校は，イギリスではコレットが再建（1510）したセント・ポールズ校，フランスではビュデ（G. Budé）が創設（1530）した「王の講師団」とボルドー市立のコレージュ・ド・ギュイエンヌ（1533設立），ドイツではシュトゥルム（J. Sturm）が指導（1536以後）したシュトラスブルクのギムナジウムがある。

（2）宗教改革と教育
① 宗教改革とその教育史的意義

宗教改革は，1517年ヴィッテンベルク大学の神学教授ルター（M. Luther: 1483-1546）が，（贖宥状の乱発に象徴される）教会の堕落に抗議して「95箇条の提題」を掲げたことに端を発する。教会の自己改革を求めたルターに対し，教会はルターの破門をもって応じた。自己の正当性を主張しようとすれば，ルターは教会の権威を否定しなければならなかった。そして教会の権威を否定しようとすれば，よりどころを聖書とそれに基づく自らの信仰に求めるほかはなかった（聖書主義）。かくしてルターは，教会による救いに対して個人の信仰による救いを対置したのである。

ところで，人々が聖書を学ぶことができるためには，聖書を読めるようにならなければならない。とともに，聖書は，人々が読める言葉，つまり母国語で書かれていなければならない。そこでルターは，まず，万人共通（男女・貴賤・貧富を問わず）の教育がなされなければならないこと（普通教育の理念）を訴えた（1520）。次に彼は，その理念の具体化として，母国語の公立初等学校を各地に設置して（1524），子どもに就学を義務づけるべきこと（1530）を訴えた。そして第三に彼は聖書のドイツ語訳を完成させた。このように聖書主義が母国語訳聖書を生み，初等教育を普及させたのである。この事情はカルヴァン派の場合も変わらない。

宗教改革が教育に及ぼした影響はもう一つある。それまで学校は教会の支配下にあった。宗教改革によって学校が教会の支配を脱したということは，半面，その庇護を受けられなくなったことを意味する。では，誰が教会に代わって学校を設立，維持すべきなのか。ルターはその仕事を新教諸侯と諸都市にゆだねた。かくして宗教改革は，世俗権力による教育・学校支配に道を開くことにもなったのである。

② メランヒトンとブーゲンハーゲン

ルターには二人の有能な協力者があった。メランヒトン（P. Melanchthon: 1497-1560）とブーゲンハーゲン（J. Bugenhagen: 1485-1558）で，ともにヴィッテンベルク大学の同僚だった。弱冠21歳で教授となったメランヒトンの功績は二つある。一つはルターの思想を体系化し，福音主義の教理とし

第6章　教育の歴史

て確立したことであり，もう一つは学校制度を組織したことである。地域的にはドイツ中南部，学校段階では中等学校と大学を担当し，「ドイツの教師」と讃えられた。ブーゲンハーゲンは対照的に，地域的には北ドイツ，学校段階では初等学校の領域で活躍し，「ドイツ国民学校の父」とよばれた。

またカルヴァン（J. Calvin: 1509-64）はスイスのジュネーヴで独自の宗教改革を展開し，指導者養成のためにコレージュやアカデミーを開設した。

（3）イエズス会の教育
① イエズス会

教育が宗教的目的を達成する手段として利用できることをプロテスタントから学び，カトリック教会も教育宣伝活動に乗り出すようになった。その主たる担い手となったのが**イエズス会**（ジェズイット教団）である。イエズス会は1534年に**ロヨラ**（I. L. de Loyola: 1491-1556）によって結成され，1540年に修道会として認可された，軍隊的な組織と規律をもつ教育団体であり，異端と戦い，教会の利益を守り，教皇の権威を高めることを目的とした。こうした動きは一般に反宗教改革とよばれるが，イエズス会は宗教改革にただ反対しただけでなく，プロテスタントに刺激されて，カトリックの側から教会改革を志したという面もある。

② イエズス会の学校

イエズス会も，コレジオとかセミナリオとよばれた中等学校を重視した。教会と国家の指導者養成が会の根本方針だったからである。その学校に入学してきたのは貴族や紳士の子ども，俊才などである。プロテスタントの子どもも，高度の教育と社会的昇進のチャンスを求めて数多く入学したという。

学校は下級科と上級科（会士養成課程）からなっていた。古典語の重視は学校の教育方針の一つで，さまざまの教授法が工夫された。徳育や体育の重視，優れた教師養成制度もこの学校の長所だった。以上の長所により，イエズス会の学校は，18世紀後半までカトリック諸国の中等教育を支配した。とりわけ設立当初の半世紀は先進的な学校として高く評価された。しかし，それ以後は旧来の方針をかたくなに固守し続けたために，しだいに時代から取り残されていった。

6-3　西洋教育史3——実学主義の時代

　17世紀とほぼ重なる近代初期の特徴の第一は，形骸化した人文主義を批判して実学主義とよばれる思想が登場してきたことである。第二の特徴は教授学者とよばれる人々が出現したことであり，なかでもコメニウス（J. A. Comenius）は特に有名である。イギリスでは経験論を確立したロック（J. Locke）が出て，伝統的な紳士教育論を集大成した。

（1）17世紀——実学主義の時代
①　人文主義から実学主義へ

　17世紀は，ガリレイ（G. Galilei: 1564-1642）とニュートン（I. Newton: 1642-1727）に代表されるように，近代自然科学が飛躍的な発展を遂げた時代である。そしてその方法論的基礎（先入観の排除，観察や実験の重視，帰納法など）を確立したのはフランシス・ベーコン（F. Bacon: 1561-1626）である。

　近代科学の発展は，数多くの新知識の発見と，それに伴う知識体系の抜本的組み替えを招来した。それはまた，人々の生活を過去の世界（古典古代）から現実生活に向けるようにも作用した。さらに人々は，多大の時間と労力を要する古典語学習の価値にも疑問を抱くようになった。これらを契機として人文主義的な教育に対する批判が強まり，人文主義は16世紀の末には衰退する。それに代わって登場してくるのが実学主義（realism）の教育思想であり，近代科学の積極的導入，実生活に役立つ知識の重視，言葉ではなく事物の重視，などの特徴をもつ。

②　実学主義の3類型

　ひと口に実学主義といっても，強調点の違いによって次の3類型がある。
　① 人文主義的実学主義は，人文主義と実学主義の折衷的立場で，古典研究自体は否定しない。ただし，文体の模倣などには批判的で，もっぱら実学的見地から古典研究を行うべきとする。ヴィーヴェス，ラブレーやミルトン（J. Milton）がこれに属する。
　② 社会的実学主義は，古典研究にもはや価値を認めず，教育の目標を

実社会への適応におき，そのために必要な知識・技能・態度の教育を提唱する。モンテーニュや，時代は1世紀あまり下るが，ロックがこの立場を代表する。両者の主張には多くの一致点があるが，それはこの両者がともに，教育の対象として実務に携わる貴族や紳士の子弟を想定していたからである。
　③　感覚的実学主義（感覚器官による知覚を認識の源泉として重視するところからこうよばれる）は，古典研究を退ける点では②と同じだが，近代自然科学の方法や成果を教育に取り入れようという志向は最も強い。ベーコン，ラトケ（W. Ratke），コメニウスがこの立場を代表する。

（2）教授学者——コメニウスを中心として
① 教授学

　何をどう教えるかを研究する学問である教授学（didactics）とか教授学者という言葉が使われ始めるのもこの時代からである。17世紀は職業としての教授学者が登場した時代である。教授学への関心が高まったのは，知識体系の抜本的な組み替えに伴って，何をどう教えたらよいか，あらためて見直す必要が出てきたからである。人文主義から実学主義への転換と教授学ブームの間には，密接な関連があったのである。

　代表的な教授学者はアルシュテット（J. H. Alsted），ラトケ，コメニウスの3人である。アルシュテットは百科全書主義者で，コメニウスの汎知思想は彼の影響を受けている。ラトケ（W. Ratke: 1571-1635）は，イギリス留学中にベーコンの『学問の進歩』（1605）を読んで触発され，新しい教授法を工夫し，ドイツ国会に『建白書』を提出した（1612）。また，著書『新方法』（1617）では，いくつかの教授原理を提唱した。ラトケは合理的で方法的な教授学の開拓者であるとともに，ベーコンの思想を実地に応用してコメニウスに橋渡ししたのである。

② コメニウス

　17世紀最大の教育学者コメニウス（J. A. Comenius: 1592-1670）は，同時に偉大な宗教家（ボヘミア同胞教団の指導者）でもあった。彼によれば，人

生の目的は神のもとで永遠の浄福にあずかることであり，地上の生活はそのための準備であり，具体的には学識・徳行・敬虔を備えることである。この三者の芽は自然によって与えられているが，教育はこの芽を養い育てなければならない。

コメニウスはアルシュテットに師事したほか，ラトケやベーコンからも強い影響を受けた。つまり彼はアルシュテットからは汎知（パンソフィア）体系を，ラトケからは教授学を，それぞれ学んだのであり，著書も汎知学系列のものと教授学系列のものとに分けられる。『語学入門（別名，開かれた言語の扉）』（1631）や『世界図絵』（1658）は前者の，『**大教授学**』（1657）は後者の代表作である。

『大教授学』という書名は，教授学を主題とした書物という印象を与える。けれどもそれは，実は教授学だけを論じたものではない。それは，すべての人に（単線型の統一学校制度），すべてのことを（汎知体系），速く容易に徹底的に教える方法（教授学）を述べた，史上最初の体系的教育書である。

コメニウスが初級ラテン語の教科書『語学入門』を書いたのは，ローマの原典は初学者には難しすぎるうえに，世界を理解するために必要な知識を含んでいない，と考えたからである。そこで彼は，ラテン語の平易な入門書であるとともに，汎知体系のダイジェストでもある教科書を書いた。それが『語学入門』で，それを児童向きにさらにやさしくしたのが，史上最初の挿絵入り教科書『世界図絵』である。

(3) ロックの教育思想

ロック（J. Locke: 1632-1704）は，哲学，政治思想を中心に幅広い分野で活躍した。経験論哲学者としての彼は，教育に関して二つの重要な主張（白紙説と形式陶冶論）を述べた。生まれたての人の心は，たとえていえば何も書かれていない白紙（タブラ・ラサ）のようなもので，外部から刺激を受けて観念が形成されていく。教育とは，好適な刺激を与えて望ましい観念を形成していく営みにほかならない，とロックは考えた（**精神白紙説**）。彼はまた，知識そのものを教えることよりも，知識を獲得する能力の育成を重視した。この点は，百科全書的知識の習得を重視したコメニウスとは対照的である。ロックは知識獲得能力を強調しただけでなく，悟性的能力はどんな対象

にも適用可能な形式的能力で，教育はこの形式的能力をこそ育成すべきである，と主張した（形式陶冶論）。

『教育論（教育に関する若干の考察）』(1693) は，紳士の子弟のための教育論で，体育・徳育・知育の3分野について具体的指針を示す。医師でもある彼は体育を重視した。その立場は鍛錬主義とよばれている。徳育に関しては，体罰を避けて理性に訴え，規則よりも示範によって自律的な習慣形成を目指すべきとする。紳士は学者ではないという理由で，体育と徳育に比べて知育はあまり重視されなかった。なお『教育論』でのロックは，学校教育には批判的で，家庭教師による教育を推奨している。

しかし，ロックには紳士の子弟のための教育論のほかに，貧民の子弟を対象にした教育論もある。『貧民の子弟のための労働学校案』(1697) というのがそれで，勤勉で従順な労働者の育成をねらいとした。ロックは二つの階級のために，2種類の教育論を書いたのである。

(4) 実学主義の学校

時代は「啓蒙の世紀」へと向かっていた。啓蒙思想は宗教をも合理主義的に解釈するが，それに反発して宗教を理性ではなく心情の問題としてとらえようとする運動が17世紀末のドイツに起こる。**敬虔主義**（Pietismus）がそれで，中心人物はフランケ（A. H. Franke: 1663-1727）である。かつてメランヒトンは福音主義と人文主義を統合したが，フランケは福音主義と実学主義の統一を図った（宗教的実学主義）。ハレ郊外に彼が建設した学院はおおいに栄えたが，伝統的身分秩序の支持者である彼の考えに沿って，その学校は身分階層ごとに分かれていた。

イギリスでミルトンの案にならってつくられた非国教徒派アカデミーや，ドイツで流行した貴族の子弟対象のリッター・アカデミーなど，17世紀には実学主義に基づく学校もつくられた。

6-4　西洋教育史4──啓蒙期の教育思想

近代教育思想は「啓蒙の世紀」(siècle des lumières) とよばれた18世紀後半，フランスとドイツで開花した。絶対王制下における啓蒙思想の担い手

は，フィロゾーフとよばれた急進的思想家たちだった。ルソーはフィロゾーフの一人として出発しながら，それを越えていった。ドイツでは，ルソーの影響下にドイツ版の啓蒙主義教育思想ともいうべき汎愛主義が誕生した。

(1) フィロゾーフの教育思想

17世紀が実学主義の時代だったとすれば，18世紀は啓蒙の時代である。**啓蒙主義**とは，前世紀イギリスのホッブズ（T. Hobbes: 1588-1679），ロックを先駆とし，18世紀のフランスとドイツ，特に前者で開花した思想運動で，現世的・科学的な思考を，自然認識のみならず社会認識にも適用し，さらにこの考え方の普及・啓蒙により，社会的不自由・不平等を撤廃しようとするところに特徴がある。

フィロゾーフとよばれた啓蒙思想の担い手たち──モンテスキュー（C.-L. de Montesquieu: 1689-1755）やヴォルテール（Voltaire: 1694-1778）は特に有名である──の中には，教育について論じた者が少なくない。例えばエルヴェシウス（C.-A. Helvétius: 1715-71, 著書『精神論』(1758)，『人間論』(1772)）は，人間はその受けた教育の産物であり，精神の違いは受けた教育の違いにほかならない，と主張した。このような主張を**教育万能論**という。ただ，彼の場合，教育とは環境が及ぼすいっさいの影響の総和を意味したから，彼の立場は**環境決定論**といったほうが正確である。百科全書派の領袖ディドロ（D. Diderot: 1713-84; 著書『ロシア大学案』(1776)）は，貴族やブルジョアの間に根強い民衆教育不要論に反対して，教育の機会均等と能力主義に基づく人材の登用を求めた。法服貴族ラ・シャロッテ（L.-R. de C. de La Chalotais: 1701-85; 著書『国民教育論』(1763)）は，200年にわたってフランスの中等教育を支配してきたイエズス会を追放し（1762），それによって生じた中等教育の空白を埋めるべく，国家主義と実学主義の立場からエリート教育を推進した。フィロゾーフたちは総じて社会の「進歩」(progrès)と人間の完成可能性を信じた。コンディヤック（E. B. de Condillac: 1715-80; 著書『感覚論』(1754)）は，感覚一元論の立場から，完成可能性を理論的に基礎づけようとした。

(2) ルソーの教育思想

① ルソーの思想課題

ルソー（J.-J. Rousseau: 1712-78）は，ジュネーヴの時計職人の子に生まれ，不遇な青少年期を過ごしたが，独学に努め，38歳のときアカデミーの懸賞論文に当選して一躍文名をあげ，以後さまざまな分野で次々と傑作を発表した。教育思想と政治・社会思想は，彼において密接に連関していた。

処女作『学問芸術論』（1750）以来，個人と社会のあるべき姿を追求することが，ルソーの終生変わらぬテーマだった。自然状態の人間は，生きていくのに必要なものとそれを満たす能力をもつから自由である。しかし社会状態に入ると，人間は自分と他人を比較して，他人よりも幸せでいたいと思うようになる。そして他人が満たせない欲求を満たせるとき，幸せだと思うようになる。社会状態に生きる人間は，こうして本来は必要のない，充足能力を越えた欲求をもつから，不自由かつ不幸である。しかし，自然状態に復帰することはもはやできない。可能性があるのは，自然状態と社会状態の止揚態としての道徳的状態に到達することである。このテーマを社会の側から論じたのが『社会契約論』（1762）であり，個人の側から論じたのが『エミール』（1762）である。

② 『エミール』の主要思想

「教育について」という副題をもつ主著『エミール』は，家庭教師の「わたし」が託された「エミール」の成長と教育（誕生から結婚まで）について述べるという形式をとった教育論であり，そこでの主張をまとめれば次のようになる。

① 自分のために生きる「人間」と全体のために生きる「市民」とを二律背反的な教育目的であるとしたうえで，「市民」の教育の前提たる「祖国」は今日存在しないとして，「人間」の教育が目指される。

② 「自然による教育」（身体諸器官の発達）「事物による教育」（事物との出会いによる経験的学習）「人間による教育」（通常の意味での教育）を区別した後，三者が一致することが必要であり，そのためには「自然による教育」に他の二つを合わせるほかはないとする。これを教育における「**合自然の原理**」という。

③　いわゆる「消極教育」には，教育方法の原理としての面と教育内容の原理としての面とがある。方法原理としてのそれは早期知育の否定とそれに代わる感覚訓練を，内容原理としてのそれは有害（とルソーは判断した）な文化環境からの隔離を意味する。いずれも，幼少年期に特に妥当する教育の原理である。

④　大人とは異なる子どもの独自性を明らかにし，子どもを子どもとして成熟させることの重要性を説いている。そのため『エミール』は「子どもの発見」の書であるといわれる。

⑤　発達段階論とそれに基づく教育課題の設定。幼児の判断基準は快不快，少年のそれは利害得失，青年のそれは正邪善悪であるとし，幼児期では感覚訓練，少年期では知育，青年期では徳育が各時期にふさわしい教育課題であるとする。

『エミール』には近代教育思想の主要な原理のほとんどが含まれており，カント，汎愛派，ペスタロッチをはじめ，20世紀の新教育運動にも多大の影響を及ぼした。

（3）汎愛派の教育思想

①　汎愛主義

フランスで『エミール』が出版され，イエズス会が追放されたのと同じころ，ドイツの領邦プロイセンでは啓蒙専制君主フリードリッヒ大王（Friedrich der Große: 1712-86）が「一般地方学事通則」（または「農村学校令」）という画期的な法令を出して，義務教育の組織化に乗り出していた。また，啓蒙思想家，特にルソーの影響を受けて汎愛主義者とよばれる一群の教育家たちが出現した。

汎愛主義は啓蒙主義のドイツ版といってよいが，本家フランスのそれよりは穏健であり（例えば身分制秩序の肯定），もっぱら教育論に終始して政治・社会論には及ばなかった。中心人物はバゼドウ（J. B. Basedow: 1724-90）だが，ほかにザルツマン（C. G. Salzmann: 1744-1811；『カニの本』『アリの本』の著者で，唯一長続きしたシュネップフェンタールの学校の経営者），カンペ（J. H. Campe: 1746-1818；児童文学の先駆者でフンボルトの家庭教師でもあった），トラップ（E. C. Trapp: 1745-1818；プロイセン初の教育学教授

で汎愛主義の理論化に努めた）などがいる。

汎愛主義の特徴は，バゼドウの主著名（『学校と学問が公共の福祉に及ぼす影響について，同胞と有産者諸氏への提言』（1768））に端的に表れている。すなわち「学校と学問」を普及させて「公共の福祉」を達成しようというのである。家庭教育の時代に代わって学校教育の時代が到来しつつあった。しかし当時の学校はまだ教会の監督下におかれていた。それゆえ，徹底して世俗的な教育目的（現世における幸福と生活上の有用）を掲げる汎愛派は，学校から教会勢力を一掃し，学校を国家の監督下におくことを要求した。そしてそのうえで，上記の世俗的な教育目的を達成すべく，彼らは教育内容と方法の近代化（体育や実学の重視，穏やかな訓育，母国語の使用，遊戯的方法，直観教授，作業の導入等）を図った。要するに汎愛主義は，当時最も進歩的な教育思想だったのであり，デッサウの汎愛学院（1774年開設）も当時の新学校だったのである。カント（I. Kant）やゲーテ（J. W. von Goethe）もこの教育運動に賛意と期待を表明した。

② **市民学校と民衆学校**

バゼドウは，かつてフランケもそうであったように，身分制秩序の維持を前提として教育を考えた。具体的には富裕市民向けの学校と民衆向けの学校を区別し，前者に重点をおいた。汎愛学院も前者にあたる学校だった。汎愛主義教育の評判が高かったのは，そういう一種のモデルスクールで思い切って斬新な教育を実践したからである。合身分教育という枠内での実学主義的内容と合理的教授法，そのための国家による教育監督，これが汎愛主義教育の要点であるが，それは当時の市民階級の教育要求に沿うものだった。

同じころ，農村では二人の人物が，汎愛派が無視した民衆の教育に取り組んでいた。一人はペスタロッチ（J. H. Pestalozzi）で，もう一人はマルクのペスタロッチと謳われた開明的領主のロホウ（F. E. von Rochow: 1734–1805）である。ロホウは博愛主義的な意図から農民の啓蒙活動に取り組み，所領に民衆学校を開設し，自ら教科書（『農民の友』（1773））をつくった。また著書『国民性と教育』（1779）では，民衆を下層階級とする見方を批判して，国民社会の構成員に加えるよう主張した。

6-5　西洋教育史5——ドイツ教育学の興隆

　18世紀末から19世紀前半にかけてのドイツ語文化圏は，次の点で特筆に値する。第一に，体系的教育学が樹立されたこと，第二に，偉大な教育思想家が多数輩出したこと，第三に，17世紀以来支配的だった実学主義の教育思想に対する反動として，人文主義の教育思想がふたたび興隆したこと，である。

（1）新人文主義と陶冶理論

　18世紀も末になると啓蒙思想は退潮期に入り，代わっていわゆるドイツ観念論や**新人文主義**が全盛期を迎えるようになった。教育について論じた観念論哲学者としてはカントとフィヒテが有名である。カント（I. Kant: 1724-1804）はドイツの大学で最も早い時期に教育学の講義を行った教授の一人で，「人間は教育されなければならない唯一の被造物である」「人間は教育によって初めて人間になることができる」などの有名な命題を残した。フィヒテ（J. G. Fichte: 1762-1814）は，ナポレオン軍占領下のベルリンで「ドイツ国民に告ぐ」（1807-08）と題する連続講演を行い，民族再興のための統一的国民教育の必要を訴えた。

　しかし，観念論哲学者以上に教育について積極的に論じたのは新人文主義者と総称される一群の思想家や作家たちで，代表者はレッシング（G. E. Lessing: 1729-81），ゲーテ（J. W. von Goethe: 1749-1832），シラー（J. C. F. von Schiller: 1759-1805），フンボルト（W. von Humboldt: 1767-1835），シュライエルマッハー（F. D. E. Schleiermacher: 1768-1834），ジャン・パウル（J. Paul: 1763-1825）などである。17世紀以降の実学主義は，もともと形骸化した人文主義への批判として起こったものだったが，2世紀にわたって実学主義のほうへ揺れていた振り子は，その反動で，いまや再び人文主義のほうへ戻り始めたのである。これが第二の人文主義，新人文主義である。

　新人文主義は，ルネサンス期の第一の人文主義から教養主義的な自己完成の理想を継承した。その理想をフンボルトは「一般的人間陶冶」と表現した。**一般的人間陶冶**とは，人間的諸能力を調和的・多面的に発達させることである。いいかえれば，それは特定の能力を一面的に伸ばしたり，職業の準

備教育をすることとは真っ向から対立する陶冶の理想である。おしなべて新人文主義の陶冶理想は、個人主義的、教養主義的、美的、貴族主義的などの特徴をもつ。これらの特徴は担い手たちの出身階層の価値観を反映していた。「自分自身を一箇の芸術作品にまで形成すること」が彼らの陶冶理想のモットーだった。

(2) ペスタロッチと民衆教育
① 民衆学校の父

スイス民衆学校の父とよばれるペスタロッチ（J. H. Pestalozzi: 1746-1827）はチューリッヒの出身、はじめに農場経営を志し、ついで貧民学校の経営に取り組んだが、いずれも失敗した。失意と貧窮の中、友人に勧められて発表したのが処女作『隠者の夕暮』(1780) で、冒頭の「玉座の上にあっても、木の葉の屋根の蔭に住まっていても同じ人間、その本質から見た人間、そもかれはいかなるものか」という一文はことに有名である。

ついで執筆された教育小説『リーンハルトとゲルトルート』(1781-87) はベストセラーとなった。民衆問題の根因は貧困にある。したがって、問題を根本から解決するには民衆を経済的に自立させることが必要だが、そのためには民衆の教育が不可欠という結論に彼は到達した。

1798年には革命政府の依頼でシュタンツの孤児院を経営した。その期間は半年あまりにすぎなかったものの、その地で孤児たちと過ごした日々が感動的な実践記録『シュタンツ便り』(1799) を生んだ。以後、ブルクドルフ、イヴェルドンなどで民衆学校教師を続けながら教授法の研究に没頭し、ついにその成果を『ゲルトルートはその子らをどのように教えるか（別名、ゲルトルート児童教授法）』(1801) として刊行した。

② 基礎陶冶

民衆が必要とする基礎学力を習得することを、ペスタロッチは「基礎陶冶」とよんだ。英語でいうと三つのHの能力、すなわちHead（頭＝知的能力）、Hand（手＝技術的能力）、Heart（心＝道徳的能力）という三つの能力を調和的に発達させることが「基礎陶冶」の目標である。そしてこの目標は、子どもにとって自然な環境、つまり家庭的な生活環境の中で、その能力

を実際に使ってみることによって達成される。その思想は晩年の自叙伝『白鳥の歌』(1826) では「生活が陶冶する」と表現された。

知的能力の陶冶に関しては、さらに立ち入った考察を彼は加えた。そのことを定式化したのが「直観から概念へ」という言葉である。直観とは、人間に生来備わっている認識能力のことである。漠然たる直観的認識は、どうすれば明瞭な概念的認識に高まるのか。それは直観的認識を分析することによってである、と彼は考えた。そして分析の観点として彼は、数、形、語（名前）の三つをあげ、「**直観の ABC**」と名づけた。

(3) ヘルバルトと体系的教育学の成立

18 世紀の末以来、ドイツではいくつかの大学で教育学の講義が行われるようになった。教育学を単なる経験知や主観的意見ではなく、客観的で確実な知識の体系、すなわち一箇の学問にまで高めるのに寄与した人々に、シュライエルマッハーやヘルバルト（J. F. Herbart: 1776-1841）がいる。ヘルバルトはもともとは哲学者志望だったが、3 人の子どもの家庭教師をしたり、ペスタロッチの学校を参観したことなどから、教育研究への関心に目覚め、ついには哲学者としてよりも教育学者として有名になった。ペスタロッチが生涯を民衆教育に捧げたとすれば、ヘルバルトは生涯を学問としての教育学の樹立に捧げたといってよい。その思想のあらましは 2 冊の主著『一般教育学』(1806) と『教育学講義綱要』(1841) にうかがうことができる。

独立科学としての条件を、彼は固有の対象（目的）と方法をもつことに求めた。教育の一般的（普遍妥当的）目的を彼は「強固な道徳的性格」と定式化したが、その内実を明らかにしうるのは倫理学である。また、目的達成の方法と途中に横たわる障害を明らかにするのは心理学である。したがって、教育学の基礎科学は倫理学と心理学である。こうヘルバルトは考えた。

次にヘルバルトは、教師が生徒に対して及ぼす働きかけを「**教授**」と「**訓練**」と「**管理**」の三つに分けた。「教授」とは、一定の教授内容を介して生徒の「思想圏」（観念の世界）を拡充深化する作用であり、今日のいい方では授業ということになる。これに対して「訓練」とは、教授内容を介さず、直接生徒の心情や意思に働きかける作用であり、「管理」とは教育活動成立の前提条件たる規律の保持を目的としてなされる働きかけである。これらの

うちヘルバルトが最も重視したのは「教授」であるが、それは偶然に頼らず計画的に「思想圏」を陶冶することになるからである。**教育的教授**とは「教授」という手段によって教育目的（道徳性）を達成しようとする試みである。

またヘルバルトは、「直観から概念へ」というペスタロッチの思想を心理学的に精密化し、「専心」（対象に集中・没頭する）と「致思」（「専心」によって得た諸観念を関連づける）との循環運動から、**明瞭**（静的専心）→「**連合**」（動的専心）→**系統**（静的致思）→「**方法**」（動的致思）という四段階の教授（ないし認識）段階論を構想した。またヘルバルトの孫弟子にあたるライン（W. Rein: 1847-1929）は、それを「予備」→「提示」→「比較」→「概括」→「応用」という五段階教授論へと発展させた。

（4）フレーベルと幼児教育思想の展開

フレーベル（F. Fröbel: 1782-1852）は、ペスタロッチ主義者の友人の勧めで教師となり、イヴェルドンの学園で直接ペスタロッチから指導を受けた後、「一般ドイツ教育舎」をはじめいくつかの学園経営を通じて、ドイツの国民的統一を目指す活動に加わった。1837年からはブランケンブルクで幼児教育施設を経営しながら、教育遊具（「恩物」）の考案・製作・普及に努め、1840年に世界で最初の幼稚園を創設した。以後、幼稚園運動の発展に尽力したが、社会主義的な活動を行ったという嫌疑をかけられ、禁令の解除（1860）を待たずに他界した。

主著『人間の教育』（1826）に展開された教育思想は、万有内在神論に基づき、ルソーの消極教育論やペスタロッチの開発主義を継承した受動的・追随的教育論である。フレーベルによれば、人間は神性を宿し、人間の活動や創造は内なる神性の発現である。したがって、教育の課題は、自己活動の主体たる子どもに内在する活動衝動・創造衝動の発現を助成することにあるという。フレーベルの幼児教育思想は、ドイツ国内だけでなく、諸外国ことにアメリカ合衆国の新教育運動に大きな影響を及ぼした。

6-6　西洋教育史6──近代市民社会の教育

　近代社会は，市民革命と産業革命という2種類の革命を経験した。市民革命は，近代市民社会の担い手の育成という困難な教育課題に直面させた。産業革命は，産業社会特有の教育問題（児童労働，労働者階級の自己教育等）を引き起こした。そして19世紀の70年代以降，欧米諸国は国民教育制度の確立期を迎える。

（1）市民革命と教育

　イギリスの名誉革命（1688）から始まった近代市民革命は，約1世紀遅れて欧米の他の国々にも波及した。その典型はフランス革命であるが，アメリカの独立革命やプロイセン（ドイツ）の改革もそれに準ずるものといえる。年代順に並べると，アメリカ独立革命（1776），フランス革命（1789），プロイセン改革（1806）という順序になる。

①　アメリカ独立革命期の教育計画

　苦労してイギリスから独立を勝ち得たアメリカ建国の父たちは，教育の必要性を痛感した。というのも，基本的人権や人民主権を謳いあげた独立宣言の精神が教えられ，子どもたちがこの精神の体現者とならなければ，アメリカの存続発展は危ういと思えたからである。そこで建国期のアメリカでは，政治教育がことのほか重視された。アメリカ合衆国がよって立つ原理的な価値や国家理想を教え込み，合衆国への忠誠心を育てることが教育に期待されたのである。この要請に応えるべく，ジェファーソン（T. Jefferson: 1743-1826）の「知識普及促進法案」（1779）を筆頭に，数多くの国民教育制度構想がこの時期に提出された。それらに共通する主張は，平等な教育機会の提供，科学的合理的な教育内容の尊重，国民的連帯意識の涵養などである。教育機会の提供についていえば，公営・無償・超宗派の普通初等教育制度と，能力に応じた中・高等教育制度の創設であった。しかしそれが実現するまでにはしばらくの時間を要した。また「アメリカ公立学校の父」とよばれるホレース・マン（H. Mann: 1796-1859）は，全米最初の州教育委員会がマサチューセッツ州に創設されると，初代教育長として公営・中立・無償の公教

育制度の確立に尽力した。

② フランス革命期の公教育制度計画

アメリカ独立革命に刺激された形で、1789年フランス革命が勃発した。革命議会は教育改革に熱心に取り組み、公教育制度の整備に力を注いだ。その結果、さまざまな教育改革法案が提出されたが、その中でも近代教育思想の精神を最もよく示しているといわれるのが、コンドルセ（M. J. A. N. marquis de Condorcet: 1743-94）が中心になって議会に提出した「公教育の全般的組織に関する報告及び法案」（1792）、通称コンドルセ案である。

コンドルセ案の特徴は次の3点にある。①すべての子どもに教育を受ける機会を保障しようとしたこと。初等教育から高等教育に至るまでの単線型・無償・共学の公立学校制度を構想し、その整備を国家に義務づけたこと。②しかし、子どもとその保護者に対して就学を義務づけなかったこと。国家は国民に教育を受ける権利を保障する義務を負うが、国家が提供する教育機会を利用するかどうかは国民の権利であって義務ではない。したがって、就学を強制してはならないという論理である。③公教育の政治的・宗教的中立性確保のために、教授内容を知育に限定したこと。公教育として道徳教育や宗教教育を行うことは、国民一人ひとりのもつ思想信条の自由や親権（親の教育権）に抵触する。したがって、公教育の内容は科学的知識の教授に限定し、徳育は家庭にゆだねられるべきである。

革命の混乱の中で成立するには至らなかったものの、コンドルセ案は近代公教育の基本原理を包括的に提示したものとして、教育学史上高く評価されている。なお、コンドルセ案と比較対照されるものにルペルチェ案がある。自由主義的な前者に対し、後者は統制的である。ルペルチェ案は革命の正当性を教え込むために就学を強制したし、公教育が徳育の領域に踏み込むことも辞さなかった。コンドルセ案では形式的に平等が確保されても実質的には不平等が残るとして、ルペルチェ（L. M. Lepeletier: 1760-93）は自由よりも実質的平等に重きをおいたのである。

③ プロイセン改革期の教育計画

ナポレオン軍に敗れたプロイセンは、1807年、シュタイン・ハルデンベ

ルクの改革とよばれる改革政策を打ち出し、国家再建に着手した。諸改革のなかでも教育改革は特に重視された。そして教育改革の基本路線を敷いたのはフンボルト（W. von Humboldt: 1767-1835）である。

プロイセン貴族社会におけるリベラル派の代表的知識人であるフンボルトは、1809年、宗務公教育局長に就任し、1年あまりの在職期間中に次々と改革を推進した。その最大の成果はベルリン大学の創設（1810年、初代互選学長はフィヒテ）である。ベルリン大学は、何よりもまず教師と学生からなる研究共同体と考えられた。権力から自由な批判精神が研究には不可欠であるため、教師には研究と教授の自由が、学生には転学の自由が、認められた。知的自由の尊重と研究における教師と学生の対等性などの特徴により、ベルリン大学は近代大学のモデルとなった。

（2）産業革命と教育
① 産業革命の教育史的意義

18世紀の後半にイギリスで始まった産業革命は、機械の発明と使用による生産様式の大変革をもたらしたが、他方でさまざまな社会問題や教育問題をも引き起こすこととなった。

産業革命は、まず農村から都市への人口の流入をもたらした。都市に流れ込んだ農民は、定住してスラム街を形成した。彼らの劣悪な居住環境は、しばしば青少年の非行や社会的暴動の温床となった。そこで為政者の中には、治安対策上のねらいから、あるいは博愛主義的な立場から、彼らを対象として、勤労意欲や職業能力を育てようとする者が現れた。18世紀末のイギリスでこのような役割を果たしたのは、日曜学校や慈善学校である。しかしそこでの教育は、子どもを従順な労働者にしようとする道徳・宗教教授が中心であり、知育としては3R'sの初歩が教えられる程度だった。また、多数の子どもを効率的に教育する必要に応じて、**助教法**（モニトリアル・システム）とよばれる教授法が考案され流行した。また機械化は労働の単純化をもたらしたので、工場主たちは競って低賃金の年少労働者を雇用し、劣悪な条件下での長時間労働へと駆り立てた。これら年少労働者の酷使に対して、彼らの心身の健康を保護するという人道主義的立場から、労働時間の制限、夜間労働の禁止、就学義務などの立法措置がとられた（「**工場法**」及びその改

正)。

② オウエンの教育事業

オウエン（R. Owen: 1771-1858）は，一介の工場労働者から身を起こし，努力と才覚によってイギリス第一の紡績工場の経営者に登りつめた。彼は労働者の境遇に対して理解と同情の念をもち，工場法制定運動にも尽力した。その点で，彼は並みの経営者とは違っていた。彼は，人間は環境の所産であり，良好な環境を用意することによって，望ましい性格を形成しうると考えた。彼はこの考えを『新社会観』(1816)として発表するとともに，工場内に労働者の子どものための保育所兼初等学校（「性格形成学院」）をつくり，理想の教育の実現を目指した。オウエンは経営者と労働者の間の境界人として生き，それだけに両者の無理解の中で孤立する危険も大きかった。渡米(1824)して理想郷の建設を試みたが，失敗。しかしその後も，チャーチズム運動など，平和的手段による社会改革の実現に援助を惜しまなかった。

19世紀中葉のイギリスでは，ベンサム（J. Bentham: 1748-1832），ジェイムズ・ミル（J. Mill: 1773-1836）とジョン・スチュアート・ミル（J. S. Mill: 1806-73）の父子など，**哲学的急進派**とよばれる思想家たちが活躍し，教育についても積極的に意見を述べた。なかでも注目されるのはスペンサー（H. Spencer: 1820-1903）で，彼の『教育論（知育・徳育・体育論）』(1861)はイギリス教育思想史上，ロックのそれとともに著名で，特にその教育内容編成論は，初の自覚的カリキュラム論と評価されている。

③ 国民教育制度の確立

19世紀も後半に入ると，欧米諸国では国民教育制度がしだいに整備確立されてくる。ちなみに国民教育制度というのは規模という見地からみた名称であり，見方を変えていえば，同じものが公教育制度とよばれたり，義務教育制度とよばれたり，初等教育制度とよばれたりする。国民教育制度確立の要因を意識の面から分析すれば，ナショナリズムの高まりと民主主義の浸透があげられなければならない。しかし他方で，国民教育制度確立の要因には客観的・経済的要因とでもいうべきもの，すなわち資本主義的生産の発展に即応する教育要求もあった。

以上の要因のもと，19世紀の70～80年代には近代公教育の3原則がほぼ実現され，国民教育制度が確立されるに至った。そして同世紀の終わりには，欧米諸国はいわゆる帝国主義の時代を迎えた。帝国主義の時代における教育政策上の課題は，政治・経済・軍事面から出される教育要求に対応すること，そして労働者階級を既存の支配体制の中へ組み込んでいくこと（公民教育）だった。

6-7　西洋教育史7――新教育の時代

　19世紀末から20世紀前半にかけての西洋で教育学史上注目されることは三つある。第一は，かつてないほどの国際的規模で，いわゆる新教育運動が繰り広げられたこと，第二は，教育学の学問的性格や研究方法論に反省が加えられたこと，そして第三は，ロシア革命を経て誕生したソ連邦で社会主義国家の建設へ向けての教育が開始されたこと，である。

（1）20世紀前半における新教育運動の展開
①　新教育の全般的特徴

　西洋教育史の上で**新教育運動**というのは，19世紀末から20世紀前半にかけて，欧米諸国で展開された教育革新運動の総称であり，教師中心主義，書物主義，主知主義的な旧教育に対し，児童中心主義，活動主義，主意主義を強調した点に主たる特徴がある。新教育という名称は，ドモラン（J. E. Demolins: 1852-1907）の同名の著書（1898）や，1921年にフェリエール（A. Ferrière）たちによって結成された世界新教育連盟に由来するが，ドイツでは改革教育（Reformpädagogik），アメリカでは進歩主義教育（progressive education）とよばれることが多い。以上のような一般的特徴を共有しながらも，新教育の内容は，簡単には概括できないほどに多種多様である。

　　ア　児童中心主義　　児童の自主性や自己活動を尊重する児童中心主義の態度は，多かれ少なかれすべての新教育の理論家・実践家に共通していた。例えば，デューイ（J. Dewey: 1859-1952）の『学校と社会』（1899）の中の有名な一節（「こんにち私たちの教育に到来しつつある変化は，重力の中心の移動にほかならない。……今度は子どもが太

陽になるのであり，そのまわりを教育の諸装置が回転することになるのである」）やサマーヒル学園（1924年開設）におけるニイル（A. S. Neill: 1883-1973）の実践など。しかしその立場を最も鮮明に打ち出したのはスウェーデンの教育家エレン・ケイ（E. Key: 1849-1926）である。彼女は1900年に，20世紀がそうなるようにという願いをこめて，その名も『子どもの世紀』という本を著し，その中で「教育の最大の秘訣は教育しないことである」とまで断言した。また同じころ，ドイツの小学校教師たちによって「**子どもから**」というスローガンがつくられ，児童中心主義の合言葉となった。フランスでは，フレネ（C. Freinet: 1896-1966）が子どもの興味と自主性を尊重する立場から，子どもの作文を教科書として用いる「学校印刷所」などのユニークな実践を展開した。

イ　田園教育舎運動　これは19世紀末のイギリスに発しドイツ，フランスに伝播した中等学校改革運動である。その始まりはセシル・レディ（C. Reddie: 1858-1932）の創設になるアボッツホルムの学校（1889，英）であり，それにドモランの創設したロッシュの学校（1889，仏）やリーツ（H. Lietz: 1868-1919），ヴィネケン（G. Wyneken: 1875-1964），ゲヘープ（P. Geheeb: 1870-1961）らの創設した田園教育舎（1898以降，独）が続く。これらの学校に共通する特徴は，①都会の喧噪を離れた田園もしくは山中につくられた寄宿舎学校であること，②子弟同行の共同生活によって全人格的な教育を目指したこと，③自然科学や現代外国語に力点をおくとともに，体育や作業をも重視して，たくましい実際的社会人の育成を目指したこと，などである。

ウ　統一学校運動　新教育運動では，制度改革も目指された。制度改革の主眼は，中等教育を受ける機会の平等にあった。前世紀の末以来，複線型の学校体系を統一して単線型に改めようとする要求は持ち上がっていた。トウニー報告はそれを「すべての者に中等教育を！」と表現した。フランスでは，第一次世界大戦中，若いインテリの応召軍人たちによって教育改革のための研究団体「レ・コンパニョン」が組織された。ドイツでも徹底的学校改革者同盟などが中等教育の機会

の平等を求めて統一学校運動を展開した。

② 改革教育学

　改革教育学ないし改革教育運動というのは，ドイツで展開された新教育運動とその理論のことである。実に多彩な革新の試み——青年運動，民衆大学運動，カルゼン（F. Karsen）らの生活共同体学校，シュタイナー（R. Steiner）の自由ヴァルドルフ学校，ペーターゼン（P. Petersen）のイエナ・プランなど——がなされた。芸術教育運動は知育偏重や受動的画一的な学習への批判として展開され，自己表現的な芸術活動を通して創造的な人間の育成を目指した。運動の推進者はハンブルク博物館長のリヒトヴァルク（A. Lichtwark）や『教育者としてのレンブラント』（1889）の著者ラングベーン（J. Langbehn）。また公民教育論は，階級対立の激化による国家分裂の危機を背景として，国家の構成員としての自覚をもち，国家意志に自発的に服従する社会有用の公民たれと説くもので，中心人物はケルシェンシュタイナー（G. Kerschensteiner: 1854–1932）である。彼はまた作業学校論の提唱者でもある。作業の教育的意義は昔から指摘されていたが，それを学校教育の中心原理に高め，公民教育の方法論としたのは彼が初めてである。なお，自由な精神的な自己活動という点から作業を論じた人にガウディヒ（H. Gaudig: 1860–1932）がいる。

③ 進歩主義教育

　アメリカにおける新教育の先駆者としては，オスウィーゴ運動で知られるシェルドン（E. A. Sheldon），セントルイス市教育長ハリス（W. T. Harris），クインシー運動で有名なパーカー（F. W. Parker）がいる。しかしその本格的な展開はプラグマティズムの哲学者デューイに始まる。彼によれば，思考は環境に適応していくための道具であり（道具主義），思考の真偽・よし悪しは実験によって確かめられる（実験主義）。学習は「環境との相互作用における経験の絶えざる再構成」であり，人は「なすことによって学ぶ」ものだから（経験主義），学習は子どもの自発的活動を中心になされるべきである，と説いた。彼はまた独自の学校観に基づいてシカゴ大学教育学部に附属実験学校（通称デューイ・スクール）を開設した。その折の実践報告書『学校と

社会』は新教育のバイブルとよばれた。さらに彼は,思考とは環境の変化に起因する問題を知的に解決することであるとの立場から,**問題解決学習**の理論を展開した。主著『民主主義と教育』(1916)では,問題解決能力を身に付けた自主的民主的市民による進歩的社会の建設を訴えた。

1919年,デューイやキルパトリック(W. H. Kilpatrick: 1871-1965)を指導者として,進歩主義教育協会が結成され,さまざまなカリキュラム改造案や教育方法が提案された。キルパトリックのプロジェクト・メソッド,パーカースト(H. Parkhurst: 1887-1973)のドルトン・プラン,ウォッシュバーン(C. Washburne: 1889-1968)のウィネトカ・プランは特に有名である。

(2) 教育学の方法論的反省
① 思弁と経験の間

新教育運動では,教育学の方法論もあらためて問い直された。その視点は主として二つだった。一つは,隣接科学の心理学や社会学が経験科学として目覚ましい躍進を遂げたのに対し,教育学はその面で立ち遅れたことである。その反省から教育学の経験科学化を図る動きが出てきた。例えばモイマン(E. Meumann)やライ(W. A. Lay)は心理学をモデルとして実験教育学を構想した。またドクロリー(O. Decroly)やモンテッソーリ(M. Montessori: 1870-1952)は医学的素養と実験に基づいて,それぞれ独自の教育方法を開発した。さらに「社会学の父」デュルケム(É. Durkheim: 1858-1917)は『教育と社会学』(1922)において,伝統的教育学を「実践の指導理論」と規定したうえで,そこから教育現象の客観的記述を目指す「教育科学」を峻別した。同様の主張がドイツのクリーク(E. Krieck: 1882-1947)にもみられる。

教育学の方法論が反省されたもう一つの視点は,19世紀の教育学が教育を個人主義的見地からしかとらえてこなかったのに対し,20世紀の教育学は教育を社会現象としてとらえるようになったことである(ナトルプ(P. G. Natorp)ほかの社会的教育学)。しかしこの時代のドイツ教育学の主流をなしたのは,思弁的な哲学的教育学と経験的な実証的教育学の統一を目指した精神科学的教育学ないし文化教育学である。『生の形式』(1921)において価値の観点から人間を6類型に分けたシュプランガー(E. Spranger: 1882-

1963)，リット（T. Litt: 1880-1962），ノール（H. Nohl: 1880-1961），フリットナー（W. Flitner: 1889-1989）など。

(3) 旧ソ連邦における社会主義教育の進展

ロシア革命後のソビエト社会主義共和国連邦（ソ連）では，社会主義国家建設のための教育が行われた。教育は人格の「訓育」と知識・技能の「陶冶」からなり，それぞれの相対的独自性が主張された。「訓育」の原理は集団主義，「陶冶」の原理は総合技術教育である。総合技術教育は知識・技能の教育と生産労働の結合を図る理論的かつ実践的な教育である。また集団主義教育は，生徒たちに集団としての目的をもたせ，目的達成を通じて愛国心・勇気・忍耐・友情などの資質の育成を図る。クルプスカヤ（N. K. Krupskaya: 1869-1939）は，ピオネールなどの校外生徒組織を育成するとともに，マルクス主義の立場からの最初の教育思想史『国民教育と民主主義』(1921) を著した。またマカレンコ（A. S. Makarenko: 1888-1939）は，労働コロニーを組織して集団主義教育を実践した。

6-8　西洋教育史8——第二次世界大戦後の教育改革

第二次世界大戦後，西欧先進各国では，教育改革がさかんに行われた。英独仏の3国では教育制度，特に中等教育制度の改革が最大の課題だった。これに対して米国では，カリキュラム，教育内容・方法，教育組織の改革に関心が集まった。1980年代以降，世界各国は再び大規模な教育改革の時代を迎えている。

(1) 英・仏・独の中等教育制度改革

大戦後のヨーロッパで教育改革が活発に行われたのは英・仏・独の3か国で，特に中等教育制度をめぐる改革が成果を上げた。

イギリスでは大戦中の1944年に，義務教育年限の延長（10年間），別系統だった中等教育を初等教育に接続する第2段階として位置づけ，初等教育最終学年での試験（11歳試験）成績に基づいて，生徒をグラマー・スクール（大学進学課程），テクニカル・スクール，モダン・スクールのいず

れかに振り分ける，を骨子とするバトラー法が成立した。1960年代半ば以降，労働党政権は11歳試験を廃止し，中等教育段階の3系統の学校を総合制中等学校（コンプリヘンシブ・スクール）に切り替えてきた。1988年には，義務教育段階における教育課程の国家基準の導入，全国統一学力テストの実施，地方教育当局の権限の学校理事会への委譲，を骨子とするベイカー法が制定された。

　フランスの戦後教育制度改革は，平等と多様を二大原理とする包括的改革案を提示したランジュヴァン・ワロン案（1947）から始まった。それに続くベルトワン改革（1959）は，義務教育年限を延長（6～16歳）するとともに，基礎課程（5年間，小学校に相当）のあとに観察課程（2年間）を導入し，観察課程は1963年に観察・指導課程（4年間）と改められた。1975年のアビ改革では，初等・中等教育制度の再編・統一が進められ，基礎課程（初等教育，5年間）→コレージュ（前期中等教育＝観察・指導課程，4年間）→リセ（後期中等教育，3年間）となった。

　旧西ドイツでは，制度改革に加えてカリキュラム改革も注目される。中等教育制度は三分岐型で，イギリスと似ているが，フランスの制度の長所も取り入れている。大綱計画（1959）で，基礎学校（初等教育，4年間）のあとにフランスの観察課程に似た促進段階（2年間）の設置を決めた。1963年のハンブルク協定では，中等教育機関の名称が，ギムナジウム，レアールシューレ（実科学校），ハウプトシューレ（基幹学校）の三つに統一され，義務教育年限は9年とされた。1970年の構造計画では，三系統の中等教育機関を単線化し，前期中等教育をゲザムトシューレ（総合制中等学校）とすることが提案された。

　チュービンゲン会議（1951）で提案された範例方式は，教育内容の精選という課題に対応するためのカリキュラム改革案で，範例とは，市民革命の典型としてのフランス革命というように，ある概念をもっともよく表す典型的で具体的な教材を意味する。提唱者はヴァーゲンシャイン（M. Wagenschein）やデルボラフ（J. Derbolav）で，範例としての「個」を徹底的に学習することで「全体」の理解を目指すのが範例学習のコンセプトである。

　この時期の教育思想の新しい動向としては，実存主義的教育学と教育人間学があげられる。前者は実存哲学と教育学を結びつける企てであり，ボルノ

ウ（O. F. Bollnow: 1903-91）の『実存哲学と教育学』（1959）はその代表的成果である。また後者は人間諸科学の成果を教育的見地から総合しようとする試みであり，代表者のランゲフェルド（M. J. Langeveld: 1905-89）は人間を「教育されなければならない動物」と規定した。

1990年，東西ドイツは念願の統一を達成したが，この統一は旧西ドイツ（ドイツ連邦共和国）が旧東ドイツ（ドイツ民主共和国）を編入する形で行われたため，統一ドイツにおける教育の再編は西側主導で進められた。

（2）アメリカ合衆国における教育内容，方法，組織の改革

アメリカ合衆国は第二次世界大戦後最も熱心に教育改革に取り組んできた国の一つであるが，そのきっかけとなったのはソ連による人工衛星の打ち上げ成功だった（「スプートニク・ショック」1957）。アメリカは立ち遅れを取り戻すべく科学技術教育に力を注ぎ，その成果が1960年代の「教育内容の現代化」運動だった。しかし1970年代に入ると，早くも効率重視の姿勢の行き過ぎを疑問視する意見が出されるようになり，それに代わって「学校教育の人間化」が教育改革の合言葉となった。

教育内容の改革として知られるのは，特に理数科のカリキュラム改造を目的として開催されたウッズホール会議（1959）である。会議の議長を務めたブルーナー（J. S. Bruner: 1915-）は「どの教科でも知的レベルを落とすことなく，発達のどの段階の子どもにも効果的に教えることができる」という命題を提出し，学問中心（ディシプリン・センタード）カリキュラムという構想を打ち出した。

教育方法の改革としては，発見学習や完全習得学習の理論があげられる。前者はブルーナーが『教育の過程』（1960）で提唱した教授法であり，知識や技術の探究・発見・発明の過程を子どもに再発見させることを目指すものであり，問題解決学習のメリット（強い動機づけ）と系統学習のそれ（知識の体系性）を兼ね備える。ブルーム（B. S. Bloom: 1913-99）の提唱した完全習得学習（マスタリー・ラーニング）の理論とは，教育目標の詳細かつ体系的な分類・整理（「教育目標の分類学」）に基づき，生徒の学習活動を具体的行動のレベルで評価できるようにし，学習単元の要所要所で教育目標の達成度をテストし（形成的評価），その結果を授業にフィードバックして学習

内容の完全習得を図ろうとするものである。

　教育組織の改革では，無学年制（学年の枠を取り払い生徒の多様性や個人差に応じて柔軟な学習組織をつくる試み），チームティーチング（複数の教師がそれぞれの専門性や特技を活用して効率的な指導を行う協力教授組織），オープンスクール（オープンスペースを活用した学習環境の整備，学年や学級にとらわれない学習集団の編成，学習目標・内容・方法の開放性等を特徴とする教育形態）などの試みがあげられる。

　1960年代の「教育内容の現代化」とは，「精選」と「構造化」によって教科の基礎的な原理や観念を教え，技術革新や科学的知識の爆発的増加に対処しようとする試みだった。それに対して1970年代の「**学校教育の人間化**」は，詰め込む工夫をやめて学校生活をもっとゆとりとうるおいのあるものにしようとする基本方針の転換を意味したのである。

　1970年代にはまた，学校という制度自体を疑い批判する議論も登場してきた。学校は日々の教育活動を通じて生徒に，学校は正しい知識を授けるところである，教師になれるのは所定の資格をもつ者だけである，生徒は授業に出席しなければならない，といった観念を教え込んでいる。これらの観念は「隠れたカリキュラム」（潜在的カリキュラム）であり，その結果，人々は学校教育を過大評価し，学校以外の場での学習を過小評価する。このような問題意識から学校の改革ではなく，その廃絶ないし縮小を主張したのが**脱学校論**であり，その代表者は『脱学校の社会』（1970）を著したイリッチ（I. Illich: 1926-2002）である。

　1950年代からアメリカでは，教育思想を，その基盤とする哲学的立場にしたがって類型化する試みが繰り返しなされてきた。ブラメルド（T. Brameld: 1904-87）による①本質主義，②永遠主義，③進歩主義，④改造主義という分類がよく知られているが，そのほかにもさまざまな類型化がある。しかし1960年代から1970年代にかけては，教育の用語や概念を分析する試みが，英米を中心としながら世界的規模でさかんに行われるようになった（言語論的転回）。その背景にあるのは，教育問題をイデオロギーの対立から解放し，教育に関する議論を明瞭にすれば問題は解決もしくは解消するという論理であり，代表者はアメリカのシェフラー（I. Scheffler），イギリスのピーターズ（R. S. Peters），ドイツのブレツィンカ（W. Brezinka）などであ

る。分析的教育哲学は教育に関する議論を厳密で明瞭なものにするのに貢献したが，その反面，実践からかけ離れた言葉いじりにすぎないと批判もされた。1980年代に入ると分析的教育哲学は退潮し，コールバーグ（L. Kohlberg: 1927-87）の道徳教育論など，価値や規範の問題があらためてとりあげられるようになった。

　1980年代の先進国では，アメリカ，イギリス，ドイツで保守政権が成立し，教育改革論議の焦点は平等から競争や卓越性へと変わった。そのような中，学校教育は社会的不平等を是正するどころか，かえって既存の階級構造を再生産していると指摘する，ブルデュー（P. Bourdieu: 1930-2002）などの文化的再生産論が注目を集めた。また，いわゆるポストモダン論議とのかかわりでは，フランスのフーコー（M. Foucault: 1926-84）やドイツのハーバーマス（J. Habermas: 1929-）の影響を受けた近代教育批判があり，その動向が注目される。

6-9　日本教育史1──近代以前の教育

（1）古代・中世の教育

　ここで古代とは，大和朝廷の成立から平安時代までの律令制国家の成立・展開・衰退期をいう。また，中世とは，鎌倉時代から南北朝時代を経て室町時代までの4世紀をいう。

　大陸文化との接触，とりわけ文字の伝来を契機として，高度な文化の習得が可能になった。百済から王仁（わに）が来日し，『論語』『千字文』を伝えた。隋・唐をモデルとして律令国家の形成が進められ，その中心的役割を果たしたのが聖徳太子（574-622）である。

①　律令制官僚養成と学校制度

　大化の改新（645）を経て律令制の完成を示す出来事が大宝律令の制定（701）であり，大学と国学の制度が定められた。大学は中央の官僚養成機関であり，国学は地方におかれ，郡司の子弟を教育した。平安時代になると，有力氏族たちは一族の子弟の寄宿施設を設けるようになった。これを大学別曹といい，和気氏の弘文院，藤原氏の勧学院，橘氏の学館院などが有名

である。仏教研究と国家鎮護を目的として僧侶の養成も盛んに行われた。特に功績があったのは、比叡山で天台宗を開いた最澄（767-822）と高野山で真言宗を開いた空海（774-835）である。なお空海は、日本最初の公立図書館といわれる石上宅嗣の芸亭をモデルとして、京都に民衆のための学校、綜芸種智院を開いた。

② 平安貴族の理想と教育

奈良時代から平安時代への変化は、律令制から摂関制へ、班田制から荘園制へ、大陸文化から国風文化へと特徴づけられる。平安時代のはじめに律令国家の指導層の養成機関として隆盛をみせた大学寮や大学別曹は、彼らが貴族化するにつれて衰退し、それに代わって宮廷を舞台とする貴族の教養として、詩歌管弦などの「三船の才」が重視されるようになった。また、かなの普及が言語表現に大きな変革をもたらし、いろは歌などが習字の初歩教材として定着していくようになる。

③ 武士の理想と生活場面における教育

鎌倉・南北朝・室町（後半は戦国時代）時代を中世という。平安貴族の優雅な生活は荘園制によって支えられていたが、荘園支配の実権は貴族に代わって台頭してきた武士の手に移っていった。彼らによってつくり出された理想は「弓馬の道」とよばれた。武士は特別な教育機関を設けることはせず、日常生活での鍛錬、実戦への参加を通じて子弟を教育しようとした。武士の生き方についての心得は家訓として残されており、北条氏の「早雲殿廿一箇条」や「武田信玄家法」が有名である。武士は読み書きの基礎や日常作法を習得させるために、幼少期に子弟を寺院に預けた。これを寺入りといい、『庭訓往来』や『実語教』などが教科書として用いられた。また、この時代には民衆の生活に支えられた文化や芸能がさかんになった。能を洗練した世阿弥（1363-1443）は『花伝書』（風姿花伝）を著し、発達段階に応じた学習の心得を説いている。仏教は、親鸞（1173-1262）、道元（1200-53）、日蓮（1222-82）が現れて新たな展開を示し、乱世に生きる人間の精神的支柱としての役割を果たした。この時期に設けられた教育機関として注目されるものに、1275年ごろ北条実時により創建された金沢文庫と、

15世紀中ごろ上杉憲実により再興された足利学校がある。戦国時代にはキリスト教が伝来し、イエズス会の理念に基づく学校が設けられ、人間と世界についての新しい見方を示したが、その後弾圧されたこともあって、定着するには至らなかった。

(2) 近世の教育

織豊政権を経て1867年の大政奉還までおよそ300年、幕藩体制を確立した徳川氏が支配した封建制の時代を近世とよんでいる。近世は、鎖国状態にあって、地域や身分に応じて多様な教育が組織的に活発に行われた時代である。

閉鎖的で安定した近世社会において、人間と政治の理想を説いた思想として重視されたのは儒教である。幕府は朱子学を正統と認めたが、朱子学内部にも、林羅山のほかに貝原益軒、新井白石その他の立場があり、それに加えて朱子学を批判して知行合一を説く陽明学の中江藤樹、さらには直接原典に就くことを主張する古学派の伊藤仁斎、荻生徂徠など、さまざまな立場があった。

近世における庶民の代表的な教育機関は寺子屋である。その起源は中世寺院における俗人教育（武士や庶民の子弟を預かり基礎的な教育を行った）にさかのぼる。やがて寺院とは無関係に読書算の基礎を教えるところが出現するようになり、寺院との関係が切れても寺子屋、通う子どもは寺子といわれた。師匠には僧侶の他に武士、神官、医者などがなった。5、6歳で寺入りし、11歳ごろ卒業するのが標準的だった。学習の中心は手習い（習字）で、使用された教科書は「往来物」とよばれた。

寺子屋が初等教育機関であるのに対し、中等ないし高等の教育機関に相当したのが私塾である。教授内容に応じて、漢学塾、国学塾、洋学塾に区別される。最も多かったのは漢学塾で、中江藤樹の藤樹書院、伊藤仁斎の古義堂、荻生徂徠の蘐園塾、広瀬淡窓の咸宜園、吉田松陰の松下村塾などが有名である。国学塾としては本居宣長の鈴屋、洋学塾としてはシーボルトの鳴滝塾、緒方洪庵の適塾などがある。その数およそ1500といわれる私塾は、幕府や藩校と比べて身分制度の制約からより自由で、個性的な教育機関として高い教育効果を上げた。成功した私塾に共通に認められた特徴として、師

の学識と人格に対する敬慕の念と，弟子相互の切磋琢磨があげられる。

　幕府の直轄学校で，近世の最高学府とされた昌平黌（昌平坂学問所）は，もともとは林羅山が将軍家光の援助を受けて設けた家塾だったが，18世紀末，老中松平定信──「寛政異学の禁」（1790）を出し，朱子学以外の講義を禁じた──のとき，幕府直轄の昌平坂学問所となった。藩校（米沢藩の興譲館，熊本藩の時習館，水戸藩の弘道館など）の設立が活発化するのも定信以降であり，200を超える藩校の80パーセント以上が18世紀半ば以降に設立されたものである。それ以前のものが好学の藩主による儒教中心の修養本意のものだったのに対し，それ以後のものは藩政再建のための人材育成の一環として設けられ，科目も算術，洋学，医学と実学的なものが重視された。

　幕府や藩が設置したり，庶民の有志が幕府や藩の許可を得て設置した学校を郷校（郷学）という。郷校には藩士を対象としたものもあったが，庶民対象のものもあり，岡山藩の閑谷学校が有名である。民間有志の設立になるものとしては，摂津の含翠堂（1717），大阪の懐徳堂（1724）が有名である。幕末・維新のころには200校近くの郷校が設置されたといわれる。

　武家支配のもとでの庶民の生き方を説いた教化活動としては，18世紀前半に石田梅岩が始めた心学（『都鄙問答』等）が有名であるが，19世紀に入ると，農民を対象として，道徳と経済の一致を図り農村復興を説いた報徳教の二宮尊徳（『二宮翁夜話』）や性理学の大原幽学がいた。

6-10　日本教育史2──近代の教育

　近代日本の教育がどのように発展・変容してきたかを，明治（約45年），大正（約15年），昭和（60年あまり）の順にたどる。近代日本において，教育目的は教育以外の諸力（政治，経済，軍事など）によって規定される傾向が強く，教育は国家目標（第二次世界大戦前は「富国強兵」，戦後は「経済大国」）を達成する手段と位置づけられた。学校制度は「分岐型」から「単線型」へ発展し，「複線型」学校制度は採用されなかった。

（1）明治期（1868-1912）の教育

　明治政府の教育面での課題は，統一的国民教育制度を創出・確立すること

だった。江戸時代までの封建的身分制度は，明治期に入ってすぐ廃止された（四民平等）。身分制度がスムーズに廃止されたことは，日本社会に伝統的な平等重視の価値意識を抜きにしては説明できない。義務，無償，中立という近代公教育の3原則のうち，明治期に達成されたのは義務制と無償制で，中立が達成されたのは第二次世界大戦後のことだった。

明治政府が国民教育に期待したのは①富国強兵，②天皇制イデオロギー（「皇国史観」）に基づく国民統合，③国家の将来を担う知的エリート層の選抜だった。エリートになる機会は，国民のすべての子弟に原則として開かれていたといってよい（能力主義の原理）。

1871（明治4）年に文部省が設立され，翌72（明治5）年には「学制」が制定された。序文「学事奨励に関する被仰出書」の特徴は，全民就学の理念，功利主義的な教育観，実学重視の姿勢だった。しかし「学制」そのものは当時の日本の実情からは遠くかけ離れたものであり，政府による就学督促にもかかわらず，民衆の支持を得られなかったため，文部省も推進を断念せざるをえなかった。「学制」に代わる新法の制定は文部大輔の田中不二麻呂と学監モルレー（D. Murray）によって進められ，1879（明治12）年，自由主義的な教育令が公布されたが，就学率を上げるには逆効果であったため，翌年の1880（明治13）年には改正され，再び統制色を強めた。修身科が筆頭教科とされたのも，この改正教育令においてである。改正教育令以降，儒教主義の復活が目立ってくるが，その中心にいたのが天皇の侍講で「教学聖旨」(1879)を著した元田永孚である。1886（明治19）年には内閣制度が発足し，初代文部大臣に就任した森有礼により学校制度が整備された（帝国大学令，小学校令，中学校令，師範学校令）。

1890（明治23）年には「教育ニ関スル勅語」が渙発された。その起草にあたったのは井上毅と元田永孚で，内容的には西洋近代の市民道徳と儒教倫理をミックスしたものとなっている。同年には森の定めた小学校令が廃止され，詳細な新小学校令が定められたが，明治20年代の就学率は5割から6割にとどまった。中等教育では，男子の尋常中学校に加えて高等女学校が「尋常中学校ノ種類」として法的に位置づけられた。また井上毅文相のもとで実業学校の整備も進められ，明治30年代初めには，普通教育で男子対象の中学校，女子対象の高等女学校，実業教育のための実業学校という3系

統が中等教育機関として整備された。高等教育では，東京に1校のみだった帝国大学が，明治30年（京都），同40年（東北）というように順次設置されていった。ただし，私学に関しては専門学校としての扱いだった。無償制の導入によって1907（明治40）年に小学校就学率は90％を超え，6年間の義務教育が達成された。

（2）大正期（1912-1926）の教育

19世紀末から20世紀の30年代，欧米を中心として世界的規模で新教育運動（the new education movement）が展開された。日本でも師範学校附属小学校と私立学校を中心としてさまざまな教育改革が試みられ，実践上の工夫がなされた（子ども中心，活動や作業の重視，情操教育の重視，教授法の改革など）。これらを総称して大正自由教育または大正新教育とよんでいる。しかしその成果は教授法に限定され，目的論に及ぶことはなかった。

1917（大正6）年，「臨時教育会議」が，内閣総理大臣の直属機関として設置された。明治の末年に初等教育の整備はひとまず完了し，中等・高等教育の整備・充実が次なる課題となった。会議の答申を受けて翌年「大学令」が施行され，私立大学や公立大学の設置が認められることとなった。また同じ年に「高等学校令」も出されている。その一方で，ロシア革命（1917）を警戒した政府は，天皇制イデオロギーに基づく国民教育の徹底・強化を図った。学校教育を越えた社会教育分野の制度化も進められ，大正の末年には青年訓練所令が制定された。

（3）昭和期（1926-1989）の教育

① 昭和前期

60年あまりの昭和期（1926-1989）は，ほぼ20年ずつ昭和前期，昭和中期，昭和後期に区切られる。昭和の初めの1929年に世界経済恐慌が起こり，日本は打開策を領土拡大に求めて中国大陸への侵略を開始（1931，満州事変）した。昭和初期は，野蛮が文明を支配した暗黒時代である。教育面での端緒は，文部省が1928（昭和3）年に国民精神作興の訓令を出して「思想善導」対策を進めたことに求められる。ついで1935（昭和10）年に文部大臣の監督下に「教学刷新評議会」が設けられ，同会の建議に基づき，

1937（昭和12）年に内閣直属の審議会として「**教育審議会**」が設置され，高度国防国家建設のための教育体制の確立が目指された。同年，文部省は「国体ヲ明徴ニシテ，国民精神ヲ涵養振作」すべく『国体の本義』を刊行し，全国の学校，教化団体に配布した。「教育審議会」の答申を受けて「皇国民の錬成」のため，小学校は国民学校と改称され，初等科6年，高等科2年が設けられた。8年の義務制は実現されなかったが，戦後の義務教育年限延長につながる構想といえる。1935（昭和10）年には実業補習学校と青年訓練所を統一して青年学校が発足し，男子勤労青年が学校教育を受ける機会が大きく開かれた。「中等学校令」（1943（昭和18）年）により，中学校・高等女学校・実業学校は中等教育を構成する3種の学校となり，戦後の単線型学校体系に近づいた。なお，1943年には師範教育令も改正され，道府県立師範学校が国立に移管されるとともに，専門学校程度の学校に昇格した。総じて，教育の目的は狂信的だったが，方法は合理的に洗練され，制度改革は平等主義的だった。

② 昭和中期

1945（昭和20）年の敗戦後，日本は連合国軍（実質的にはアメリカ軍）に占領され，民主主義国家へ転換した。しかし民主化政策は長続きしなかった。東西の冷戦構造の中でアメリカは，日本が民主国家になることを犠牲にしても反共国家になることを望んだからである。

1945（昭和20）年9月，文部省は「新日本建設ノ教育方針」を発表し，同年11月には省内に公民教育刷新委員会が設けられ，修身に代わる新しい徳育の在り方が検討されている。連合国軍総司令部（GHQ）は非軍国主義化を求めて「四大指令」（教育の非軍国主義化を推進するためのもので，①軍国主義教育の禁止，②軍国主義教員の審査と教職追放，③神道に政府が関与することの禁止，④修身・日本歴史・地理の授業停止からなる）を出した（1945）。翌1946（昭和21）年，第一次アメリカ教育使節団が来日し，平和と民主主義の教育の推進，中央集権的教育行政を地方分権的なものに改革，男女共学の実施，単線型学校制度の採用，9年間の義務教育（6・3制）の実施等についての報告書を提出した。使節団に対応するために日本側教育者委員会が組織され，この委員会を母体にして**教育刷新委員会**が総理大臣の諮

問機関として発足した（1946年8月）。教育刷新委員会（1949年6月に教育刷新審議会と改称）は，1946（昭和21）年9月の第1回総会から1951（昭和26）年11月の最終総会に至る5年あまりの間に，戦後教育の基本方針を定める数々の重要な建議を行った。日本国憲法の制定（1946年11月）に続き，翌1947（昭和22）年3月には，教育勅語に代わる日本の教育の根本法としての「教育基本法」と「学校教育法」が公布された。「学校教育法」は，それまで個別の勅令で定められていた学校に関する法規を，幼稚園から大学までを含めて一体化した法律としてまとめたものである。国民学校は再び小学校になり，1947年には新制中学校が，翌年には新制高等学校がそれぞれ発足した。民主化促進のために，1948（昭和23）年には教育委員会法が，翌1949（昭和24）年には教育職員免許法が公布された。

　しかし1950（昭和25）年に朝鮮戦争が勃発すると，アメリカの対日占領政策は急転回し，同年来日した第二次米国教育使節団は日本が共産主義の防波堤となることへの期待を表明した。1951（昭和26）年サンフランシスコ平和条約が調印されると，占領期に施行された制度の修正が行われ，国の権限，文部省の統制を強化する方向に変わった（逆コース）。教員の政治活動を禁止する教育二法（「義務教育諸学校における教育の政治的中立の確保に関する臨時措置法」「教育公務員特例法の一部を改正する法律」）の制定（1954）や教育委員の公選制を任命制へ転換した「地方教育行政の組織及び運営に関する法律」の制定（1956）など。

　戦後の日本人を突き動かしてきたエネルギーは，豊かさへのあこがれだった。自分が大学に行けなかった親は，無理をしても息子や娘を大学にやろうとした。男子にとって軍人になることは戦前では有望な選択肢だった（陸軍士官学校，海軍兵学校）が，戦後その可能性は消失したため，若者たちは大学を出てホワイトカラーを志向した。日本には，ドイツのマイスター制度のように職人が地位と収入を得られるような仕組みができなかった。その結果，日本では高学歴志向が強まった。誰にも出世するチャンスが与えられる平等主義は戦後も貫かれたが，弊害も大きかった。学校教育では受験学力に価値が一元化され，金銭に換算できない価値（品位，徳性等）は顧みられなくなった。そのような中で，1962（昭和37）年には高等専門学校制度が発足，工業高等専門学校を中心として中堅技術者の養成が目指された。翌

1963（昭和38）年には経済審議会が「経済発展における人的能力開発の課題と対策」を答申している。より包括的な構想を示したのが1966（昭和41）年の中央教育審議会（中教審）答申「後期中等教育の拡充整備について」とその別記「期待される人間像」だった。中教審はさらに1971（昭和46）年，明治初年の「学制」制定，第二次世界大戦後の教育改革に次ぐ「第三の教育改革」を目指す答申を発表した。

③ 昭和後期

昭和後期の前半は高度経済成長がピークに達した。「戦後政治の総決算」を掲げて登場した中曽根内閣のもとで，教育の分野でも臨時教育審議会（臨教審）が組織（1984-87）され，1987（昭和62）年までに4次にわたる答申を行った。

昭和40年代から50年代にかけて学校教育では「教育の荒廃」（いじめ，不登校，校内暴力，高校中退者の急増）が問題とされ，「教育の現代化」路線から「学校教育の人間化」路線への転換が起こった。一方で社会教育審議会答申「急激な社会構造の変化に対処する社会教育の在り方について」（1971）や1981（昭和56）年中教審答申「生涯教育について」にみられるように，生涯教育や生涯学習が注目され，「自己教育力の育成」が説かれるようになった。日本が経済や技術に関して先進諸国を凌駕するようになると，日本に対する風当たりも強くなった。見習うべきモデルがなくなった日本の教育方針は，個性や独創性をもつ人材を育てることを目標とするようになった。

敗戦を境として日本の国家目標は，軍事大国から経済大国へと転換した。しかし戦前戦後を通じて変わらなかった面（例えば欧米先進国に対する劣等感と，その裏返しとしてのアジア諸国に対する軽視）もある。欧米先進諸国に追いつき追い越すことが，この100年の日本の国家目標であった。政府はその目標を達成するために，出自にかかわりなく高い知的能力をもつ者を選抜し，活躍の場と報酬を与えるという政策を一貫して採用してきた。「受験体制」は，立身出世という個人目標と国家目標とをつなげる役割を果たしてきた。昭和40年代に日本は高度経済成長期を迎え（1968年，GNP世界

第2位），史上初めて豊かな社会を実現した。しかし，日本が豊かさを手にしたのは，たかだかこの40年間のことでしかない。日本の課題は，この豊かさをできるだけ長く持続させつつ，同時に，品位ある精神的にも豊かな人間を育成することである。

[新井保幸]

〔追記〕

　本文の最後の部分を書いたのは，いまから10年ほど前のことである。いまこれを読めば，日本の現状との隔絶を感じざるをえない。この10年で日本社会は，政治的にも経済的にも大きく変わった。経済に関していえば，GNP世界第2位の地位を占めるようになったのは中国（2009年以来3年連続）であり，日本は第3位に後退した。日本は，人口が減り続ける一方で，高齢化が急速に進行しつつある。老人が増え，社会の活力が低下し，若者の税負担が増えていくことが確実な日本が，これまでのような「豊かな社会」であり続けられるかどうかは予断を許さない。

　政治についてはどうか。日本は2015（平成27）年に敗戦後70周年を迎える。この間，日本が他国の戦争に巻き込まれることは，幸いにしてなかった。しかし，今後のことはわからない。外交や防衛に関わる国家の秘密を保護するためと称して，必要とあれば政府が国民のプライバシーを侵害したり，知る権利を阻害するおそれのある法律が成立した（2013年12月）。また，安倍政権（第二次）は，憲法第9条の解釈を閣議決定で変更し，集団的自衛権を行使できるようにした。それに加えて，非核三原則や武器輸出三原則の見直し（事実上の武器輸出解禁といわれる）も行った（2014年4月）。「戦後レジームからの脱却」を標榜する政権は，平和という理想を自ら放擲しようとしている。

　安倍政権は，憲法改正こそ果たしていないものの，多くの反対を押し切って教育基本法を改正し，評判のよくない教員免許更新制を導入し，教育委員会制度本来の趣旨を形骸化させる法改正を行い，修身科の復活を想起させる「道徳の教科化」を図ろうとしている。要するに，戦後教育の価値を真っ向から否定しようとしているのである。日本の社会と教育は，大きな曲がり角に差しかかっている。

（2014年8月）

第7章

教育と社会

7-1 社会化としての教育

(1) 社会的存在としての人間

「人間は社会的存在である」とは古くから言われ続けてきたことである。このことは，人間が社会の中に生まれ，育ち，その一員となって生きていくことを意味している。「社会」とは，複数の人間が相互に行為をやりとりしながら継続的な関係をつくり出している状態のことである。人間は，生まれた途端に人と人とのやりとり，関係の中におかれることになる。そして人とやりとりをしながら関係を取り結び，育ち，暮らし，生きていく。英語にライフ（life）という言葉があるが，この言葉は「生命・生活・人生」を意味している。人間のライフは，社会と切り離せない。社会とかかわらずしては生命を長らえることも，日々の生活を成り立たせることも，人生を全うすることも不可能である。

とはいえ，人間は，社会で生きる力をもって生まれてくるわけではない。社会で生きる力は，生まれてくる社会の歴史性・多様性を考えると，誕生後の学習によるところが多いと思われる。社会なるものが歴史的にも変化し，そのありようもさまざまである以上，また，人間が一生のうちにかかわる社

会が多数にして多様である以上，生得的な能力だけでは，到底，生きていけるとは思われないからである。人間は，社会で生きる力を誕生後に獲得しつつ生命を維持し，暮らしを成り立たせ，人生を歩んでいく。人間は，社会で生きる能力を当の社会から学びつつ，当の社会で生きていくのであり，その点でも社会的存在なのである。

　このことは見方を変えれば，社会は，人がそこで生きていけるように，その力をつける働きをしている，ということである。例えば私たちは子どもを育てるときに，その子が社会の一員として生きることができるように社会の決まりなどを教えている。「しつけ」という営みがそれであるが，社会の働きはこのような意図的な働きかけだけではない。例えば，日々の生活の中で大人が子どもに何気なく話しかける。そうした何気ない会話の中で子どもは言葉を学んでいく。言葉は，社会で生きていくための重要なメディアである。社会には，このように，意図することなく人に社会で生きる力をつけさせる働きかけも存在している。社会は，意図的，無意図的に，人間をその一員とする働きかけを行っている。

（2）社会化としての教育

　このような働きかけのことを「**社会化（socialization）**」とよんでいる。「社会化」とは，「社会生活に未熟な成員に，当該の社会の文化を学ばせることで，その成員を当該の社会の一人前のメンバーにすること」である。人間は，社会化の作用を受けて社会で生きる力を身につけ，その一員となっていく。一員となることで，生命を維持し，暮らし，人生を歩んでいく。社会化は，社会的存在である人間が，そのライフを全うするうえで不可欠な作用である。考えてみれば，新たな社会へと参入するプロセスは，人間の一生に遍在している。家族の中に生まれる。遊び仲間に入れてもらう。学校に入学する。会社に勤める。地域の団体やサークルに入会する。いずれもが新たな社会への参入である。とすると，社会化の作用は，人間の一生を成り立たせる基盤であるといってよい。

　「教育とは何か」と問われた場合，「才能や個性を伸ばす」といった答えが提示される。この場合，才能も個性も個人的な素質であり，その伸長をもって「教育」とする見方は，個人に着目してみた場合の教育の見方である。先

にも述べたように，人間は社会的存在である。このことを前提にした場合，「教育とは何か」という問いに答えるならば，社会で生きる力を身につけさせることだということになる。つまり，社会化こそが「教育」である。社会化は，社会に着目した場合の教育についての見方である。

社会に着目して教育なるものを考え，それを社会化と結びつけて論じた人物にフランスの社会学者デュルケム（É. Durkheim）がいる。デュルケムは，「教育」を，先行する世代による後続する世代の「方法的社会化」であるとした（Durkheim, 1922／田邊訳，1946）。彼にとって教育とは社会化であり，個人に社会で生きる力を獲得させることであった。さらに彼によれば，それは単なる社会化ではなかった。「方法的」という言葉が冠してあることからもわかるように，教育は何らかの目的を実現するための手段＝方法を考慮した社会化であった。その目的とは何か。一つは，いまも述べたように社会で生きる力を個人に獲得させることである。それだけではない。デュルケムは，社会化としての教育に，いま一つ，別の目的を見取っている。

社会が維持・存続するための条件は，そこに新たなメンバーを参入させることである。それができなければ，社会は滅びてしまう。社会化は，見方を変えれば社会が新たなメンバーを獲得することでもある。社会を構成するに足る一人前のメンバーを確保することである。このようにみれば社会にとって社会化は，自らの維持・存続を図るための手段である。デュルケムは社会化としての教育に，社会の維持・存続というたいま一つの目的を見取っている。教育は，社会の維持・存続という機能を果たしている。

7-2 「社会化」と「文化化」

(1)「文化化」と「社会化」

「社会化」は，先述のように「当該の社会の文化を学ばせること」を前提に成り立っている。社会化を成立させるのは「文化の学習」である。

「**文化**」とは何か。ある社会をみた場合，その社会を構成するメンバーには一定の行動パターンが見て取れる。例えば日本の社会に目を向けると，人とあいさつをする場合に「お辞儀」という行動パターンが見て取れる。アメリカの社会では，「握手」という行動パターンがとられている。社会のメン

バーに共有されている行動のパターンが「文化」である。ちなみに，行動のパターン（型）は行動の「形」であり「方法＝仕方」である。文化とは，行動の「型」であり「形」であり「仕方」である。

　パターンがみられるのは行動だけではない。社会には，その社会に固有のものの見方や考え方がある。理解の仕方，感じ方もある。さらに，それらは，形づくられた事物にも表現されている。「文化」は，より広くとらえるならば，当該の社会のメンバーに共有されている生活の様式といってよい。

　文化，すなわち生活の様式を学ばせることによって成立するのが社会化である。人間は，文化を学ぶことで，社会で生きる力を身につける。社会化は，それを成り立たせる「文化の学習」に着目してみれば，**文化化（enculturation）**である。「文化化」とは，「人に，所属する社会の文化を習得させ，その社会で生きるための有能さを獲得させること」である。人間は，文化化によって社会で生きるための有能さを獲得する。そのことは，当該の社会におけるメンバーシップの獲得であり，社会化である。このように社会化は文化化によって裏づけられている。

（2）文化的存在としての人間

　文化化の作用を受けて生きていく人間は，社会的存在であると同時に，文化的存在でもある。人間が文化的存在であることは，人間の生きる世界がありのままの世界ではないことに根ざしている。生命体は，それぞれ，保有する感覚器で受容できるかぎりの世界に生きているのであって，その世界は相対的である。生命体が生きる世界は，「相，対したときに現れ，かたどられる」世界なのであって，それ自体，「相対現象」とでもいうべきものである。言葉を重ねるならば，生命体は，それに「対したときにかたどられる世界」，すなわち「**対象世界**」に生きている。「objective」という英語には「客観的」という意味があるが，ほかに「対象的」という意味もある。私たちは，通常は自分が客観的・絶対的な世界に生きていると思っている。しかし，実はそうでなく，対象的・相対的な世界に生きているのである。

　では，対象世界を成り立たせているものは何か。一つは，いまも述べたように，生命体が生まれつきもつ感覚器等の性能である。人間が感知できる光は，ヒトの感覚器の性能によっている。視覚のみならず，聴覚，嗅覚，触覚

等々，すべての感覚は，それを受容する感覚器の性能に依拠している。

だが，それだけではない。人間の場合，文化が対象世界の成り立ちに大きくかかわっている。例えば，「ルービンの杯」と称される「だまし絵」がある。これを見て，私たちは，そこに「杯」を見ると同時に「人の顔」を見る。つまり，この絵は「杯として」みれば「杯」に，「人の顔として」見れば「人の顔」に見えてくる。「杯」や「人の顔」は「文化的カテゴリー」である。この絵を見るとき人は，それに既知の文化的カテゴリーをあてはめ，そこに立ち現れ，かたどられる像を見取っている。このことからもわかるように，人間は文化というフィルターを通して世界に対している。

人間が文化というフィルターを通して環境に対峙していることは，そこに新たな世界をつくり出すことでもある。気温が下がると私たちは服を着る。服そして着衣という行動様式は，人間がつくり出した生活様式であり文化である。人は服を着ることでそこに暖かい世界をつくり出し，それを通して外界に対峙する。このようにして人間は，文化的存在でありえている。

人間は文化化の作用を受けて文化的存在となり，社会の一人前の成員となっていく。私たちはそれを「**人間形成**」とよんでいる。文化化の観点からみて，この言葉は意味深い。文化とは「型」であり「方」であり「形」である。人間は文化化の過程において「型」や「方」を学び「形」を「成」していく。文化化とは，潜在的にはいろいろな形になりうる人間を，その社会にあった「形」にすること，まさに「人間の形成」なのである。

7-3　社会の仕組みと社会化・文化化

以上，みてきたように，人間は文化化を通じて社会の一人前の成員として社会化されていく。このことに，いま少し，立ち入ってみよう。

社会の仕組みをとらえる場合のキーワードに「**地位**（status）」と「**役割**（role）」がある。「地位」とは社会において人が占めている位置のことである。例えば，私たちは男であったり，女であったりする。あるいは子どもであったり，大人であったりする。さらには学生であったり，教員であったりしている。つまり，社会の中である位置を占めている。このような「社会において個人が占めている位置」が「地位」である。一方，私たちはある地位

に就いていることで，その地位に付随する行動様式をとっている。男として，女として，子どもとして，大人として，学生として，教員として，しかるべき様式で行動している。このような「地位に関連する行動様式」が「役割」である。地位と役割は**役割期待**（role expectation）や**社会規範**（social norm）によって結びついている。「学生は学生らしく」「教員は教員らしく」行動することが期待され，また，そのように行動すべきだとされている。

このことを社会化・文化化と重ね合わせてみるならば，社会化・文化化は，個人を地位に就け，それに付随する役割を遂行できるようにすることである。文化化・社会化によって個人は当該の社会における有能さを獲得し，その社会の一人前のメンバーとなっていく。この場合，有能さを獲得するとは役割を遂行できるようになることである。また，一人前のメンバーとなるとは地位を占有することである。社会化・文化化は，個人を地位に配分し，役割を取得させることにほかならない。

地位と役割は，社会と個人の関係において重要な意味をもっている。地位と役割は，一方で**制度**（institution）や**組織**（organization）を形づくっている。家族という制度は，父親，母親，子どもといった地位・役割から成り立っている。学校という組織は，教師，生徒といった地位・役割からなっている。一方，地位と役割は，個人を形づくる重要な要素でもある。私たちは，いろいろな地位に就き，いろいろな役割を果たしている。その点で，私たちの日常行動の多くは役割行動である。また，私たちは，「自分が何者であるかの感覚」——**アイデンティティ**（identity）を地位と役割から獲得している。「学生であること」「教師であること」など，地位や役割を基礎に私たちは自らのアイデンティティを保持している。さらに，私たちの**パーソナリティ**（personality）も地位や役割を基礎に形成される。「職人気質」などという言葉があるが，ある職業に就いている人々には，当の地位や役割に根ざした独特のパーソナリティが見て取れる。

このように地位と役割は，社会の制度や組織を構成する要素であると同時に，個人を形づくる重要な要素でもある。地位と役割は，社会と個人の結節点であるといってよい。私たちは，社会化・文化化を通じて地位に就き，役割を果たして生きていく。それは，社会を構成する存在となると同時に，自己を形成することなのである。

7-4　社会化のプロセス

(1) 役割取得としての社会化

　社会化を「**役割取得**（role taking）」としてみて，そのプロセスを論じた人物に，ミード（G. H. Mead）がいる。ミードは人間の社会化は他者との相互行為を通じてなされると考えた（Mead, 1934／稲葉他訳，1973）。例えば，子どもは誕生後，周囲の人物と相互行為を開始する。多くの場合，相手は母親であろう。子どもは，母親を他者としてその立場に立って，他者が自分にどのような構えでいるかを推測する。……お母さんが怒っている。……母親の自分に対する構えの中に，他者の期待を感受する。そしてそれをもとに，自分がどのような構えで行動すればよいかを判断する。……してはならないことだったんだ。……母親の期待をもとに自己の行動を形づくる。このことを繰り返すなかで社会の決まりを覚え，自身のすべきこと，してはならないこと，すなわち役割を取得していく。

　人間は，社会で生きる力をもって生まれてくるわけではない。もちろん，他者とやりとりをする潜在的な能力（competence）は兼ね備えて生まれてくる。しかし，それは可能性としての能力（capability）であって具体的な能力（ability）ではない。社会で生きていくためには，当該の社会で必要とされる具体的な能力を身につける必要がある。そのためには，社会での経験が必要である。その経験が他者との相互行為である。

　ミードの所論は，この相互行為に着目したものである。相互行為こそが，生物学的な存在である「ヒト」を社会的存在としての「人」にする，というのがミードの考えである。さらに，ミードの所論によれば，そこで重要な役割を果たすのが他者の構えであり，他者の期待である。他者の立場に立って自己に対する他者の構え＝期待を理解する。そのことによって自己の構え＝役割を形づくる。それが社会化のプロセスなのである。

(2) 社会化の過程

　ミードはこの考え方をもとに，人間が社会の仕組みの中に組み込まれる過程に言及している（Mead, 1934／稲葉他訳，1973）。まずは，「ごっこ（play）の段階」。人間は，この段階では一対一の関係におかれている。

「ごっこ遊び」では，自分が扮する役割を他者に認めてもらう必要がある。そのためには，他者の立場に立ち，他者の期待を考慮しつつ，自己の役割を形づくることが不可欠である。「ごっこの段階」で必要なのは，「特定の他者」の構えである。社会化もまずはダイアード（一対一）の関係からスタートする。スタート段階における「特定の他者」は，社会化で重要な役割を果たすことになる。ガース（H. H. Gerth）とミルズ（C. W. Mills）は，このような「特定の他者」を「**意味ある他者（significant others）**」とよんでいる（Gerth & Mills, 1953／古城他訳，1970）。

　人間は，一対一の関係を基本にしながらも，それ以上のかかわりの中に生きている。ミードは，次に「ゲーム（game）の段階」があるという。彼は，野球を例にこれを説明する。例えば，ピッチャーが投球する場合，彼は，ボールの受け手であるキャッチャーはもとより，バッター，野手などすべての選手の役割を視野に入れて投球する。しかも，この場合，選手たちの役割は互いに関係づけられ組織化されている。ピッチャーは，そうした「組織化された他者」の役割を前提に自身の役割を遂行する。この例からもわかるように，一対一の関係を越えて集団や組織の中で生きる私たちは，そこに用意されている組織化された役割との関係で自己の役割を取得する。「組織化された他者」とかかわるなかで社会化を遂げていく。

　第3段階は，「**一般化された他者（generalized other）の段階**」である。人間は，しだいに多くの人々とかかわるなかで広く流通する規範を身につけ，それをもとに自己の役割を決定する。「一般化された他者」とは，社会全体の人々の役割の集約である。ミードは，個人の社会化が社会全体の人々との関係の中で行われ，個人がその社会で一般的な役割を果たせるようになることを，社会化の終着点としたのである。

　一対一から，集団・組織，そして社会全体との関係へ……人間の社会化は，他者の拡大とその在り方の変化とともに進展する。この過程は，個人が社会化を通じて社会の仕組みの中に組み込まれていく過程である。と同時に，個人が社会の中で自立し，一人前になっていく過程でもある。人間が社会的存在であればこそ，人間には社会化のプロセスが必要である。同時に，そのプロセスも社会の仕組みに組み込まれている。

7-5　社会化のエージェント

（1）社会化のエージェントとアリエス『〈子供〉の誕生』

　社会化の過程は単純ではない。人間がかかわる社会はさまざまであり，変化している。同時に人間は複数の社会とかかわってもいる。特に複雑化し変化する現代社会において，この傾向は顕著である。その点で人間の社会化における他者は多様であり，その在り方も変化している。社会化はダイナミック，かつ，重層的に展開する。

　とはいえ，子どもの社会化に焦点をあてた場合，そこには大きな役割を果たす「他者」が存在している。もちろん，この場合の「他者」には集団や組織も含まれる。子どもの社会化に大きな役割を果たす他者，すなわち社会化の担い手を「**社会化のエージェント**」とよんでおこう。

　子どもの社会化のエージェントについては，それが歴史的に変化してきたこと，社会的に多様であることが指摘されている。子どもの社会化のエージェントとして，何が大きな役割を果たすかは，その時代，その社会においてさまざまである。このことを知るうえで示唆的なのは，フランスの歴史家，アリエス（P. Ariès）の著書『〈子供〉の誕生』である（Ariès, 1960／杉山他訳, 1980）。

　周知のようにこの書の中でアリエスは，近代における「〈子供〉の誕生」について述べている。「〈子供〉の誕生」といっても，子どもの誕生そのものではない。アリエスが指摘するのは，近代という時代において「子ども」という存在が「大人」と区別されて認識されてきたことである。

　アリエスは，このことを種々の資料をもとに明らかにする。例えば，絵画。中世に描かれた絵画には，「子ども」があまり描かれていない。また，描かれたとしても「子どもらしく」描かれていないとのことである。そこに描かれた「子ども」は，着衣，身体のプロポーション等々，大人をそのまま小さくしただけだというのである。それが，時代が下るとともに変わっていく。絵画に子どもが描かれはじめる。しかも「子どもらしく」。17世紀には，貴族・上層ブルジョワの家族を描いた絵画の中で，それまで脇役だった子どもが主役となり，子ども中心に家族が描かれだす。子どもだけを描いた肖像画も歴史の中に現れる。さらに時代が下がると，このような描写が庶民

の家族を描いた絵に広がっていく。アリエスは，このような史実をもとに，西欧社会における「子ども」という存在の認識が近代という時代に生まれたことを明らかにしたのである。

ところでアリエスの『〈子供〉の誕生』には，いま一つ，画期的な知見が示されている。「子供の〈誕生〉」になぞらえていうならば「〈教育〉の誕生」がそれである。彼によれば，この時代に誕生した「子ども」という存在の認識は，子どもについての独特の見方を伴っていた。その一つは子どもを「可愛らしい」としてみる見方である。いま一つは子どもを「純真無垢」としてみる見方である。この見方は，子どもを「保護の対象」とすることと連動する。さらにこの見方は，子どもを「性格と理性を発達させるべき存在」とすることにもつながっている。子どもが教育＝しつけ＝意図的な社会化の対象とされたのである。「子ども」という存在の認識は，子どもを教育＝しつけ＝意図的な社会化の対象としてみる見方と連動している。それが，アリエスが明らかにしたもう一つの知見である。

(2) 近代における社会化のエージェント——家族と学校

近代という時代になって子どもが意図的な社会化の対象として浮かび上がってくる。このことは裏返していえば，この時代，ある特定の存在が「社会化のエージェント」として浮上したことにほかならない。

アリエスは，「〈子供〉の誕生」の背景についても論じている。その背景としてとりあげられているのが，家族の変容である。彼によれば，「〈子供〉の誕生」がみられたころ，家族の在り方が大きく変わったという。それまでの家族では，私的領域と公的領域がはっきり区別されていなかった。一つ屋根の下で家族と使用人が一緒に暮らしていた。共同体の人々が家に出入りし，一緒に労働に勤しんでいた。子どもたちも，ほかの家に自由に出入りし，共同体（ムラ）の中で「ムラの子」として育っていた。

ところがこの時期，家族の私的領域と公的領域がはっきり区別されるようになってくる。使用人が「通い」になる。ムラの人々も，家族の領域に入り込んでこなくなる。子どもも家の中に囲い込まれる。いわば家が「ウチ」となって，閉鎖性を高めたというのである。

閉鎖性が高まれば内部の凝集性も高くなる。家族は互いに強い情緒的関係

で結ばれる。「愛情」が家族をつなぐ絆とされる。閉鎖性が高まったことで、「男は外，女は内」という性別役割分業が生まれてくる。何よりも，子ども中心の家族が誕生する。子どもを「ウチの子」としてかわいがり，保護するようになってくる。性格や理性を発達させようという意識や行動が芽生えてくる。かくして「〈子供〉が誕生」し，「〈教育〉が誕生」する。

　このことは，見方を変えれば家族が社会化のエージェントとして歴史の表舞台にでてきたことにほかならない。「ある特定の存在」とはそれまでとは姿を変えた家族——**近代家族**——だったのである。

　ところでアリエスは，もう一つ，「ある特定の存在」を指摘している。「学校」である。近代国家の成立とともに，この時期，国民の形成を目的に学校が作られる。学校は教育に特化した場である。ただ，この時代に作られ始めた学校——**近代学校**——は，それまでの学校にはないいくつかの特徴をもっていた。日常生活から子どもを切り離し，その生活全般を管理する。特定の年齢段階の者に対象を限定する。段階を追ったカリキュラムを用意し，ステップをふんで子どもを教育する。教える存在としての「教師」と教えられる存在としての「生徒」の関係を固定化して教育する，という特徴である。そして何よりも，広く庶民を対象に国民教育を行う点である。

　このように近代学校は，ただ単に教育に特化した場として歴史に登場したのではない。人生の一時期，多くの子どもたちを囲い込み，日常生活から切り離したなかで従順な立場におきながら，進歩・発展・発達を目指して，子どもを「クニの子」として〈教育〉する場として登場したのである。

　アリエスの著書『〈子供〉の誕生』はこのようにして読むと，「〈教育〉の誕生」であり，近代における社会化のエージェントとしての「〈家族〉の誕生」「〈学校〉の誕生」として読めてくる。近代という時代は，子どもを家族，学校に囲い込んで教育＝意図的に社会化しようとした時代である。換言すれば，社会化の担い手として家族・学校がことさらに重視され，着目された時代である。逆に，それまで社会化の担い手であった共同体——ムラ——は，その役割を家族・学校に明け渡していく。ここでは述べなかったが世俗化の中で子どもの社会化に果たす「教会」の役割も後退していく。

　翻って現代社会をみると，そこには家族，学校がある。共同体（ムラ）は，「地域社会」として引き継がれている。先述のように社会化のエージェ

ントは歴史とともに変化する。家族や学校がいつまでも社会化の主要なエージェントでありうる保障はない。社会化の力を保持し続けるとも限らない。「ポストモダン」などといわれる今日、「近代家族」「近代学校」の末裔である今日の家族・学校には、揺らぎが見て取れる。再編の動きも始まっている。「地域社会」には、その「崩壊」が指摘されるなかで「再生」という課題が突きつけられている。各々、そこでの社会化の在り方が変化してきている。さらにいえば、ネットワークや携帯電話の普及を背景に「電脳空間」のバーチャルな「他者」が、ポストモダンの社会化のエージェントとして姿を現し始めている。社会化のエージェントは現代的様相を示しはじめており、そうした様相の的確な把握も不可欠である。

　しかし、現代社会はなお近代社会の様相を残している。家族や学校は、社会化のエージェントでありえている。地域社会は社会化のエージェントとしての課題を残している。次節では、家族、学校、地域社会をとりあげ、社会化のエージェントとしての特徴を整理しよう。

7-6　家族、学校、地域社会

（1）社会化のエージェントとしての家族

　家族は、**第一次集団**（primary group）としての性格を強く帯びている。第一次集団とは、成員が対面関係にあり、相互に協同して行動する小規模な集団のことである。第一次集団にあっては成員間に相互の影響が生じやすい。家族は共に顔を合わせ、協同し、相互に影響を与えつつ成員全体の福祉を追求する第一次集団である。

　家族に関しては「運命共同体的」ともいわれている。成員が一体となって福祉を追求する以上、このようないい方も成り立とう。互いの関係も必然的に包括的になってくる。成員が生活全般にわたり全人格をかけてかかわり合う傾向が、他の集団に比べて強くなっている。相互の愛情も家族、特に近代家族にあっては特徴的であり、成員は相互に感情包絡的である。

　特に**核家族**（nuclear family）では、家族内の役割が世代と性の二つの軸から構成されている点も特徴である。父親は先行する世代の男性、母親は同じく女性、息子は後続する世代の男性、娘は同じく女性というわけである。世

代と性は，社会の再生産に関係する役割であり，このことは家族が社会の基本単位であることの根拠とされている。

このような家族は，社会化のエージェントとしてどのような特徴を示すであろうか。主な特徴をあげると，まずは基本的信頼の形成である。家族は初期社会化の担い手であるだけに「原信頼」とよばれるような，世界や人に対する基本的な信頼の形成に強くかかわっている。

第二は，基本的な信頼の上に社会の基本的な規範や価値の内面化を行う点である。社会化は，**一次的社会化**（primary socialization）と**二次的社会化**（secondary socialization）に分けられる。家族は社会の基本的な規範や価値の内面化を通して人生初期の基礎的パーソナリティの形成にあずかる点で一次的社会化のエージェントである。

第三は，基本的な役割の形成である。家族は，個人がメンバーシップを獲得する最初の集団である。社会化のプロセスにおいて「意味ある他者」の存在は大きい。人間は「意味ある他者」とのかかわりの中で自己の役割を取得する。家族の成員は「意味ある他者」になりうる可能性が高く，それだけに家族は基本的な役割の形成に強く関係する。加えて家族では，子ども，息子・娘など，家族内の個別の役割の取得が行われる。その点で，二次的社会化の萌芽も認められる。家族を構成する地位は帰属的である。**帰属的地位**（ascribed status）とは，個人の意志や意図，行為とは無関係に外的に与えられる地位である。家族内の地位は，性や年齢，続柄に依拠するところが大きい。したがって，そこで行われる役割取得も，帰属的・属性的になされやすい。

家族内の役割は，世代と性という単純にして基本的な区分で分化している。このことから，家族における子どもの社会化は，分化した役割に向けた社会化の基礎として機能している。子どもは，いずれ複雑化した社会の一員として生きていく。家族における社会化は，複雑に分化した役割の取得に向けた準備となっている。

家族における社会化は，ほかにもいくつかの特徴をもっている。家族における役割取得は社会との出会いの第一歩である。役割が社会と個人を結ぶ結節点であることをふまえると，社会との出会いは自己との出会いである。家族における社会化は，子どもが自己と出会う糸口にもなっている。

(2) 社会化のエージェントとしての学校

　学校の集団的な特質は，なんといっても制度によって規定されている点にある。集団への加入・脱退，すなわち入学・卒業も制度的に決められる。学年や学級など内部の構成も制度的に決まっている。したがってそこでの出会いも，成員同士の結びつきも外側から形づくられる。集団としての学校は，制度によって人為的・強制的につくられたものである。

　制度が規定するのは集団の構成だけでない。内部の地位・役割も制度的に規定されている。学校は制度的に規定された「児童・生徒」「教員」の地位・役割からなっている。このことはそこに制度化された規範が存在していることでもある。「時間割」「内規」「校則」等々，学校には明文化された規範が，種々，認められる。明文化されていない規範も存在する。「暗黙の規範」が，毎日，あたり前として行われている行為を規定している。

　学校は組織でもある。組織とは目標の達成を目指して人為的につくられた構成体であり，そこには目標達成のための手段が組み込まれている。学校では目標が掲げられ，達成に向けて計画された活動が行われている。学校は，生徒の仲良しグループなど，中にインフォーマル・グループも存在しているが，基本的にはフォーマル・グループである。学校は，特定の目的のために合理的に組織された**第二次集団**（secondary group）である。

　もう一つ，学校の集団的特質をあげておくと，そこにはタテとヨコの関係が明確に所在している。タテの関係は教員と児童・生徒の関係であり，ヨコの関係は児童・生徒同士の関係である。学校は，垂直的構造と水平的構造の両方をその特質とする。特に垂直方向は，支配－被支配という一方的な関係で構造化される傾向にある。

　学校における社会化の特徴は何か。社会化が「教育」として意図的に行われる場が学校である。学校における社会化が組織的・計画的であることはいうまでもない。ただ，学校では，意図せざる社会化もなされている。学校や教室の雰囲気，集団構成，人間関係，慣習，さらには学校で伝達される知識の形式や構造などが，児童・生徒に意図せざる影響をもたらしている。そうした意図せざる社会化に寄与する児童・生徒の学校経験は，「**隠れたカリキュラム**（hidden curriculum）」とよばれている。

　学校における社会化は，教科の学習を通じて知識や技術を習得させる認知

的社会化と道徳，特別活動，あるいは学校生活そのものを通じて価値観や態度を習得させる道徳・人間関係的社会化に分けられる。もちろん，両者は重なり合っており，厳密に区分できるわけではない。しかし，学校が単なる知識や技術の伝達の場ではなく，児童・生徒の生活の場となっていることから，両方の側面での社会化が認められる。また，社会からはこの両側面の社会化が期待されている。

　第三の特徴は，正当性にある。制度によって法的にも社会的にも正当性が保障された場であればこそ，学校で行われる社会化は多くの人々に受け入れられる。「制度的な価値」に依拠しつつ社会化が行われることによって，社会化の効果も高められる。ただ，「制度的な価値」が優先されることで，社会化が儀礼化するおそれもはらんでいる。例えば，ただ形式的に教えられることを暗記する。教員の指示に機械的につき従うなど，受動的な態度が学校で形成される可能性も認められる。

　第四に，学校における社会化は学校外の社会，特に児童・生徒が将来参入することになる社会と直接に結びついている。市民社会や職業社会を直接念頭においた社会化が行われるのが学校である。もちろん学校における社会化が，どの程度に機能的であるか，換言すれば将来の生活に役立つかどうかに関しては諸説がある。とはいえ理念的には，児童・生徒の将来を見据え，先にある実社会の要請に基づいて社会化がなされている。

　二次的社会化とは，個別具体的状況での役割の遂行を可能にする社会化のことである。学校で児童・生徒が取得する役割は，係や委員など学校内での役割，卒業後の市民としての役割，職業役割など，まさに個別具体的な状況に対応する役割である。この点で学校における社会化は，家族に比べてはるかに二次的であり，その点が第五の特徴となっている。

　学校では，家族に比べて地位・役割の分化がはるかに進んでいる。学年，学級，部活，委員会，係，学業成績，スポーツの実績等々，さまざまな基準による分化が見て取れる。学校における社会化は，分化した地位・役割への社会化であり，「配分（allocation）」の色合いが濃厚である。児童・生徒が，将来，参入する社会も分化した社会である。学校における社会化は，児童・生徒が先々，参入する，分化した社会への入口をなしている。

　分化した地位への配分において，学校では業績が重視されている。学校，

そしてその後の社会で主流となるのは**獲得的地位**（achieved status）であり，学校における社会化は業績による地位配分と強く結びついている。業績＝社会化の結果をもとに，配分がなされるのである。特に学業成績は，地位配分の基準の中心である。かくして学校では，学業成績が支配して社会化がなされる傾向にある。

人々の目に魅力的に映る有利な地位は数少ない。しかし，そこを目指す人は多い。学校教育を受ける機会が開放され教育人口が増えるとともに，その数は増加する。勢い，学校における地位配分は競争的になってくる。「**選抜**（selection）」が行われるようになるのである。学校における社会化は，配分のみならず選抜に連結する。この点も学校における社会化の特徴である。

以上，学校における社会化の特徴について述べてきた。付言すれば，学校における社会化の結果は，学校が制度化されていればこそ，公的な証明として生きてくる。公的な証明とは「**学歴**」である。学歴は，その後の社会に参入する資格として機能する。資格として結果が公認されるところにも，学校における社会化の特徴が見て取れる。

（3）社会化のエージェントとしての地域社会

社会化のエージェントとして家族，学校が前面に出たのが近代という時代である。その反面，地域社会は背後に後退する。

「**地域社会**（community）」の定義は，専門用語の辞典でも曖昧だとされている。あえてそれを構成する要素を示せば，領域性，関係性，共同性の三つがあげられる。領域性とは，地理的空間である。地域社会は一定の領域的広がりをもっている。関係性とは，そこで人々が相互行為を行い，社会関係を構築していることである。共同性とは，そうした人々が共通の生活様式――文化――をある程度，保持し，また，つくり出していることである。

ただ，「地域社会の崩壊」などといわれるように，これら三つの要素は都市化・産業化といった社会の変動の中で失われつつある。就職や進学のための移動，転勤や転校のための移動など，人生を通じて移動の機会が増えている。日々の生活をとっても通勤や通学に伴う移動距離が長くなっている。生活圏の拡大が見て取れる。このように領域性は移動性に取って替わられつつある。関係性も匿名性とでもいうものに替わっている。近所に住んでいても

互いに交流のない状態が増えている。移動性と匿名性が増すとともに，暮らす人々は多様化する。共通性よりも多様性が社会を構成する要素となる。このように，かつて地域社会を構成していた要素は別の要素に取って替わられている。「地域社会の崩壊」がいわれるゆえんである。

このような変化は，子どもの社会化と無縁ではない。「地域社会の崩壊」を背景にいわれているのが「地域の教育力の低下」である。「教育」を「社会化」としてとらえるならば，「地域の社会化力の低下」である。社会化のエージェントとしての地域社会の弱体化を指摘する声は大きい。

社会化のエージェントとしての地域社会の力は，何よりも生活そのものにある。地域社会における生活は，そこに住まう人々のかかわり合いからなっている。それはそのまま，社会化の力である。地域社会の一員としての役割を課すことも，また，社会化のための知恵である。日常生活はもとより，祭やイベントなど，非日常的な時空間において役割が与えられることで，子どもは社会の一員として育っていく。

子どもたちの「仲間集団（peer group）」は，同輩集団ともよばれ，地域社会における社会化の重要な装置である。仲間集団の集団的特質は，地縁的であること，遊びを通して自然発生的に成立することにある。自由な時・空間で遊びを通じて形成される集団が仲間集団である。そこでは加入も自由，脱退も自由，統一した目的も成文化された決まりも見当たらない。子どもたちのインフォーマル・グループの典型が仲間集団である。「がき大将」のような存在はいるものの，構造が比較的水平であるのもその特質である。対内的に「われわれ感情（we-consciousness）」を醸成し，対外的に他の集団に敵対するともいわれている。

社会化の装置としてみた場合，仲間集団は，地位や役割が獲得されるものであることを学ぶ場であるとみなしうる。例えば，仲間集団の中で子どもは，友だちを守る立場になったり，逆に友だちから守られる立場になったりする。帰属的地位とそれに付随する役割を重んずる家族から，一歩，外に踏み出して，獲得的な地位とそれに付随する役割に触れる場でもある。仲間集団は同性でつくられることが多く，そこでは「男は男らしく」「女は女らしく」することが重視され，子どもが性別役割を獲得する機会となっている。自分たちで仲間をつくり維持していくことで，集団の形成と維持に関するメ

カニズムも学ばれる。大人社会を相対化したり，権威に対する反抗を学んだりするのも仲間集団ならではのことである。タブーに手を染めたり，秘密をもったり，**下位文化**（sub-culture）の学習の場としてみることもできる。このように，仲間集団は地域社会における社会化の装置としてさまざまな意味をもっている。

　先にも述べたように，「地域社会の崩壊」「地域の教育力の低下」が指摘されている。住まう人々の日常的なやりとりがなくなった。地域社会の一員としての役割が課されなくなった。人々も役割を引き受けなくなった。仲間集団も成り立たない。その形成の鍵を握る遊びも，一人遊びが多くなったり，室内遊びが中心を占めたりするなど変質した。そのため，かつて地域社会がもっていた社会化の力が失われた。そのような指摘がなされている。もちろん地域差もあり，いまなお，地域社会が健在で，その教育力が認められるところもないわけではない。しかし，全体に地域社会は弱体化し，社会化のエージェントとしての力を失っている。であればこそ，逆に，新たな動きも生じている。地域社会の再生，地域の社会力復活への動きである。領域性，関係性，共同性を何らかの形で復活し，その先に新たな地域社会を構築し，そこに子どもの社会化を期待しようというのである。

7-7　生涯学習社会と社会化のエージェント

　以上，子どもの社会化のエージェントとして家族，学校，地域社会の三つを取り上げ，その特徴を整理した。先述の通り，社会化は人間の生涯にわたって継続する過程である。しかるに，〈子供〉と〈教育〉をセットにして"誕生"させた近代という時代の影響を色濃く受け，ともすると私たちは教育や社会化について，それを「子ども時代」に限定して考えてしまいがちである。家族や学校といった社会化のエージェントを，「子ども」との関係でのみ考えてしまうところも認められる。

　人間の社会化が生涯にわたって続く過程であるとするならば，その役割を果たすエージェントも幅広く考える必要があろう。**生涯学習・生涯教育**の観点から，社会化のエージェントを再考してみることが不可欠である。

　生涯学習・生涯教育は次のような考えに依拠している。学んだ知識や技術

がすぐに陳腐化してしまう「変化する社会」にあっては，教育を人生初期に限ってしまったり，学校教育にのみ限定してしまったりすることには問題がある。教育を生涯にわたる課題としてみて，学校教育もその一部に取り込むような幅広い教育の在り方を考えることが必要である。人生のすべての段階における人々の主体的な学習を，社会のあらゆる場や機会を使って保障していくことが重要であり，学校教育の在り方もこの観点に立って変えることが求められる。単に知識や技術を伝授するだけの教育から「自ら考える教育」「学び方を学ぶ教育」へと変える必要がある，という考えである。この考えに立てば，社会化のエージェントについても家族や学校に限ってしまうのではなく，広く社会全体において考えていくことが必要である。地域社会をとりあげるにしても，そこに所在する社会化の機能を子どもに限ることなく，人生全体において検討することが不可欠である。もちろん社会化のエージェントとしての家族や学校についての問い直しも必要である。

　社会化のエージェントは，社会全体に遍在している。社会教育として制度化されているエージェントをあげてみても，公民館や図書館，博物館など社会教育施設が用意され，そこを中心に講座や教室が開かれている。制度化の度合いは低いものの，市民の自主的な学習サークル，団体も数多く存在している。カルチャー・センターのような民間の学習の場もあれば，通信教育も行われている。スポーツにかかわる施設や団体・サークルもよく見かけられるところである。一見，教育とかかわりが薄いエージェントでも，社会化の機能を果たしているところは数多い。いうまでもなく，職場は，大いなる社会化のエージェントである。社会化のエージェントは多種，多様，多岐に及んでいる。

　重要なのは，そのようなエージェントが，世代や年齢をまたいでそこに所在している点である。人は生涯にわたりそうしたエージェントとかかわり，そこで文化を学習し，社会の一員となっていく。

　学習を生涯にわたり支援する仕組みも整えられつつある。「生涯学習体系への移行」を改革の柱に掲げたのは，1984年から87年にかけて開かれた臨時教育審議会であるが，国の施策も生涯にわたる学習を支援する方向で整備されてきている。学校も，生涯学習を視野に入れた方向での改革が進んでいる。「学歴」ではなく「学習歴」を重視し，どこでどれだけ学んだかを幅広

く評価していこうという動きも始まっている。家族についても，家庭教育にかかわる施策が注目を集めている。「**生涯学習社会**」の実現がいわれるゆえんである。

　人間は，生涯を通じて何らかのエージェントとかかわり，社会化を遂げていく。それが「社会的存在」である人間の生命・生活・人生（ライフ）の紡ぎ方である。生涯学習社会の実現が謳われる今日，社会化のエージェントは人々の暮らしの中に広く組み込まれ始めている。

［飯田浩之］

【引用・参考文献】

Ariès, P., 1960／杉山光信・杉山恵美子 訳 『〈子供〉の誕生』 みすず書房　1980

Durkheim, É., 1922／田邊壽利 訳 『新譯 教育と社会学』 日光書院　1946

Gerth, H. H., & Mills, C. W., 1953／古城利明・杉森創吉 訳 『性格と社会構造』 青木書店　1970

Mead, G. H., 1934／稲葉三千男・滝沢正樹・中野収 訳 『精神・自我・社会』 青木書店　1973

第Ⅲ部　教育の制度と経営

　この第Ⅲ部では，まず教育制度とその基本原理について概観する。次に教育制度の根幹をなす学校制度について，学校の種類・設置管理・組織編制などの観点から説明を行う。それに続く三つの章では，近年の改革動向の中で日本の教育制度が当面する課題や，教員の身分・服務・処分等にかかわる諸制度とその課題，近年関心が高まっている学校の危機管理とその課題について説明し，最後に日本における教育改革の動向を概観する。

第8章

教育制度とは

8-1　教育と教育制度

(1) 教育と教育制度の定義

　人間の教え，学ぶという営みのうち，定式化され，法的にあるいは社会的に受容されたものが教育制度である。さらにその中で，学校制度は最も定式化が進んだものといってよい（日本の学校系統図については図8-1参照）。効率的で誰にも利用可能である教育制度（特に学校制度）であろうとすれば，定式性をもつのは必然というべきだが，反面，画一性や硬直性などさまざまな課題を宿命的に負っている。こうした教育制度のもつ両面性は，教育のもつ本質的な機能の二側面を反映したものとみることができる。教育は，文化の伝達による個人の社会化という側面と，個人の学習への助成による自己実現の保障という側面をもつ。この二つの側面が補完し合いながら働けば，教育制度は「正」の作用（個人に発達の条件を整え，文化遺産の継承を確保して社会に有為な人材を育成すること）を果たすが，両立しない場合には，教育制度は「負」の作用（個人の発達を阻害したり，個人に対して抑制的に教育制度が作用すること）を果たす。

図8-1　日本の学校系統図

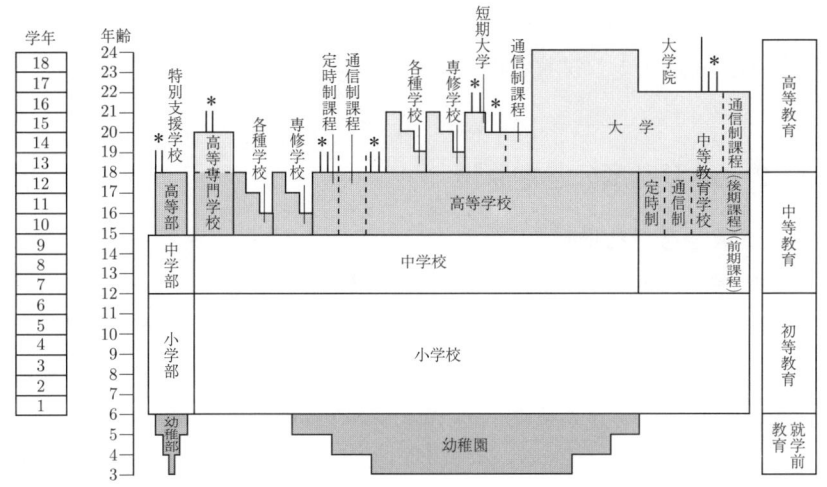

(注) 1　□部分は義務教育を示す。
　　 2　＊印は専攻科を示す。
　　 3　高等学校，中等教育学校後期課程，大学，短期大学，特別支援学校高等部には修業年限1年以上の別科を置くことができる。

資料：文部科学省

（2）教育制度の不可避的課題

　教育制度には不可避的な課題がある。

　教育制度は安定化と弾力化の間を振り子のように揺れるという必然性をもつ。教育制度は，法制度として成立すると，財政的な措置がとられて教育行政機関によって安定的に制度が運用され，厳密な法の適用と解釈が行われる。この時期は，安定化へのモメントが強い。安定化は，すべての人々が制度を平等に利用するため，また制度規範を確立するために求められる。しかし，画一性や硬直性がしだいに批判されるようになる。そうなると，次に弾力化へのモメントが強く働き始める。弾力化は，多様性への対応，教育制度の「負」の作用への対応を意味し，自由の保障，個性の尊重を求める動きである。1980年代以降の規制緩和の動きは，教育制度の弾力化策としてさまざまに取り組まれてきている。反面で，規範の不安定化や格差の拡大などが危惧されている。

　教育制度は常に改革されることを宿命としているが，改革の必要性が認識されてから実行されるまでには，かなりの時間を要する。教育制度が常に時

代に即応することは不可能に近いのである。しかし、安易な改革を避け、無用な混乱を招かないようにするためには、相応の手続きが必要であり、ある程度の時間的ギャップは甘受せざるをえない。

8-2 教育制度の基本原理

(1) 教育を受ける権利

教育を受ける権利は、学習権（学習への要求権）と解釈される。そこには以下の前提がある（熊谷, 1996参照）。①学習者の自発性・能動性に依拠していること。②生存権の不可欠の内容であること。③主体の教育権の根拠かつ自己抑制の規範であること。④学習を保障するよう要求する権利であり、学習主体の権利行使能力の育成が教育制度の課題として認識されること。

学習を保障する主体（教育主体）には、どのようにすれば学習を保障したことになるかを配慮しながら、教育を実施するうえで大幅な裁量の余地が認められる。ここに、教育権と学習権との整合を図るという課題が存する。

(2) 教育の機会均等

教育基本法第4条（表8-1参照）は、人種その他の理由による教育を受ける機会において差別があってはならないことを規定する。「能力に応じた教育」とは、一人ひとりの能力（可能性＝capacity）を十全に開花できるような教育が行われることを意味し、能力（達成度＝ability）が低いのであれば、それを補う教育が行われなければならない。今日の日本では、障害をも

表8-1 教育基本法第4条

すべて国民は、ひとしく、その能力に応じた教育を受ける機会を与えられなければならず、人種、信条、性別、社会的身分、経済的地位又は門地によって、教育上差別されない。
2　国及び地方公共団体は、障害のある者が、その障害の状態に応じ、十分な教育を受けられるよう、教育上必要な支援を講じなければならない。
3　国及び地方公共団体は、能力があるにもかかわらず、経済的理由によって修学が困難な者に対して、奨学の措置を講じなければならない。

図8-2　児童生徒一人あたりの学校教育費（2006年度）

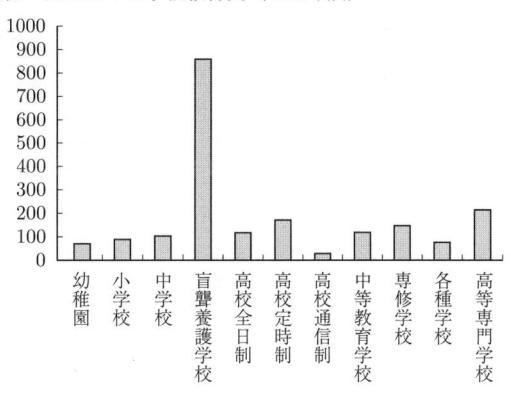

（グラフ：縦軸 0〜1000、横軸 幼稚園、小学校、中学校、盲聾養護学校、高校全日制、高校定時制、高校通信制、中等教育学校、専修学校、各種学校、高等専門学校）

つ子どもたちには、そうでない子どもたちよりも手厚く教育費が配分されている（図8-2参照）。

（3）能力に応じた教育

　個人の能力の高さ低さは、その個人の努力の結果である場合が多いが、育った家庭の経済状況や、民族、人種などにより、社会的に不利な状況におかれる場合があることなどから、獲得できたはずの能力が十分身につけられなかった可能性もある。そうした要素ができるだけ排除されなければ、教育の機会均等が保障されたとはいえない。補償教育（compensatory education）政策は、そうした不利な状況にある子どもたちに教育上の特別措置を講じ、実質的な平等を達成しようとの趣旨で、1960年代以降多くの国々で取り組まれてきた。

　人間にはさまざまな能力があり、それぞれが正当に評価されなければならないが、教育制度とりわけ学校制度では、現実には「学力」が中心の位置を占めることが多い。多くの国で展開されている教育改革においても「学力水準の向上」は共通した最優先課題である。数量化して比較可能な能力（学力）が過度に強調されることなく、学校をはじめ教育実践の場が、自律的な教育機関として、教育的観点から多様な能力の評価を行い、個人の自己実現への支援制度であることが求められる。

表8-2　学校教育法第21条に掲げられた義務教育の目標

1. 学校内外における社会的活動を促進し，自主，自律及び協同の精神，規範意識，公正な判断力並びに公共の精神に基づき主体的に社会の形成に参画し，その発展に寄与する態度を養うこと。
2. 学校内外における自然体験活動を促進し，生命及び自然を尊重する精神並びに環境の保全に寄与する態度を養うこと。
3. 我が国と郷土の現状と歴史について，正しい理解に導き，伝統と文化を尊重し，それらをはぐくんできた我が国と郷土を愛する態度を養うとともに，進んで外国の文化の理解を通じて，他国を尊重し，国際社会の平和と発展に寄与する態度を養うこと。
4. 家族と家庭の役割，生活に必要な衣，食，住，情報，産業その他の事項について基礎的な理解と技能を養うこと。
5. 読書に親しませ，生活に必要な国語を正しく理解し，使用する基礎的な能力を養うこと
6. 生活に必要な数量的な関係を正しく理解し，処理する基礎的な能力を養うこと。
7. 生活にかかわる自然現象について，観察及び実験を通じて，科学的に理解し，処理する基礎的な能力を養うこと。
8. 健康，安全で幸福な生活のために必要な習慣を養うとともに，運動を通じて体力を養い，心身の調和的発達を図ること。
9. 生活を明るく豊かにする音楽，美術，文芸その他の芸術について基礎的な理解と技能を養うこと。
10. 職業についての基礎的な知識と技能，勤労を重んずる態度及び個性に応じて将来の進路を選択する能力を養うこと。

（4）義務教育の課題

　教育基本法第5条では，**義務教育**の目的が「義務教育として行われる普通教育は，各個人の有する能力を伸ばしつつ社会において自立的に生きる基礎を培い，また，国家及び社会の形成者として必要とされる基本的な資質を養うことを目的として行われるものとする」と規定されている。これを受けて，学校教育法では，表8-2のように目標が定められている。従来，学校教育法では，学校段階ごとに教育目標が設定されていたが，2007（平成19）年の改正で義務教育の目標を定め，それに対応して学校段階ごとに目標が設定されることとなった。

　この義務教育を保障するために，「国及び地方公共団体は，義務教育の機会を保障し，その水準を確保するため，適切な役割分担及び相互の協力の

下,その実施に責任を負う」(学校教育法第5条第3項)として,国と地方公共団体に責務が課されている。

　2006(平成18)年の教育基本法改正や2007(平成19)年の学校教育法改正の前に,義務教育をめぐる制度的な課題として議論されたのが,義務教育費の負担をめぐる問題であった。国庫補助・負担金の整理削減という三位一体改革の対象として,義務教育にかかる国庫負担制度(教員給与等の都道府県による負担額の半額を国庫が負担する制度)を縮小もしくは廃止すべきかどうかという議論であり,国庫負担額を地方に移譲して地方の裁量で教員給与を定めるという基本的な考え方に立ち,国庫負担額は半分から3分の1に縮小された。合わせて,義務教育諸学校施設費国庫負担法等の一部改正により,地方の裁量を高め,効率的な施設整備に資するよう,改築や補強,大規模改造等の耐震関連経費を中心に,一括して交付金を交付する制度が創設された。

　義務教育費については,多くは一般財源化が進み,教員給与についても,総額裁量制により,都道府県ごとの条例で教員給与が定められており,義務教育制度の保障について,地方の意志が反映されやすい仕組みに変わってきている。

　　　　　　　　　　　　　　　　　　　　　　　　　　［窪田眞二］

【引用・参考文献】
熊谷一乗　『現代教育制度論』　学文社　1996
教育制度研究会 編　『要説教育制度(新訂第2版)』　学術図書　2007

第9章

学校の設置管理と組織編制

9-1 学校の設置管理

(1) 学校の設置管理

　学校教育法第1条は，日本における「学校」とは何かを定義しており，「幼稚園」「小学校」「中学校」「高等学校」「中等教育学校」「特別支援学校」「大学」「高等専門学校」の8種類を学校としている。

　教育基本法などで，「**法律に定める学校**」という場合は，ここに定義された学校をさす。次項で説明する専修学校制度は，間違いなく学校教育法の中で規定されているが，「法律に定める学校」という場合は，第1条の学校のみをさすため，これらの学校を「一条校」と称することがある（以降で学校という場合は，すべて法律に定める学校をさす）。

　学校の設置者は，国，地方公共団体のほか，法律に定める法人（私立学校法による学校法人）のみとされている。この学校設置者の例外として，構造改革特別区域法により，学校設置会社もしくは学校設置NPO法人によって学校を設置することが認められている（表9-1）。また，私立幼稚園については，当分の間，学校法人でなくとも設置することができる（学校教育法附則第6条）。

表9-1　構造改革特別区域法における特例規定

構造改革特別区域法での学校教育法の特例規定

① 地域の特性を生かした教育の実施の必要性，地域産業を担う人材の育成の必要性その他の特別の事情に対応するための教育又は研究を株式会社の設置する学校が行う。(第12条)

② 不登校児童等を対象として，特定非営利活動法人（学校設置非営利法人）の設置する学校が行う。(第13条)

③ 幼児の数が減少し又は幼児が他の幼児と共に活動する機会が減少したことその他の事情により特に必要があると認められる場合，満2歳で幼稚園に入園することができる。(第14条)→現在は削除

構造改革特別区域法での給与負担法，教育職員免許法の特例規定

① 産業を担う人材の育成，国際理解の促進等のために周辺の地域に比して教育上特に配慮が必要な事情がある場合の市町村教委による教職員の任用（第17条）→現在は削除

② 第12・13・17条の事情等教育上の特別の事情に対応するために市町村教委による特別免許状（特例特別免許状）の授与（第19条）

義務教育は以下の四つの要素から成り立っている。

① **就学させる義務**　保護者が6歳から15歳までその子を就学させる義務
② **学校設置義務**　小・中学校については市町村，特別支援学校については都道府県が設置する義務
③ **就学援助義務**　経済的理由で就学困難な学齢児童生徒の保護者に対する市町村の援助義務
④ **避止義務**　学齢児童生徒が義務教育を受けることを，彼らを使用する者が妨げてはならない

このうちの学校設置義務についてみると，小学校と中学校の設置義務は市町村にあり，特別支援学校の設置義務は都道府県にある。特別支援学校のうち，かつての盲・聾学校の設置義務は1948（昭和23）年から施行されていたが，養護学校の設置義務は1979（昭和54）年よりとなっている。養護学校の設置義務化をめぐっては，当時「統合教育」が盛んに主張されていたこともあり，障害をもつ児童生徒の学校を選択する権利について，日本の教育

表9-2 高等学校設置基準の内容

編制・整備規定の適用に関する都道府県教委（公立），都道府県知事（私立）の権限
学科＝普通科・専門学科・総合学科
1学級の生徒数
学科・学年を異にする生徒を合わせた授業
教諭等の数
おかれる職
施設・設備
教室等
校具・給水設備・消火設備・給食施設等
机上面・黒板面の照度

表9-3 学校設置基準の制定年

年	
1947（昭和22）	高等学校設置基準
1956（昭和31）	幼稚園設置基準，大学設置基準
1961（昭和36）	高等専門学校設置基準
1974（昭和49）	大学院設置基準
1975（昭和50）	短期大学設置基準
1976（昭和51）	専修学校設置基準
2002（平成14）	小学校設置基準，中学校設置基準

界は大きく揺れた。

　学校を設置するにあたって，クリアしなければならない基準を定めたのが，**学校設置基準**である。高等学校設置基準（表9-2）を皮切りに，私立学校が相応のシェアを有する学校段階では，比較的早い時期に設置基準が設けられている（表9-3）。その他，高等専門学校や専修学校のように，制度創設とともに設置基準が設けられている学校種もあるが，ほとんどを公立学校が占めている小学校と中学校では，設置基準の制定が遅れた。21世紀に入る直前の10年間に展開された規制改革の中で，公共事業の市場化が進められたが，小学校や中学校においても競争的な環境におかれることで活性化を図ろうという意図が，設置基準制定の背景にはあった。たしかに，小学校と中学校の設置基準が制定されてから（表9-4参照），私立小学校の設置が進んだが，それでも圧倒的に公立学校主導であることに変わりはない。

　小学校及び中学校設置基準制定前の各都道府県で制定していた審査基準で

表9-4　小学校設置基準と中学校設置基準の内容

	小学校	中学校
1学級の人数	原則として40人以下	原則として40人以下
学級の編制	原則として，同学年の児童で編制	原則として，同学年の生徒で編制
教諭等の数	1学級あたり1人以上	1学級あたり1人以上
校舎の面積（m²）	1～40人＝500 41～480人＝ 　500＋5×（児童数－40） 481人以上＝ 　2700＋3×（児童数－480）	1～40人＝600 41～480人＝ 　600＋6×（生徒数－40） 481人以上＝ 　3240＋4×（生徒数－480）
運動場の面積（m²）	1～240人＝2400 241～720＝ 　2400＋10×（児童数－240） 721人以上＝7200	1～240人＝3600 241～720＝ 　3600＋10×（生徒数－240） 721人以上＝8400
その他	校舎・運動場の位置 校舎に備えるべき施設 校具・教具等	校舎・運動場の位置 校舎に備えるべき施設 校具・教具等

は，小学校で校舎は2240 m²以上，運動場は5150 m²以上と一律に規定されていた例や敷地面積を8000 m²以上としていた例もあった。これらと比較してみれば，設置基準のほうが私立学校にとって設置しやすく設定されていることがわかる（図9-1）。

図9-1　私立小学校数の変遷

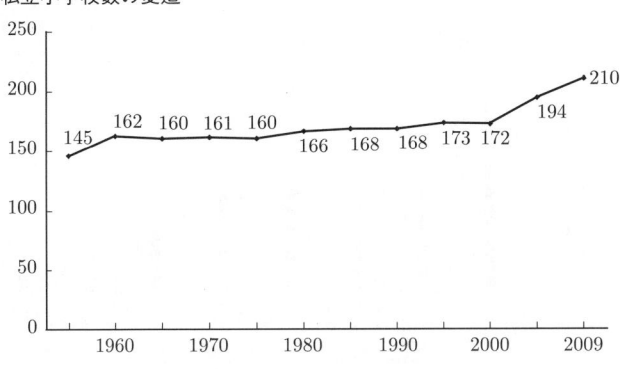

145　162　160　161　160　166　168　168　173　172　194　210

1960　1965　1970　1975　1980　1985　1990　1995　2000　2005　2009

9-2　学校の組織編制

学校には**標準学校規模**がある。学校教育法施行規則により，小学校・中学校とも12～18学級とされている。学校には，本校と分校に分かれているものがあるが，分校は5学級以下であることとされている。高等学校に標準学校規模についての定めはないが，公立高校の学校規模としては，本校で240人（標準法第5条），分校で100人（全学年ある場合，それ以外は60人）とされている。

実際の学校規模を，全国的な数値でみると，小学校・中学校ともに各学年1学級の学校が多いことがわかる（図9-2，図9-3）。グラフとしては，中学校の学級数別学校数のグラフで確認することができる。

図9-2　小学校における学級数別学校数（2008年）

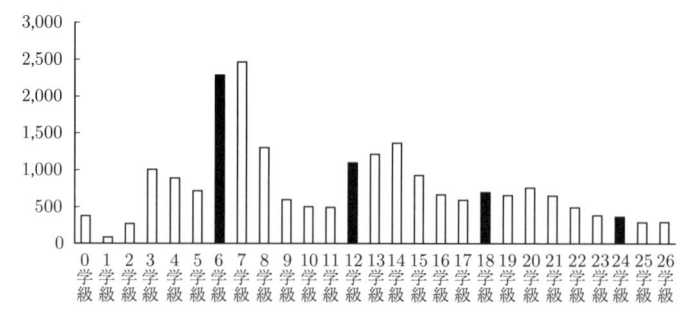

図9-3　中学校における学級数別学校数（2008年）

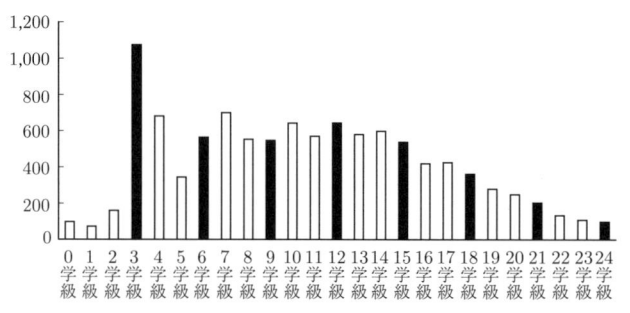

第Ⅲ部　教育の制度と経営

図9-4 中学生の数と中学校の数の変化

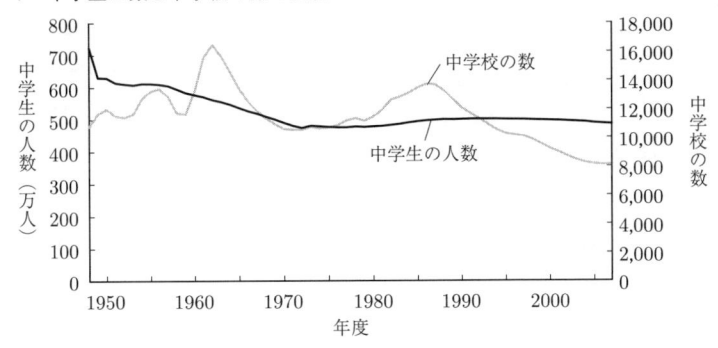

少子化の傾向がみられることについては周知のことであるが，図9-4のように，中学生数の減少度合いに比べて，学校数がほとんど減少していないことがわかる。これは明らかに中学校の学校規模が縮小していることを示している。

1学級を何人の児童生徒で編制するかということを「**学級編制**」とよぶが，その標準は，小学校・中学校では，法令に定めがある場合を除き単式学級では40人以下，複式学級では小学校が16人，中学校が8人（小学校でも1年生を含む場合は8人）とされている。これらの標準とは，その数値を超えれば学級を分割することを意味しているため，実際の全国の学級規模は，表9-5に示すような規模となっている。

また，市町村教委は都道府県の同意を得て学級編制の変更を行うことができる（義務標準法第5条）。なお，高等学校では全日制・定時制ともに40人が学級規模の標準となっている。

表9-5 学級編制の標準および1学級あたりの平均人数

（2006年5月1日現在）

	標準	平均
特別支援学校（小学部・中学部）	6人	3人
特別支援学級（小学校・中学校）	8人	3人
小学校	40人	28人
中学校	40人	33人

（注） 2014年度現在，小学校の標準は，1年と2年が35人以下，3年以上が40人以下である。

表9-6　少人数指導の実施状況（2005年度）

校種	実施校数（校）	割合（％）
小学校	13,455	59.90
中学校	8,001	78.60
計	21,456	65.70

　近年，少人数指導が多くの学校で行われるようになっている（表9-6）。学級編制の弾力化を実施する都道府県の状況を見ると，制度化がなされた2001（平成13）年度以降，児童生徒数が一定数以上の場合に学級編制を弾力化する例や，特別の事情がある場合に学級編制を弾力化する例が多くみられる。

9-3　一条校と専修学校・各種学校

　専修学校は，学校教育法第1条に規定する8種の学校（いわゆる「一条校」）以外で，「職業若しくは実際生活に必要な能力を育成し，又は教養の向上を図ること」（学校教育法第124条）を目的として組織的な教育を行う教育施設のうち，①修業年限が1年以上であり，②授業時数が1年間で800時間以上であり（夜間学科では450時間以上），③教育を受ける者が常時40人以上である（同時に授業を行う生徒は，特別の事由があり，教育上支障のない場合を除いて40人以下）という基準を満たしているものをいう。

　1976（昭和51）年の学校教育法改正により，従来の規定で各種学校に含まれていた教育施設のうち，一定の設置基準を満たすものが専修学校となった。

　専修学校のうち，高等課程を置く専修学校は高等専修学校，専門課程をおく専修学校は専門学校と称することができる。

　「一条校」と比べると，専修学校ははるかに規制が緩やかであり，時代と社会の要請に敏感に対応した教育を展開することができるという特徴をもつ（自由性・自発性・可変性・多様性）。

　専修学校の多様性は，表9-7に示すとおりであるが，高等課程及び専門課程をおく専修学校は看護を含む医療関係の専門分野の占める割合が常に高い。

表9-7 専修学校の専門分野（カッコ内は％）

	工業	農業	医療	衛生	教育・福祉	商業実務	服飾・家政	文化・教養	合計
高等課程	4627 (11.5)	4 (0.0)	14146 (35.2)	6102 (15.2)	1634 (4.1)	6677 (16.7)	3718 (9.3)	3233 (8.1)	40141 (100)
専門課程	90707 (14.5)	3393 (0.5)	203249 (32.4)	80747 (12.9)	52124 (8.3)	61781 (9.9)	21568 (3.4)	113828 (18.1)	627397 (100)
一般課程	27 (0.1)	38 (0.1)	133 (0.4)	991 (2.8)	4 (0.0)	100 (0.3)	1271 (3.6)	33388 (92.8)	35952 (100)
計	95361 (13.6)	3435 (0.5)	217528 (30.9)	87840 (12.5)	53762 (7.6)	68558 (9.7)	26557 (3.8)	150449 (21.4)	703490 (100)

　専修学校の教員資格は，設置された課程によって異なる。

　表9-8のように，専門課程の教員資格は他の課程と比べて厳しいものが要求されている。

　いわゆる「一条校」と専修学校の間の距離は，近年非常に近づいているということができる。法令上で両者の距離をみると，次のように，同等年齢段

表9-8 専修学校の教員資格

専門課程	●専修学校の専門課程修了後，学校，研究所等で担当する教育に関する教育等に従事し，通算6年以上 ●学士にあっては2年以上，準学士では4年以上教育等に従事 ●高等学校で2年以上教諭経験 ●修士・専門職の学位 ●特定の分野で特に優れた知識，技術，技能及び経験 ●その他前各号と同等以上の能力がある
高等課程	●専門課程の有資格者 ●専門課程修了後，学校，研究所等で担当する教育に関する教育等に従事し，通算4年以上 ●準学士で2年以上教育等に従事 ●学士の学位 ●その他前各号と同等以上の能力がある
一般課程	●専門・高等課程の有資格者 ●高校卒後4年以上教育等に従事 ●その他前各号と同等以上の能力がある

階の一条校と専修学校との等格性が認められるようになっていることがわかる。

① 大学・高専・専修学校（高等課程・専門課程）での学修を高等学校の単位として認定可（学校教育法施行規則98条）
② 専修学校専門課程への入学に関し，高校卒業者と専修学校高等課程修了者は同格（学校教育法施行規則183条）
③ 専修学校専門課程修了者の大学・短大専攻科への編入学（学校教育法施行規則155条）
④ 大学院入学資格の個別審査（学校教育法施行規則155条）
⑤ 専修学校以外の教育施設等における学修を専修学校の授業科目の履修とみなす（専修学校設置基準10条）

［窪田眞二］

【引用・参考文献】
窪田眞二・小川友次 『教育法規便覧（平成22年版）』 学陽書房 2009
窪田眞二 監修／学校教育課題研究会 編著 『教育課題便覧（平成22年版）』 学陽書房 2009

第10章

日本の教育制度の課題

10-1 臨時教育審議会答申の教育「問題」認識

　1984（昭和59）年に設置された**臨時教育審議会（臨教審）**は，1987（昭和62）年の最終答申において教育改革の三つの原則（①個性重視の原則，②生涯学習体系への移行，③国際化，情報化などの社会変化への対応）を示し，その後の教育改革の方向性を示したとされている。今日の規制緩和，地方分権をキーワードとする教育改革の端緒という評価が一般的である。臨教審において，改革すべき教育のどこに問題があると認識されていたのだろうか。

　まず，戦後改革の理念が十分定着していないことが指摘された。日本の伝統・文化への認識や国家社会形成者としての自覚が不十分である，しつけ・徳育が不足しているといった指摘である。第二に，画一的教育と形式的な平等による個性，能力，適性の発見・開発に欠ける教育が行われているとされた。受験競争の過熱，偏差値偏重，記憶力重視の教育が，いじめ，登校拒否，校内暴力などの問題を引き起こしているとされた。学歴偏重の社会的風潮による学歴獲得競争の弊害も問題の中に含まれている。第三に，個性的でない大学教育，教育・研究の国際的評価不足，純粋科学，基礎研究への寄与不足，大学の閉鎖性が指摘された。第四に，画一的，硬直的教育行政により

教育の活性化が妨害されているという認識が示された。新しい教育需要への柔軟で，積極的な対応が不足しているという指摘である。最後に，一部の教職員団体の政治的闘争等により教育界における不信と対立が根強く存在していると指摘された。

　これらの問題認識が，90年代の教育改革をリードしていたのである。そして，21世紀の教育改革の在り方を示したものが，2001（平成13）年1月の「21世紀教育新生プラン（レインボー・プラン）——7つの重点戦略」である。

10-2　21世紀教育新生プラン（レインボー・プラン）——7つの重点戦略

（1）わかる授業で基礎学力の向上

　最初の重点戦略のキーワードは「学力向上」である。そのための制度的な改革として，基本的教科における20人授業，習熟度別授業の実現があげられる。2001（平成13）年から2005（平成17）年までの第7次教職員定数改善計画において，少人数指導を可能とする教職員定数の改善を主眼とした施策がとられた。また，「新世代型学習空間」の整備と称されるIT授業，20人授業が可能となる教室の整備や校内LANの整備が目指された。この戦略の中で，全国的な学力調査の実施が位置づけられており，周知のように2007（平成19）年度から実施されている。

　中等教育学校の創設などの中高一貫教育の推進，特別非常勤講師（後述）の拡大なども，この戦略の一環として位置づけることができる。

（2）多様な奉仕・体験活動で心豊かな日本人を育てる

　臨教審の教育問題認識にもあるように，近年の教育上の課題として，「心」の教育をどのように進めるかという点がある。そのための教育制度上の対応として，奉仕・体験活動の促進や家庭教育手帳・「心のノート」の配布による道徳教育の充実，インターンシップ等の推進などの取り組みをあげることができる。「子どもゆめ基金」が創設され，「全国子どもプラン」（地域で子どもを育てる緊急3カ年計画）などが取り組まれている。幼稚園・保育所の連携強化策の実施もこのカテゴリーの中に位置づく。

（3）楽しく安心できる学習環境の整備

　少子化による学校規模の縮小が学校部活動に影響を与えている。そのため，スポーツエキスパート（地域のスポーツ指導者）の活用による文化・スポーツ活動の充実（学校部活動の活性化）が求められている。

　また，問題を起こす子どもに対する適切な措置（出席停止の改善及び子どもに対する支援措置）として，出席停止要件の明確化が行われる一方，スクールカウンセラー配置の拡充，心の教室相談員の配置が進められている。

　有害情報等から子どもを守る取り組みとして，メディア上の有害情報についての自主規制の促進をあげることができる。

（4）父母や地域に信頼される学校づくり

　保護者や地域に開かれ，信頼されるための学校づくりを進めることが，教育制度をめぐる重要な課題となっている。そのための施策として，**学校運営協議会制度の導入**（表10-1参照）や，**学校評価**の実施をあげることができる（後述）。また，教育行政制度についてみれば，教育委員会委員構成の改正による**保護者の参加**，**情報公開**による教育委員会の活性化が図られた。

　地域の主体性を生かした新しいタイプの学校（**コミュニティスクール**等）の設置促進や研究開発学校の拡充は，特色ある学校づくりを進めるための仕組みととらえることができる。

　1997（平成9）年には通学区域制度の弾力的運用（**学校選択**）が始まり，公立高等学校の通学区域規定の廃止も進められ，「選ばれる学校になる」ことが学校づくりの一つのスローガンになりつつあるが，公立小・中学校で学校選択が可能な地域は，ようやく1割を超えたところである。

表10-1　学校運営協議会の主な役割

- 校長の作成する学校運営の基本方針の承認
- 教職員の任用に関して，教育委員会に意見を述べることができる（教育委員会はその意見を尊重して教職員を任用）

図10-1　指導力不足教員の認定状況

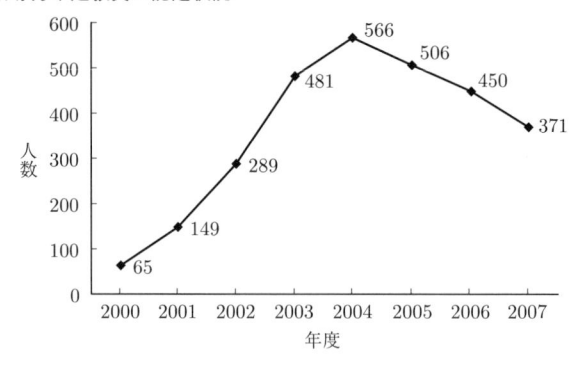

年度	人数
2000	65
2001	149
2002	289
2003	481
2004	566
2005	506
2006	450
2007	371

（5）教える「プロ」としての教師の育成

　教員の資質向上は，どのような時代にあっても教育制度の重要な課題であり続けている。近年では，優秀な教員の表彰制度と特別昇給の実施が各自治体レベルで進んでいる。

　民間企業等で社会性を磨くための教員の社会体験研修の制度化，大学院修学休業制度などの研修制度の整備が求められているが，事業予算の確保の困難等が指摘されている。不適格教員に対して教壇に立たせないなどの厳格な対応として，指導力が不足し十分な適格性を有しないと認める教員を教員以外の職員へ円滑に異動させるための方途を創設するなどの対応が求められている（図10-1）。

　後述するように，**免許更新制**の検討は紆余曲折を経て，2009（平成21）年度から本格実施された。

（6）世界水準の大学づくりの推進

　次代のリーダー育成のための教育・研究機能を強化するために，大学教員への選択的任期制の導入が図られた。大学の競争的環境の整備の一環として，専門大学院（現在の専門職大学院）の整備，国立大学の法人化，大学の自己点検評価・第三者評価，トップ30，センター・オブ・エクセレンス（COE）など矢継ぎ早に施策を講じることが求められた。

　また，大学における厳格な成績評価の実施のために，単位の上限を設定する必要が指摘され，教員の教育能力を向上させるために，ファカルティ・

ディベロップメント（FD）を推進する必要性が叫ばれている。
　一方，大学等への入学に関する規制緩和が求められており，大学・大学院入学年齢制限の緩和のほか，アドミッション・オフィス（AO）入試，社会人受け入れの拡大（社会人特別選抜・科目等履修生・昼夜開講・夜間通信制大学院・1年制大学院等）により，大学のアドミッション・ポリシーに基づく多様な学生の受け入れが求められている。

（7）新世紀にふさわしい教育理念の確立，教育基盤の整備
　新しい時代にふさわしい教育基本法の見直しが課題とされ，後述するように2006（平成18）年12月におよそ60年ぶりに教育基本法は新しく生まれ変わった。
　そして，改正された教育基本法の目玉である**教育振興基本計画**が2008年に策定された。

10-3　規制緩和・地方分権と教育制度

（1）地方分権一括法
　上述の義務教育をめぐる制度的な動向にも現れているように，国民に対する教育の保障主体が国から地方に移ってきている動きが読み取れる。そのエポックといえるのが，1999（平成11）年に成立した「**地方分権の推進を図るための関係法律の整備等に関する法律（略称：地方分権一括法）**」である。
　この法律では，地方自治法を中心として地方分権にかかわる総数475本

表10-2　地方分権一括法の要点

- 機関委任制度の廃止
- 自治事務・法定受託事務への再編成
- 国・都道府県の関与の廃止・縮減
- 国の関与の一般ルール化
- 国と地方の係争手続きの制度化
- 必置規制の見直し
- 地方事務官制度の廃止
- 国庫補助負担金の整理合理化
- 地方行政体制の整備

の法律についての大改正が行われた。その要点は，表10-2のとおりである。国から地方への税源移譲が最大の課題として指摘されている。

文部省（当時）関連の改正では，例えば，事務区分の明確化（学教法106削除），法定受託事務の明確化（私立学校振興助成法17追加），規制ランクの緩和（地教行法，義務標準法），権限の下部委譲（地教行法）などがあげられよう。

(2) 構造改革特別区域法

一方の，規制緩和をめぐる動向としては，**構造改革特別区域**（通称：**特区**）**法**による規制の特例措置の設定をあげることができる。特区とは，「構造改革特別区域法」第2条に規定される，従来法規制等の関係で事業化が不可能な事業を，特別に行うことが可能になる地域をいう。2002（平成14）年12月に成立した同法により動き出した特区の中で教育関連の規制の特例措置事業（いわゆる教育特区）は，多いときには認定された事業の3割を占めることがあった。これは，教育がいかに多くの規制を受けてきたかを示す数字であった。

特区事業は，規制省庁と構造改革特別区域推進本部による評価により，特に特別区域を越えて全国で実施しても弊害がないと認められると，特区事業としての指定が外され，全国展開が行われる。

教育特区も，次々と事業の全国展開が認められているが，話題となった学校設置会社立学校（いわゆる株式会社立学校）やNPO法人立学校については，全国展開の対象とはなっていない。

10-4 教育行政の課題

教育行政における国と地方の役割の問題は，古くて新しい問題である。

第二次世界大戦後の地方教育行政制度は，教育委員会制度を軸として，**民主化原理，地方分権原理，自主性原理**という三つの原理によって展開されることとされた。教育委員の公選制，文部大臣との法的対等性，財政自主権の保持はそれぞれの原理を具現化する象徴的な制度であった。しかし，1950年代の半ばに大幅な方針変更が行われ，政治的中立と安定確保のために教育

表10-3 教育改革プログラム（1997年）

①	公立小・中学校の通学区域の弾力化
②	盲・聾・養護学校における訪問教育の充実
③	教科書検定の透明化と採択の改善
④	大学・大学院入学資格の弾力化
⑤	3年以上4年未満の在学で学部を卒業できる措置
⑥	学位授与機構による単位累積加算制度
⑦	大学教員の選択的任期制
⑧	高等学校における学校外の体験的活動の単位認定
⑨	学校外の学習成果を評価する仕組みの拡充

委員は任命制になり，国・地方の連携強化を図るために教育行政における上級機関の権限が強化され，一般行政との調和という趣旨から首長権限が強化された。

先述のように，規制緩和・地方分権という大方針の中で，教育行政の規制改革と「再」地方分権化が進んでいる。1997（平成9）年の橋本龍太郎内閣時代に構造改革プログラムの一つとして位置づけられる「**教育改革プログラム**」に改革の方向性が示されている（表10-3）。

このプログラムを受けつつ，文部省（当時）では，地方教育行政の今後の在り方について検討が進められ，1998年に中教審答申「今後の地方教育行政の在り方について」が示された。

この答申で提案された内容はほとんどすべて具体化されている。まず，「**各学校の学級編制の弾力化**」である。公立小・中学校の学級編制は，児童生徒数40人ごとに教員1人が配置される基準があるため，1学級の上限を40人とする編制を弾力的に運用することができなかったが，国の標準に従い各都道府県において基準を定めるという制度の基本は変えないものの，都道府県教育委員会の判断により，児童生徒の実態を考慮して特に必要があると認められる場合には，国の標準により定められる1学級の児童または生徒の数を下回る数を基準として定めることを可能とする制度改正が行われ，2001年度から実施されている。

次に，「**教育長の任命承認制度の廃止と議会の同意の導入**」である。教育長の任命には，上級行政機関による承認を必要としていたが，これを廃止

し，議会による同意によって任命ができるという提案であり，教育行政における縦割り構造を象徴する仕組みを廃止し，より地方の自治を尊重しようとするものである。1999（平成11）年の地方分権一括法により，都道府県，市町村ともに，教育長は，当該自治体の首長によって任命された教育委員（委員長を除く）のうちから，教育委員会によって選任されることとなった。

　第三に，「**校長・教頭の任用資格の見直し**」である。答申では，予算・人事をめぐる校長権限の拡大とともに，校長・教頭任用資格要件を緩和して，教員免許を持たず，「教育に関する職」に就いた経験がない者（いわゆる「民間人」）を校長に任用できるようにすることにより，企業における組織運営に関する経験や能力等に着目した人事が行えるようにしようとの提案であり，2000（平成12）年の学校教育法施行規則（省令）改正で実現した。2006（平成18）年には教頭についても準用されることとなった（詳しくは，次章で述べる。）

　第四に，「**主任制の抜本的な見直し**」である。この答申が，学校の自主性，自律性の確立を重要なテーマとしており，校長による学校運営を円滑に進められるような仕組み作りの一環として，学校内でのミドル・リーダーの役割を見直すことが提案された。第五の「職員会議の位置づけの明確化」も同様の文脈に位置づけられる。

　最後に，「**学校評議員制度の創設**」である。学校評議員は，その学校の職員以外の者で教育に関する理解及び識見を有するもののうちから，校長の推薦により，その学校の設置者が委嘱し，校長の求めに応じて，学校運営に関して意見を述べることができるものである。学校運営に関する何らかの権限を有するものではないが，学校運営に保護者や地域住民の意向を反映させる一つの手段として提案されたものである。2000（平成12）年度から実施されている。

　　　　　　　　　　　　　　　　　　　　　　　　　　　　　［窪田眞二］

【引用・参考文献】
窪田眞二・小川友次　『教育法規便覧（平成22年版）』　学陽書房　2009
窪田眞二 監修／学校教育課題研究会 編著　『教育課題便覧（平成22年版）』　学陽書房　2009

第11章

教員の制度とその課題

11-1　県費負担教職員・教育公務員の身分

　学校の先生のよび方は，「教員」「学校の職員」「教諭」「教職員」「教育職員」「専門的教育職員」「教育関係職員」「**県費負担教職員**」「**教育公務員**」など法律によって異なる（表11-1）。法律ごとにそれぞれの呼称の定義がなされている。包含関係にあるものもある。

　ここでは，県費負担教職員と教育公務員について説明する。

　県費負担教職員とは，市町村立学校職員給与負担法に定められた身分で，市町村立の学校に所属する教職員で給与の負担者及び任命権者が都道府県である者をいう。本来，給与の負担者や任命権者は設置者であることが原則（設置者負担主義）であるが，この例外として県費負担教職員制度がある（政令で指定する市の場合は，その市が任命権者となる）。市町村立学校の大

表11-1　学校教育法第37条に規定される学校の職員

校長，副校長，教頭，主幹教諭，指導教諭，教諭，養護教諭，栄養教諭，事務職員，助教諭，講師，養護助教諭，実習助手（高等学校），技術職員（高等学校），寄宿舎指導員（特別支援学校）

表11-2　省令主任

教務主任，学年主任，保健主事，事務主任，生徒指導主事（中・高等学校），進路指導主任（中・高等学校），学科主任（高等学校），農場長（高等学校），事務長（高等学校，小中学校にもおくことができる）

半が義務教育を行う小・中学校であるため，市町村の財政状況に教員配置が左右されないような仕組みとして，この制度が考えられており，さらに全国どこでも一定水準の義務教育が提供できるように，都道府県が負担する給与費等の一部（現在は3分の1）を国庫で負担している（義務教育費国庫負担制度）。ただ，あくまで市町村立学校の教職員は，その市町村の職員であるため，彼らの服務・監督権者は市町村（教育委員会）ということになる。

　教育公務員は，地方公共団体が設置者となっている学校や教育委員会に勤務する教職員をさし，身分としては地方公務員であるため，一般法としての地方公務員法にさまざまな権利や義務が規定されているが，さらに特別法として**教育公務員特例法**が定められており，一般の地方公務員とは異なる権利や義務を有する。これらについては，教員の服務として後述する。

　ちなみに，学校教育法には「学校の職員」として，さまざまな職名がそれぞれの職務を示して規定されている。また，学校教育法施行規則では，学校内の校務分掌として主任（主事等を含む）があげられている。施行規則は法令の分類上，省令（文部科学省令）に属するため，省令主任とよばれている（表11-2）。

11-2　資格要件と任用制度

　学校教育法第1条に定める学校（表11-3参照）の教員は，その学校種に相当する**教育職員免許状**を保有していなければならないというのが原則である（相当免許状主義）。免許状には，普通免許状，特別免許状，臨時免許

表11-3　学校の定義（学校教育法第1条）

この法律で，学校とは，幼稚園，小学校，中学校，高等学校，中等教育学校，特別支援学校，大学及び高等専門学校とする。

状の3種類がある。

　普通免許状は二種免許状（基礎資格は短期大学士），一種免許状（基礎資格は学士）及び専修免許状（基礎資格は修士）に分けられ，いずれも有効期間は10年となっている。基礎資格である学位を有し，教職課程で必要な科目と単位数を習得した者に対して，都道府県教育委員会が授与する。臨時免許状は，普通免許状を有する者を採用することができない場合に限り，原則として3年間（条例により6年とすることがある）の期限を設けて各都道府県の教育委員会の教育職員検定に合格すると授与される。特別免許状は，担当する教科に関する専門的な知識経験または技能を有し，社会的信望等をもつ社会人経験者等を対象に設けられた免許状である。採用する教育委員会や学校法人等の推薦を受けた者で教育職員検定に合格した者に授与される（教育職員免許法第5条4項）。

　また，①成年被後見人または被保佐人，②禁錮以上の刑に処せられた者，③免許状がその効力を失い，当該失効の日から3年を経過しない者，④免許状取上げの処分を受け，3年を経過しない者，⑤憲法またはその下に成立した政府を暴力で破壊することを主張する政党その他の団体を結成し，又これに加入した者は，教員免許状を授与される資格がない（欠格事由）。

　相当免許状主義の例外として，免許状を要しない非常勤講師として，特別非常勤講師がある（表11-4）。これは1988（昭和63）年の教育職員免許法

表11-4　特別非常勤講師活用の事例

小学校での例
体育：日本舞踊（日本舞踊家）
家庭：藍染学習（藍染工房館長）
音楽：和太鼓（会社員）
社会：社会福祉（福祉施設職員）
中学校での例
美術：漆器作成（県立漆器試験場職員）
クラブ活動：謡曲（観世流能楽師），ちぎり絵，昔遊び，横笛等（自営業等）
高等学校での例
国語：演劇（演劇講師）
商業：マーケティング（貿易コンサルタント会社社員）
保健：救急法（日本赤十字社指導員）
保健体育：太極拳（中国武術審判員）

表11-5 教育に関する職（学校教育法施行規則第20条）

- 専修学校の校長・教員
- 学校の事務職員，実習助手，寄宿舎指導員，学校栄養職員
- 教員養成諸学校の長，教員，事務職員
- 在外教育施設の職員
- 外国の学校の職員
- 少年院，児童自立支援施設で教育を担当する者
- 国や地方公共団体で教育事務，教育を担当する公務員
- 外国の官庁で前項に準ずる者

の改正により制度化されたもので，優れた知識や技術を有する社会人を学校教育に迎え入れるための制度である。

また，前節でふれたように，副校長・教頭の資格要件として，施行規則第23条において，第20～22条を副校長及び教頭に準用し，国公立の学校の副校長・教頭の任命権者又は私立学校の設置者は，学校の運営上特に必要がある場合には，施行規則第20条各号に掲げる資格（表11-5）を有する者と同等の資質を有すると認める者を副校長・教頭として任命しまたは採用すること等ができると規定されるようになった（施行規則第23条関係）。

　　第20条：校長の資格＝専修・一種免許状＋「教育に関する職」に5年以上，又は「教育に関する職」に10年以上

　　第21条：私立学校→特別の事情があるとき，5年以上教育に関する職又は教育，学術に関する業務に従事し，かつ，教育に関し高い識見を有する

　　第22条：学校の運営上特に必要がある場合には，第20条各号に掲げる資格を有する者と同等の資質を有すると認める者

　　第23条：前3条の規定を副校長及び教頭に準用

この第22条により採用された校長が，いわゆる「民間人校長」である（図11-1）。

なお，教員免許の更新制については，第13章を参照のこと。

公立学校の教員の任用は，任命権者である教育委員会の教育長による選考に基づき，教育長の推薦により，教育委員会が任命するという形で行われる（教員には科目等の専門性が求められるため，一般の公務員の任用が選抜に

図11-1　校長資格及び教頭資格の弾力化

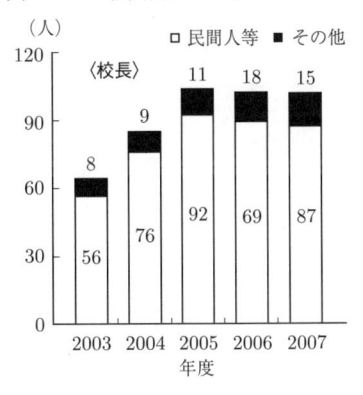

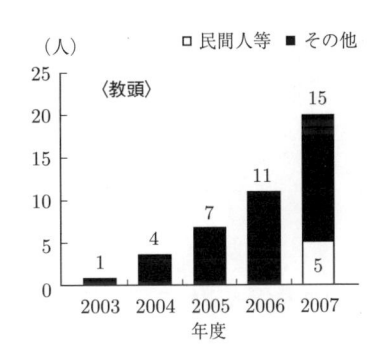

〈校長〉民間人等／その他
2003: 56 / 8
2004: 76 / 9
2005: 92 / 11
2006: 69 / 18
2007: 87 / 15

〈教頭〉民間人等／その他
2003: — / 1
2004: — / 4
2005: — / 7
2006: — / 11
2007: 5 / 15

よって行われるのとは異なる）。

　地方公務員の採用は，臨時的な採用を除きすべて条件つき採用となる（地方公務員法第22条）。一般の地方公務員の条件つき採用期間は通常6カ月間であるが，教諭・助教諭・講師については，その職務の専門性から教育公務員特例法第12条によりこの期間が1年間とされている。そしてその間に初任者研修を受けることとなっており，この研修期間中に教育公務員としての適格性，勤務実態等を確認して正式採用になる。条件つき採用期間中に不採用となる件数が近年増加しており，2007（平成19）年度中には301人と初めて300人を超えた（図11－2）。

図11－2　条件つき採用期間中に不採用となった件数

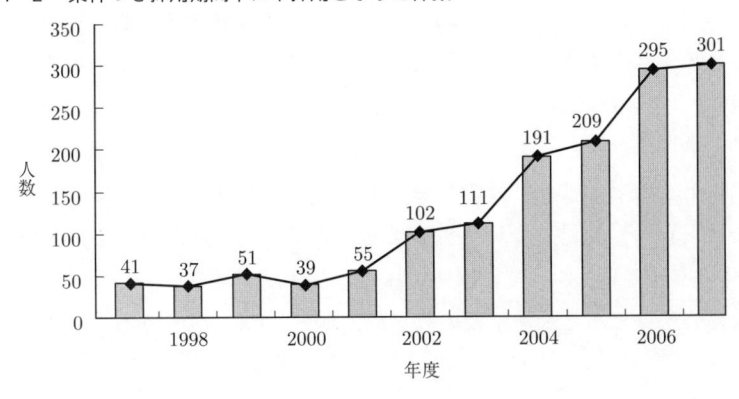

1997: 41
1998: 37
1999: 51
2000: 39
2001: 55
2002: 102
2003: 111
2004: 191
2005: 209
2006: 295
2007: 301

第11章　教員の制度とその課題　　159

表11-6　市町村費負担による教職員の任用

		市町村費負担教職員数	全教職員数	割合
小学校	2007年度	354	418,246	0.08%
	2008年度	408	419,309	0.10%
中学校	2007年度	237	249,645	0.09%
	2008年度	273	249,509	0.11%

　県費負担教職員の任免の手順は次のようになっている。まず，各校長がそれぞれの学校から市町村教育委員会に対して，任用についての意見具申をする。次に市町村教育委員会が任命権者である都道府県教育委員会に内申をする。このとき，現職にある教員の転任について，その転任が同一市町村内の学校間の転任である場合は，市町村教育委員会の内申に基づいて転任の人事が進められるが，市町村をまたぐ転任の場合は，市町村教育委員会からの内申をまって都道府県教育委員会が任用を行う。

　構造改革特別区域の事業の一つに，市町村費負担による教員の任用事業があり，特に弊害はないと評価されたために2006（平成18）年度から全国展開されることとなった。市町村立学校職員給与負担法が改正され，市町村費負担の教職員採用が可能となった（表11-6）。

11-3　教員の服務・権利

　日本国憲法第15条第2項により，公務員は「**全体の奉仕者**」である。改正される前の教育基本法では，その第6条第2項で「法律に定める学校の教員は，全体の奉仕者であって……」と規定され，国・公立学校にとどまらず私立学校の教員も公務員に準じた職務であるとされていた。新教育基本法では，第6条で学校が「**公の性質を有する**」ことは規定されているが，この条文を含め，教員について独立条文として規定された第9条においても「全体の奉仕者」という文言は使われていない。

　教育公務員である公立学校の教員は，地方公務員法第30条の「服務の根本基準」（表11-7）に基づいて以下のような義務を課されている。

表 11 - 7　服務の根本基準（地方公務員法第 30 条）

> すべて職員は，全体の奉仕者として公共の利益のために勤務し，且つ，職務の遂行に当つては，全力を挙げてこれに専念しなければならない。

　まず地方公務員法第 31 条に基づいて，服務の宣誓をしなければならず，**職務上の義務**としては，①法令等及び上司の職務上の命令に従う義務（地公法第 32 条，地教行法第 43 条）及び②職務に専念する義務（地公法第 35 条）がある。これらは，職務を遂行するに当たって求められる事柄である。また，**身分上の義務**としては，①信用失墜行為の禁止（地公法第 33 条），②秘密を守る義務（地公法第 34 条），③政治的行為の制限（地公法第 36 条，教特法第 21 条，国公法第 36 条），④争議行為等の禁止（地公法第 37 条，地教行法第 47 条），⑤営利企業等の従事制限（地公法第 38 条，教特法第 17 条，地教行法第 47 条）がある。これらは，公務員という身分にあるかぎり，職務時間の内外にかかわらず求められる事柄である。

　地方公務員法において，**研修**は権利として規定されているが，教育公務員については，教育公務員特例法により義務とされている（表 11 - 8）。研修を実施する義務は任命権者にあり，「教育公務員の任命権者は，教育公務員の研修について，それに要する施設，研修を奨励するための方途その他研修に関する計画を樹立し，その実施に努めなければならない」（教特法第 21 条第 2 項）と規定されているほか，政令指定都市及び中核市教育委員会にも県費負担教職員の研修を実施することが義務づけられている。研修の実施者としては，任命権者のほか，国や市町村が実施する研修などもあり，多様

表 11 - 8　研修

> **地方公務員法第39条**
> 　　職員には，その勤務能率の発揮及び増進のために，研修を受ける機会が与えられなければならない。
> **教育基本法第 9 条**
> 　　法律に定める学校の教員は，自己の崇高な使命を深く自覚し，絶えず研究と修養に励み，その職責の遂行に努めなければならない。
> **教育公務員特例法第21条**
> 　　教育公務員は，その職責を遂行するために，絶えず研究と修養に努めなければならない。

表11-9　教員の社会体験研修

年度	実施県市数	派遣人数	派遣人数			
			民間企業	社会福祉施設	社会教育施設	その他
2001	73	1,295	880	230	75	110
2002	73	1,356	955	250	79	72
2003	79	1,467	1,013	231	101	122
2004	76	1,293	875	230	97	91
2005	65	1,174	788	178	97	111
2006	63	1,001	697	122	90	92
2007	57	870	599	113	58	100

出典）http://www.mext.go.jp/a_menu/shotou/kenshu/1244842.htm より作成

な機会が保障されている。

　教育公務員のうち，教員は授業に支障のないかぎり，本属長（校長）の承認を受けて，勤務場所を離れて研修を行うことができるほか，任命権者の定めるところにより，現職のままで，長期にわたる研修を受けることができる（教特法第22条）。例えば，長期社会体験研修（表11-9）や大学院への派遣研修などがあるが，自主的に大学院で修士号を取得して専修免許状を取得するなどの長期研修ができるように，大学院修学休業制度が2001（平成13）年度から始まっている（図11-3）。

図11-3　大学院修学休業者数の推移

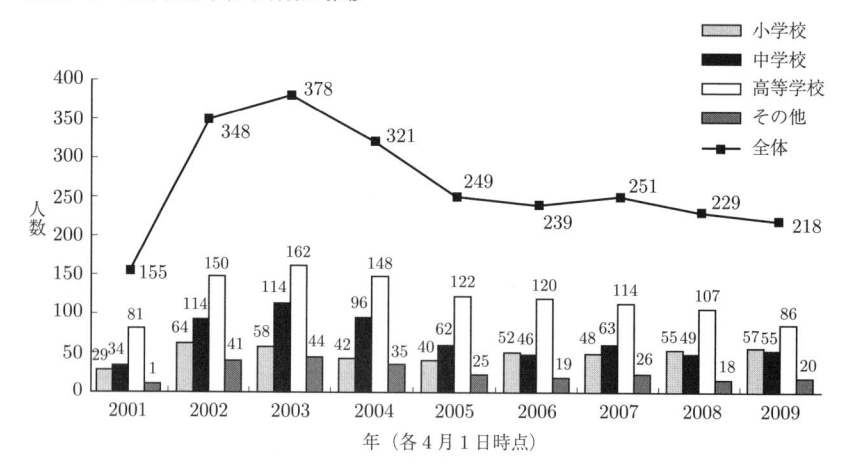

表11-10　職務専念義務を免除する場合

- 休職
- 停職
- 教育公務員が任命権者の承認を得て教育に関する兼職，兼業に従事する場合
- 教員が，所属長の承認を得て勤務場所を離れて研修を行う場合
- 労働基準法に基づく免除（休憩，休日，年次有給休暇，産前産後休暇，育児時間，生理休暇）
- 育児休業
- 都道府県知事の従事命令・協力命令により災害救助に従事する場合

　研修の形態としては，①職務としての研修（命令研修），②職務専念義務免除による研修（表11-10），③自主研修がある。
　一般の公務員には，兼職・兼業が強く制限されているが，教育公務員は，その専門的な知識や技術を向上させるという研修とみなされる場合，また他に適格者が得られがたい場合に専門的能力を活用することなどが求められるため，「教育に関する他の事業若しくは事務に従事する」場合には，勤務時間内でも，授業等に影響のない限りで行うことができるとされている。兼職とは，学校教育・社会教育・学術文化に関する他の職員の職を兼ねることで，例えば，他の公立学校の非常勤講師をすることなどが含まれる。兼業とは，私立学校を経営する学校法人等の私企業の役員になることや公立学校の教員が国立または私立学校の教員の職を兼ねることを意味する。勤務時間内はもちろん，勤務時間外の兼業についても任命権者の許可が必要である。
　教育公務員特例法で定められている研修（いわゆる法定研修）には，**初任者研修**と**10年経験者研修**がある（図11-4）。
　初任者研修は，1988（昭和63）年に制度が創設され，1992（平成4）年度より完全実施されている。指導教員の指導助言による校内研修（週1日，年間60日程度），教育センター等における受講，他校種参観，社会教育施設・社会福祉施設等の参観，ボランティア活動体験等の校外研修（週1日・年間30日程度）などがその内容である。
　10年経験者研修は2003（平成15）年度より実施されている。任命権者は，在職期間が10年に達した教員に対して，能力・適性等についての評価を行い，その結果に基づいて個別に10年経験者研修に関する計画書を作成

図 11-4　教員の研修体系図

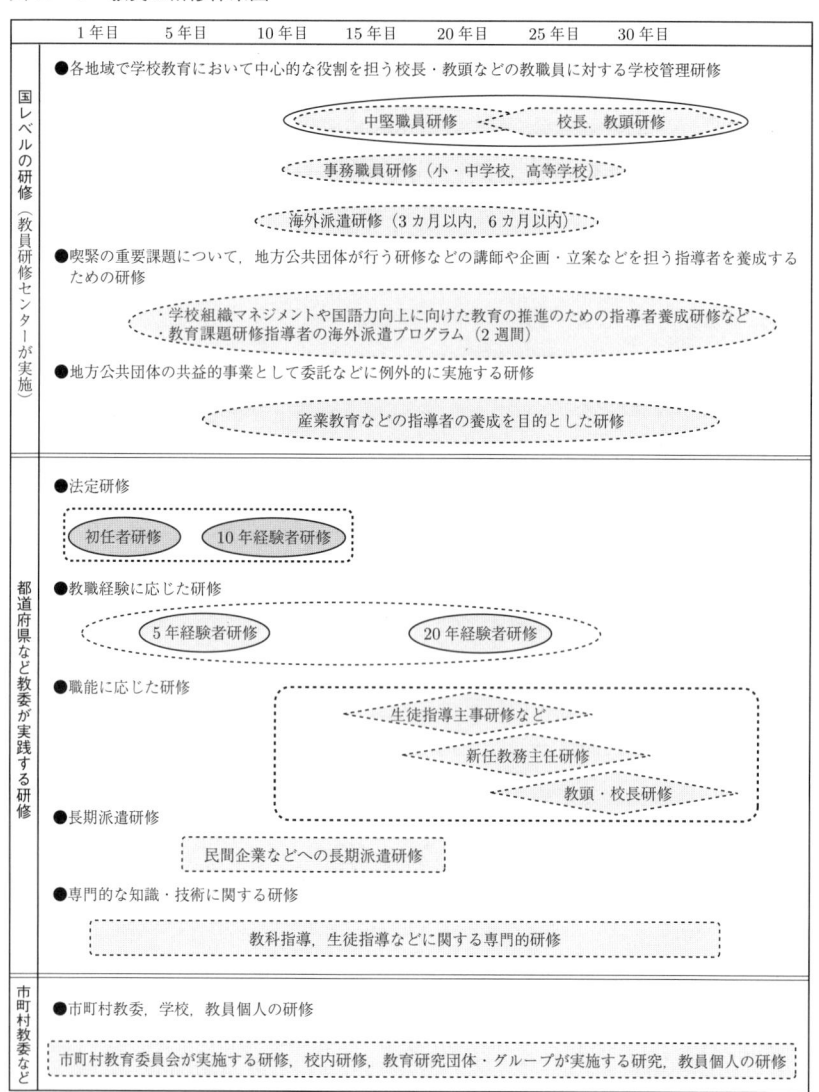

	1年目	5年目	10年目	15年目	20年目	25年目	30年目

国レベルの研修（教員研修センターが実施）

●各地域で学校教育において中心的な役割を担う校長・教頭などの教職員に対する学校管理研修
　　　　　　　　　中堅職員研修　　　　　校長，教頭研修
　　　　　　　　　事務職員研修（小・中学校，高等学校）
　　　　　　　　海外派遣研修（3カ月以内，6カ月以内）

●喫緊の重要課題について，地方公共団体が行う研修などの講師や企画・立案などを担う指導者を養成するための研修
　　　　　学校組織マネジメントや国語力向上に向けた教育の推進のための指導者養成研修など
　　　　　教育課題研修指導者の海外派遣プログラム（2週間）

●地方公共団体の共益的事業として委託などに例外的に実施する研修
　　　　　　産業教育などの指導者の養成を目的とした研修

都道府県など教委が実践する研修

●法定研修
　　　初任者研修　　10年経験者研修

●教職経験に応じた研修
　　　　5年経験者研修　　　　　20年経験者研修

●職能に応じた研修
　　　　　　　生徒指導主事研修など
　　　　　　　　　　新任教務主任研修
　　　　　　　　　　　　教頭・校長研修

●長期派遣研修
　　　民間企業などへの長期派遣研修

●専門的な知識・技術に関する研修
　　　　　教科指導，生徒指導などに関する専門的研修

市町村教委など

●市町村教委，学校，教員個人の研修
　　市町村教育委員会が実施する研修，校内研修，教育研究団体・グループが実施する研究，教員個人の研修

して行われる。

　以上のほかに、経験者研修としては、①5年経験者研修＝教科指導中心（全59都道府県・政令指定都市で実施）、②10年経験者研修＝教科指導・情報教育中心（49県市）、③15年経験者研修＝生徒指導・教育相談中心（21県市）、④20年経験者研修＝学校経営・情報教育中心（7県市）などがあり（数字はいずれも2000（平成12）年度）、さらに、中堅教員研修、管理職研修（中央研修講座）などが実施されている。

11-4　教員の職務、分限・懲戒

　上述のように、教員の職務上の義務の中に、「上司の職務上の命令に従う義務」がある。ここでいう上司とは学校の場合校長や教頭（副校長）をさすが、職務上の命令とは、文書のほか口頭の場合も有効とされている。明らかに法令に違反していない限り、この命令には服従する義務がある。教育公務員を正規の勤務時間を超えて勤務させる場合は、条例で定められており、一般に「歯止め4項目」といわれる、臨時又は緊急のやむをえない必要があるときに限られている（表11-11のa, b, d, e）。

　学校の教員は休みが多いという一般的な理解があるようだが、これにはかなりの誤解が含まれているといわなければならない。

　教職員の休日としては、①勤務を要しない日と②勤務を免除された日がある。①は労働基準法上の休日であり、②は条例上の休日（国民の祝日に関する法、年末年始）である。学校の休業日（夏季・冬季・春季等）は、勤務を要する日である。

　教育公務員に対する処分には、**分限処分**と**懲戒処分**があり、その違いをよく理解しておくことは重要である（表11-12）。

表11-11　歯止め4項目（表中のcは大学教員にのみ適用される）

a）生徒の実習に関する業務
b）学校行事に関する業務
c）学生の教育実習の指導に関する業務
d）教職員会議に関する業務
e）非常災害等やむをえない場合に必要な業務

表11-12 分限と懲戒

分限処分
① 職員の道義的責任は問題としない
② 公務の能率の維持向上の見地によるため，特に事由が本人の故意や過失によることを要しない
③ 一定の期間継続した状態に対して行われる処分
懲戒処分
① 職員の道義的責任を問題とする
② 義務違反に対する制裁であるから，本人の故意や過失によることを要する
③ 継続した状態であることを要さず，個々の行為や状態を事由とする

　分限処分とは，公務の能率の維持向上のために，心身の故障や勤務実績不良あるいは公務員としての適格性を欠くなど職責を果たしえない職員に対して行われるものであり，免職・休職・降任・降給，失職・定年が含まれる。
　一方，懲戒処分とは，公務員の秩序を維持するために，職員の法令違反や職務上の義務違反あるいは全体の奉仕者たるにふさわしくない非行に対して職員の道義的責任を追及して行われる制裁であり，免職・停職・減給・戒告がそれである（表11-12）。訓告・厳重注意・始末書の提出・諭旨退職などの措置は地方公共団体が内部的に行っている行政上の措置で，法令による懲戒処分には含まれない。
　事由別の懲戒処分の状況をみると，全体の約4割が交通事故を原因とするものである（図11-5）。これらの中には，酒気帯び・飲酒運転によるも

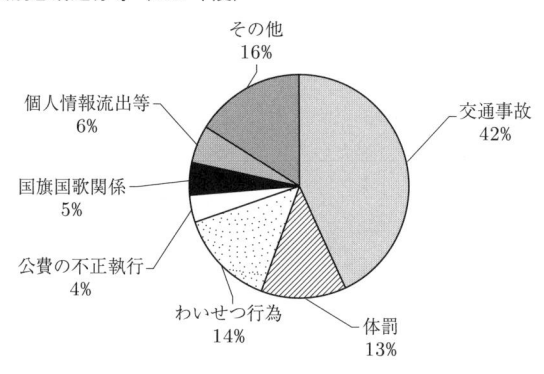

図11-5　事由別懲戒処分等（2007年度）

- その他 16%
- 個人情報流出等 6%
- 国旗国歌関係 5%
- 公費の不正執行 4%
- わいせつ行為 14%
- 体罰 13%
- 交通事故 42%

図11-6　病気休職者数と精神疾患数の推移

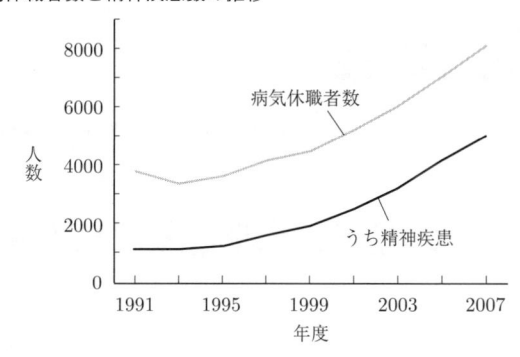

図11-7　分限処分（病気休職）の状況

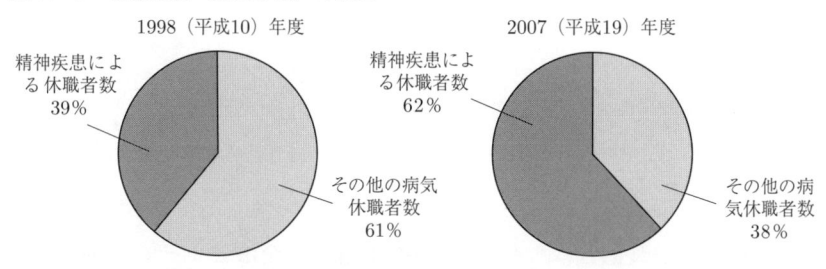

1998（平成10）年度
- 精神疾患による休職者数　39％
- その他の病気休職者数　61％

2007（平成19）年度
- 精神疾患による休職者数　62％
- その他の病気休職者数　38％

のも含まれている。分限処分では，例年総数の大半（約97％）が病気休職によるものであり，さらにその中で精神疾患による休職者が数（図11-6）においても割合（図11-7）においても増え続けている。

［窪田眞二］

【引用・参考文献】
窪田眞二・小川友次　『教育法規便覧（平成22年版）』　学陽書房　2009
窪田眞二 監修／学校教育課題研究会 編著　『教育課題便覧（平成22年版）』　学陽書房　2009

第12章

学校の危機管理とその課題

12-1 学校安全

　学校保健法が改正され，その名称が**学校保健安全法**となって2009（平成21）年4月に施行された。

　法改正にかかわる通知によると，学校保健法改正の趣旨は，メンタルヘルスに関する問題や児童生徒等が被害者となる事件・事故・災害等の発生など，近年の児童生徒等の健康・安全を取り巻く状況の変化にかんがみ，学校保健及び学校安全に関して，地域の実情や児童生徒等の実態を踏まえつつ，各学校において共通して取り組まれるべき事項について規定の整備を図るとともに，学校の設置者並びに国及び地方公共団体の責務を定める等の措置を講ずることにある。

　学校の設置者は，学校での事故（事故，加害行為，災害等）により児童生徒等に生ずる危険を防止し，危険等発生時（事故等により児童生徒等に危険又は危害が現に生じた場合）に適切に対処できるよう「学校の施設及び設備並びに管理運営体制の整備充実その他の必要な措置を講ずるよう努めるもの」と規定された（第26条）。具体的には例えば，防犯カメラやインターホンの導入など安全管理面からの物的条件の整備，警備員やスクールガー

ド・リーダーの配置など学校安全に関する人的体制の整備，教職員の資質向上を図るための研修会の開催などが想定されている。

学校には，総合的な**学校安全計画**の策定と実施が義務づけられ（第27条），校長には，「学校の施設又は設備について，児童生徒等の安全の確保を図る上で支障となる事項があると認めた場合には，遅滞なく，改善に必要な措置を講じ，又は当該措置を講ずることができないときは，学校の設置者に対し，その旨を申し出る」こととして学校環境の安全の確保が求められている（第28条）。

危険等発生時に学校の職員がとるべき措置の具体的内容及び手順を定めた対処要領を学校が作成することとし，校長は，「対処要領の職員に対する周知，訓練の実施その他の危険等発生時において職員が適切に対処するために必要な措置を講ずるもの」と規定され，さらに学校は，事故等により児童生徒等に危害が生じた場合，当該児童生徒等及び関係者の心身の健康を回復させるために必要な支援を行うことが求められている（第29条）。対処要領の内容としては，不審者の侵入事件や防災をはじめ各学校の実情に応じたものとし，作成後は毎年度適切な見直しを行うことが必要であると通知において指摘されている。なお，「必要な支援」とは，スクールカウンセラー等による児童生徒等へのカウンセリング，関係医療機関の紹介などが想定されている。

文部科学省は2002（平成14）年12月に「学校への不審者侵入時の危機管理マニュアル」を作成し，全国の学校でも不審者対応の危機管理マニュアルが整備され，2008（平成20）年1月には改訂された「学校の危機管理マニュアル：子どもを犯罪から守るために」が作成された。本法第26条においても，不審者への対処が前面に出ているが，学校における「危機」が不審者の侵入によるものに限られるわけでないことはいうまでもない。事故や災害を含むさまざまな「危険等発生時」に適切に対処できるよう，各学校の実情に応じた対処要領（マニュアル）が作成され，見直しが毎年度定期的に行われることが求められている。

「いざというときにはマニュアルに頼っていられない」という考え方は広くあると思われるが，冷静な判断ができなくなるのが「危機」である。マニュアルを定期的に見直すなかで，「危機」においてもマニュアルに頼らず

に適切に対応できる心の準備が整えられるようにする必要がある。第29条第2項において，「校長は，危険等発生時対処要領の職員に対する周知，訓練の実施その他の危険等発生時において職員が適切に対処するために必要な措置を講ずるものとする」と規定されていることに留意すべきである。

　本法において，「養護教諭」の文言がみられるのは，第9条において「養護教諭その他の職員」が行う保健指導に関する規定のみであるが，第29条で求められている「心身の健康を回復させるために必要な支援」は地域の医療機関その他の関係機関との連携を図りつつ行うことが求められており，ここにおいて実質的に養護教諭に求められる役割が大きいと考えることができる。また，第30条で「学校においては，児童生徒等の安全の確保を図るため，児童生徒等の保護者との連携を図るとともに，当該学校が所在する地域の実情に応じて，当該地域を管轄する警察署その他の関係機関，地域の安全を確保するための活動を行う団体その他の関係団体，当該地域の住民その他の関係者との連携を図るよう努めるものとする」とされているが，ここでの連携における学校側の主体として，実質的に養護教諭が果たす役割は大きいといわなければならない。第10条でも，「学校においては，救急処置，健康相談又は保健指導を行うに当たつては，必要に応じ，当該学校の所在する地域の医療機関その他の関係機関との連携を図るよう努めるものとする」と規定されている。

　学校安全における各学校の役割は大きく，今後学校安全に向けた校内体制の充実が求められているのであって，養護教諭には，コーディネーター的役割を果たして関係教職員が十分に情報を共有できる体制づくりが求められているといえるであろうが，いたずらに養護教諭の負担が増えることにならないような対応が求められる。校内体制の充実という点では，学校安全主事・主任をおくことなども検討される必要がある。

　「心理的外傷その他の心身の健康」について，特に学校への不審者侵入による悲惨な事件を経験して以降，日本でも関心が寄せられてきている。ノウハウの蓄積という点では，アメリカでの研究や実践から学ぶべき点はあると思われる。

　イエール大学子ども研究センターにある「暴力事件の被害を受けた子どもたちのための学校危機国立センター」のデイビッド・ショーンフェルド（D.

Schoenfeld）博士のコメントは多方面で引用されている。ショーンフェルド博士は，日常生活の回復について，「学校活動を平常どおり行う最善の努力をすることが重要」「生徒はいつものように友だちや信頼できる大人に囲まれた平常の学校生活によって癒される」といった指摘をしている。また，プライバシーの尊重についても，「極度のトラウマに陥った幼い子どもたちが，実は取材を受けることに同意できるような状態ではないままインタビューされてしまった子どもたちだった，という重い事実がある。惨事の生中継を固唾を呑んで見つめる世界中の視聴者の『知りたい』という肥大した欲望は，犠牲者のプライバシーの尊重と認識という観点からはかなり隔たりがあると言える」といった指摘もある。これらの指摘は傾聴に値すると思われるが，心理的外傷や心身の健康については，国や地域における文化的な要因による違いが大きいと思われ，どのような形で子どもたちの心が癒されていくのかなど，一律の方法で対応できるものは少ないことを認識する必要があるだろう。

（参照：www.study.jp/news/interview/interview/01081301.html）

12-2　学校事故と教員の責任

（1）内在する危険の顕在化

　学校事故は，学校の教員すべてがかかわることであり，また養護教諭や，担任，校長など，それぞれ役割と責任度合いが違うが，立場がどうあれ，学校の教職員として知っておかなければならないことは少なくない。

　けがをする場面というのは学校の中に多くある。部活動に限らず，日常生活ではふつうしないようなことを学校ではしなければならない。例えば，運動が苦手であれば跳び箱など自分からやろうとは思わないが，学校では順番が回ってきたら子どもたちは跳ばなければならないという状況にある。そういう意味では，学校教育の中には基本的に危険が内在しており，それが顕在化したところに学校事故があるということができる。当事者が発達途上の子どもたちであれば，元気が余って暴走したり，反抗期を迎えてお互いに対立することもよくある。当然そういった中で子どもたちは，自分の能力と限界というものを判断し，あるいは，これより先のことをやったらけがをする

し，人にけがをさせてしまうといった判断力を身につける必要がある。もし，「学校事故はとにかく避けなければいけないから危険なことはできる限りすべきではない」といった議論になると，この力がつかないし，育たない。かといって，危険を放置しておいてよいはずがない。

　学校事故では学校側の責任を問われることがある。どういう場合にどのような責任が誰に問われるのだろうか。無論，責任の有無それ自体を問題とするというよりも，事故が起きないようにするにはどうするか，事故が起こったときにどういう配慮が必要なのかということが必要なのはいうまでもない。

　学校事故にもさまざまなカテゴリーがある。通常は教育活動中の教員が間違った注意をした，危険な行為を指示したということが問題になる。これを一般に「**作為的加害行為**」という。もう一方で，すべき注意をしなかった，注意をしていたら事故にならなかったのに注意をしなかった，という場合がある。これを「**不作為行為**」という。こういう場合の事故の裁判事例をみると，フィクションの上に成り立った議論をしていることがわかる。「危ないからやってはいけないという注意をしていたら起こらなかったはずだ」という実際にはなかったことを前提に議論が進む。「教育上の配慮として，すべきだったのにしなかった」として，過失を問われることがある。

　教師の生徒に対する暴行，違反懲戒行為，体罰などはいうまでもなく禁じられている。「違法な懲戒行為に至らない，軽い体罰は教育的行為として認められる」という認識はまったくの誤りである。体罰と認定された時点で「違法な行為」である。ただ，水戸五中事件の判決にもあるように，体罰に至らない程度の不法性のない「有形力の行使」とみなされることはあるが，必要最小限度にとどめるべきことはいうまでもない（表12−1）。

　学校施設設備の管理等の瑕疵，つまり，一般に安全な状態を欠いている状態をいうが，この場合も学校の責任が問われる。また，例えば，生徒同士の事故であったり，いじめなど生徒同士で行われることであっても，学校の責任，教員の安全配慮義務が問われることがある。

　日本スポーツ振興センターの災害救済給付を受けるときに，そのけがが学校の管理下で起きたかどうかが重要なポイントになる。例えば，通常の経路方法による通学中は学校の管理下となるが，寄り道等で別の道を通ってそこ

表12-1　水戸五中事件（東京高裁昭56・4・1判決）

　有形力の行使は、そのやり方次第では往々にして、生徒の人間としての尊厳を損ない、精神的屈辱感を与え、ないしは、いたずらに反抗心だけを募らせ、自省作用による自発的人間形成の機会を奪うことになる虞れもあるので教育上の懲戒の手段としては適切でない場合が多く、必要最小限度にとどめることが望ましいといわなければならない。しかしながら、教師が生徒を励ましたり、注意したりするときに肩や背中などを軽くたたく程度の身体的接触（スキンシップ）による方法が相互の親近感ないしは一体感を醸成させる効果をもたらすのと同様に、生徒の好ましからざる行状についてたしなめたり、警告したり、叱責したりするときに、単なる身体的接触よりもやや強度の外的刺激（有形力の行使）を生徒の身体に与えることが、注意事項のゆるがせにできない重大さを生徒に強く意識させると共に、教師の生活指導における毅然たる姿勢・考え方ないしは教育的熱意を相手方に感得させることになって、教育上肝要な注意喚起行為ないしは覚醒行為として機能し、効果があることも明らかであるから、教育作用をしてその本来の機能と効果を教育の場で十分に発揮させるためには、懲戒の方法・形態としては単なる口頭の説教のみにとどまることなく、そのような方法・形態の懲戒によるだけでは微温的に過ぎて感銘力に欠け、生徒に訴える力に乏しいと認められるときは、教師は必要に応じ生徒に対し一定の限度内で有形力を行使することも許されてよい場合があることを認めるのでなければ、教育内容はいたずらに硬直化し、血の通わない形式的なものに堕して、実効的な生きた教育活動が阻害され、ないしは不可能になる虞れがあることも、これまた否定することができないのであるから、いやしくも有形力の行使と見られる外形を持った行為は学校教育上の懲戒行為としては一切許容されないとすることは、本来学校教育法の予想するところではないといわなければならない。（中略）裁判所が教師の生徒に対する有形力の行使が懲戒権の行使として相当と認められる範囲内のものであるかどうかを判断するにあたっては、教育基本法、学校教育法、その他の関係諸法令にうかがわれる基本的な教育原理と教育指針を念頭に置き、さらに生徒の年齢、性別、性格、成育過程、身体的情況、非行等の内容、懲戒の主旨、有形力行使の態様・程度、教育的効果、身体的侵害の大小・結果等を総合して、社会通念に則り、結局は各事例ごとに相当性の有無を具体的・個別的に判定するほかはないものといわざるをえない。

図12-1　学校の管理下で事故が起きる割合

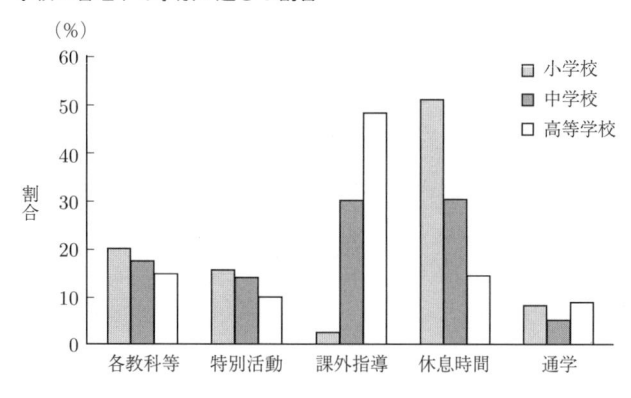

で事故が起こった場合には，学校管理下にならなくなってしまう。登校ルートを明確にしておく必要がある。

　学校で事故が起きる時間帯は，小学校では圧倒的に「休憩時間」である（図12-1）。「休憩時間の先生方の注意義務はどこまであるのか」というのは非常に微妙な問題である。休憩時間は，小学校ならば教室で次の時間の準備をすることもあるが，職員室に戻って次の授業の準備をする等で子どもたちから目を離すこともある。そこで事故が起きる。中学校，高校では当然課外活動で事故が起きる場合が多くなる。

(2) 学校事故をめぐる責任

　学校事故をめぐる責任については，民事上の責任，刑事上の責任が問題になる。公立学校の教員がかかわる場合には，懲戒処分などの行政上の責任が問われる場合もある。民事上の責任が問われる場合は，公立学校では国家賠償法が適用される。

　国家賠償法は，国または地方公共団体の公務員，または地方公務員が損害を与えた場合には，国または地方公共団体が損害を賠償するというのが趣旨である。公立学校の教員は地方公務員であるから適用されるべきだが，第1条に「公権力の行使に当る公務員」という文言がある（表12-2）。これは，学校で授業を行っていることを公権力の行使と解釈しないと適用されない。当初は，それが適用されていなかった事例もあるが，公務員として公務であ

表 12-2　国家賠償法

> 第 1 条　国又は公共団体の公権力の行使に当る公務員が，その職務を行うについて，故意又は過失によつて違法に他人に損害を加えたときは，国又は公共団体が，これを賠償する責に任ずる。
> 2　前項の場合において，公務員に故意又は重大な過失があつたときは，国又は公共団体は，その公務員に対して求償権を有する。
> 第 2 条　道路，河川その他の公の営造物の設置又は管理に瑕疵があつたために他人に損害を生じたときは，国又は公共団体は，これを賠償する責に任ずる。
> 2　前項の場合において，他に損害の原因について責に任ずべき者があるときは，国又は公共団体は，これに対して求償権を有する。

る授業を行っているのであるから，それを適用しないと一番困るのは被害を受けた子どもたちで，治療費も自分で賄わなければならないし，そういう費用を設置者が負担するという趣旨で徐々に適用されるようになり，学校側に落ち度があったとみなされた場合には，設置者が損害賠償を負担することになる。

営造物責任というのは，施設設備が老朽化し，管理が十分でなくて事故が起きた場合の責任である。

その他にも懲戒権（学校教育法第 11 条）を違法に行使したり，暴行罪，傷害罪，業務上過失致死罪をおこした場合は刑事上の責任を問われる。

行政上の責任については，心身の故障・適格性を欠く，刑事事件に関し起訴された場合には，分限処分がなされる場合もあり，刑事上の責任を問われる場合には，懲戒処分が課せられることもあるので，責任の三重苦に問われることもある。

前述のように，公立学校には国家賠償法が適用される。国家賠償法は民法の中の特別法で，いわゆる「公務員のなした行為に対して損害賠償をどうするか」という趣旨でつくられている。民事責任についての基本は民法が定め，その一部分で国家賠償を定めている。私立学校の場合は債務不履行責任が問われることになる。これは学校と生徒との間に在学契約という契約が結ばれているという考えに基づくものである。これは，「授業料を払う代わりに，学校では安全に授業を提供する」という契約であり，「安全でない状態は債務不履行である」ということになる。

公立学校の場合に，公権力行使責任が問われる場合の要件としては，以下のような要素をあげることができる。

- 学校や教師の加害行為が公権力の行使に当たり，かつ教師による加害行為の場合は教師の職務上の行為により生じた。
- 学校や教師に故意か過失がある。
- 加害行為に違法性が認められる。
- 被害生徒の損害が学校や教師の加害行為により生じた。

これらのどれにあたるのかが裁判で争われる。

さらに，**安全配慮義務**を怠った場合にも賠償責任が問われる。安全配慮義務とは，本来は在学契約に付随して発生してくる概念であるので，国・公立学校では，一般に児童生徒の在学関係を在学契約では説明されないため，かつては公務員の特別権力関係論に基づいて解釈されたり，一般社会における閉じられた小さな社会では，一つの法的な秩序が形成されるというような考え方（部分社会論）から，その中における生徒と教員，学校との関係が解釈されている。公立学校や国立学校における教員，学校には，安全配慮義務があるという法的な文言はどの法律にもないが，このことについて1975（昭和50）年に最高裁が判決を示している。すなわち，安全配慮義務は，「ある法律関係に基づいて特別な社会的接触の関係に入った当事者間において，当該法律関係の付随義務として，当事者の一方または双方が相手方に対して信義則上の義務として，一般に認められたもの」（最高裁昭50・2・25）であり，「契約的構成によらなくても，国または地方公共団体は生徒に対して同義務を負」うとされた。公立学校においても安全配慮義務を国・地方公共団体が負うことを，一つの共通理解として考えていかなければならない。

刑事上の**責任能力**と民法上の責任能力では，同じ責任能力でも意味合いが違っており，周知のとおり14歳以上になれば刑事上の責任能力があるが，民法上の責任能力は，学説では12歳程度以上となっているものの，年齢によって画一的には決まっていない。

もともと責任能力とは，「自己の行為が違法なものとして法律上非難されるものであることを弁識しうる能力」ということである。それは，各自の知能であるとか，不法行為の態様，被害者救済の可能性によって異なる。不法行為の態様とは，例えば「人にけがをさせることはまずい」というのは12

歳未満でもわかるが、例えば「名誉毀損」といわれても、その年齢ではわからないと考えるのが自然である。不法行為がどういうものかによっても違うということである。

　加害者が 12 歳未満で、民法上の責任能力がないと判断されると、監督義務者が賠償責任を負うことになる。監督義務者は、第一義的には保護者である。保護者は、一日 24 時間子どもがどこにいようと監督義務者である。それに対して教員が監督義務を負うのは、子どもが学校にいる場合、あるいはその教育監督下にある場合のみである。

　もし、加害者に民法上の責任能力があるとされた場合は、本人が損害賠償を負わなければならない。中学生くらいになれば責任能力はあるとみなされるからである。しかし、本人が損害賠償しなければならないといっても、実質的に保護者が連帯して賠償責任を果たさなければ、被害者が救済されないという問題がでてくる。そこで 20 数年前から、加害者が児童生徒の場合、本人に責任能力があったとしても、保護者は連帯して賠償責任を負うように運用されている。

　事故の原因が、教員の過失や施設設備の瑕疵だけでなく、被害児童・生徒あるいは保護者たる両親等の不注意、あるいは過失にもあるとされた場合には、公平の観点から、その程度に応じて損害賠償額が減額される。十分危険がわかっていて、学校からも注意をされていたにもかかわらず、興味本位で体育館の天井裏に登って天井が抜けて下に落ちたとか、危険性がわかっていても自分からやってしまった場合には、本人にもやはり問題があるということで、賠償額が減額されることがある。

　被害者の過失相殺能力は、事理弁識能力があれば足りるとされている。加害者の事理弁識能力は「これをやったら法的にまずい」というのがわかる能力のことであるが、被害者の場合は「損害を避けるのに必要な能力」のことで、「怖いから逃げる」のも一つの能力である。「自分を危険から逃れさせる能力」を、被害者の事理弁識能力といい、加害者の事理弁識能力とは若干異なる。

(3) 教師の注意義務の範囲

　教師の注意義務の範囲については基本的に二つのポイントがある。一つは

「学校における教育活動及びこれと密接不離な生活関係」に随伴して行われた行為であるということである。次に「学校生活において通常発生することが予測できる場合」がポイントとなる。

　ある事故が起こったとき，その事故がどういう状況の中で起こったのか，最近そういう事故があったのかどうか，そういうことがすべて総合的に判断される。また，その学校では初めての事故であっても，最近いろいろなところでそういう事故が起こっていれば，その情報も十分知っていなければいけないと判断されることは当然にある。

　例えば，そばアレルギーの事件（北海道で，小学校の児童が給食に出たそばを食べて，呼吸困難になり亡くなった事件）がある。当然，その学校では初めてのことであったが，そばアレルギーというのは非常にきついアレルギーであるということは，その時代にはかなり知られていた。本人も保護者も学校も，そばアレルギーをもっていることを知っていたが，給食でそばが配膳されてしまい，本人もうっかり食べてしまった。すぐ保護者に連絡したが，「仕事が忙しくて迎えにいけないので帰らせてくれ」と言われ，その子は一人で自宅に帰宅途中，倒れて亡くなった。この場合，保護者にも問題はあるが，学校側の責任が問われて，学校に賠償責任が課せられている。

　ここでいくつかの事例を紹介する。

① **事例1**
　　小学5年生。放課後教室で図工作品を仕上げていたとき，加害児童の投げた画鋲つき紙飛行機が左目に当たり視力障害に。加害児童の父母と学校設置者に損害賠償請求。
　この事例の場合，担任に安全配慮義務の過失があったかどうかが争点となっているが，裁判所は，「小学校高学年の担任教諭が，放課後一部の児童に対し居残り学習を許可するに当たり，居残り学習を必要としない相当数の児童がなお在室する場合において，その担任児童が法律上責任能力を有しないといっても，小学校高学年ともなれば一応学校生活にも適応し相当の自律能力，判断能力を有しているものであるから，教諭としては，正規の教育活動が終了した以上，危険の発生を予測できる特段の事情がない限り，当該学習終了まで付きっきりで監督する義務を負担するものではないことはもとよ

り，なお在室する学習外児童全員の退室下校を強制又は確認すべき注意義務までを負担するものではないと解するのが相当である」と判断した。

　もし，裁判所が，「危険の発生を予測できる特段の事情がなくても，やはり居残りを許可するならば，担任はそこにいなければいけない」と判断していたら，あるいは，「必要としない相当数の児童については，退室下校を強制又は確認すべきである」と判断していたら，教員は，一人でも児童が残っている場合には，職員室で仕事ができないことになる。あるいは，全員を強制的に押し出して帰らせなければならない状況になる。果たしてそれがいいのかということを考えると，判例のもつ学校への影響は小さくないといえよう。

② 事例2

　　小学1年生。朝，学校に登校し，門のところで友達が来るのを待っていたところ，後ろから折りたたみイスで殴られた。誰がやったかもわからない。

　これは，始業前の場合である。始業前の責任が学校側にあるかどうか，問題になった事例は多くはない。

　学校側に責任があるかどうかをみると，裁判所は，「少なくとも校長は，第一予鈴の時刻から始業開始までの間，校内において，児童間のけんかないしその類似行為による損害事故が発生することのないよう，児童を保護し監督する義務があった」と判断した。この場合，最近そういう事件がよく起こっているということではなかった。けれども，第一予鈴から始業までの間は，放課後とは違って，すでに教育活動に入っているとみなされた。これは非常に厳しい判断であると思われる。この判断は，小学1年生であったからであり，中学生であったらそういう判断はしなかったかもしれない。

　次に，休憩時間の場合である。休憩時間は，「教育活動がなされる時間ではなく，一応生徒が各自自由に過ごしうる時間ではあるが，授業時間の合間であり，教員，生徒は休憩，あるいは授業の整理，準備等をするのが通常であって，学校における教育活動が終了し，生徒が下校することが予定されている放課後や自宅にいるのとは違って，学校教育活動と質的，時間的に密接な関係を有し，休憩時間中の生徒の行為であるからといって，教員の監督が

及ばないと解するのは相当ではない」とされ，教員の監督は及ぶとされている。ただ，休み時間は教師も職員室で休息したり，授業の準備などにあてたりする時間でもあり，その時間は教師の注意義務は軽減される。

休憩時間に最近，事件や事故が時々起きていて，通常発生することが予測できるような場合は，休み時間中もできるかぎり注意をするような，何らかの対応が必要である。

次はクラブ活動の場合である。クラブ活動は，「教員の勤務時間を超えて実施される場合においても，これを実施する限り，指導担当教師は，勤務時間外においてもその職務上の義務として生徒の生命自体の安全について万全の注意を払うべきである。ただし，学校の教育計画外で児童生徒が自主的に集まって練習を行った場合は別である」とされる。自主的に集まったり，朝の練習の開始時間より前に来て練習を始めた場合に，そこで事故が起きたらどうなのかというと，勤務時間外でも一応職務上の義務として，教員には生徒の安全について注意を払う義務がある。しかしそれが，教育計画外，要するに予定外の時間帯で行われた場合に，教員の安全配慮義務の範囲を越えていると判断される。

学校の注意義務の内容や程度は，小学校，中学校，高校，大学，幼稚園で，大きく異なる。高校生ぐらいになれば，大人と同じくらいの判断能力があるとみなされ，責任能力も当然あり，危険からの回避能力もあるとみなされる。けれども，小・中学生は，まだそこのところが十分ではないので，教員の注意義務は，相当高度なものになる。

③ **事例3**

> 中学1年生。夏季休業中の登山旅行において，旅館の近くの広場で花火大会が実施され，広場から旅館に帰る途中，除雪溝に落下し，死亡した。

この事例では，教員は下見で危険箇所がないか見ている。ところが除雪溝には気づかなかった。旅館側がきちんと指示すればよかったのであるが，実は下見の段階では，花火大会の予定は決まっていなかったのである。夜，生徒が外出する予定はなかったので，旅館側は，除雪溝のことを何も告げなかった。学校側が，子どもが除雪溝のほうへ行ってしまう危険性を先に予測

して，危険な箇所をきちんと知っておくべきであったとされた。

　裁判所は「幼児や小学校低学年の児童と比較すれば，心身の発達も相当進み，判断力，行動能力も備わりつつあるから，生徒自身が危険箇所の発見，危険回避の行動，自己規制等をある程度なしうることは期待できるけれども，心身の発達程度は成人に比して未熟であるから，教職員に課せられた注意義務は相当程度高度のものというべきであり，13歳前後の通常の判断力，行動力によってもなお危険発生の可能性がある箇所を早期に発見し，生徒に適切な注意を与え，その行動を監視して，生徒の生命，身体の安全を確保すべき注意義務がある」と判断した。危険箇所を見落としたことへの過失が問われた事例である。

④　事例4
　　高校1年生の男子生徒が，授業中気分が悪くなって保健室へ行った。養護教諭は，一過性の食あたりと判断し，生徒を寝かせ，他の校務につき，30分後に保健室に戻ると生徒の容態が急変し，急性心停止ということで亡くなった。

　養護教諭にかかわる事例として，このようなものがある。

　30分間目を離したことについて，養護教諭の過失が問われた。この場合の「他の校務」とは，委員会に出なければならなかったということであった。具合の悪い生徒を寝かせ，食あたりと判断し，実際生徒はベッドですぐ寝入ってしまったような状況であった。こうした場合，死因について解剖所見をとるが，亡くなった親御さんのショックが大きく，解剖を拒否された。そのため，死亡原因について詳しく調べることができなかった。最終的に，すぐに病院に連れて行かなかったことについて，死因との因果関係を証明することができなかった。少なくとも，30分間放置したという過失については，認められたという事例である。

　判決理由の中で，「生徒の救急看護に当たることを職務とする養護教諭としては，やはり，体温，脈拍の測定，簡単な問診はもとより，その後も細心の注意を払い，急変に備え少なくとも半時間も病人の側を離れるようなことはなく，必要とみれば臨機の措置，すなわち，医師への連絡，担任教師，家庭への連絡をする心構えでおり，無事気分回復を見届けるのが当然である」

「学校の養護教諭たる者は，その職務の特殊性の故に，個々の生徒について，場合によっては，その保護者（両親）以上の予見能力をもってその病状の推移について注意を払うべき義務を存すると解すべきである」とある。

問題として，伊藤進氏によれば，「事故が生じた場合にそれを養護教諭の個人過失の問題としてのみ捉えることは妥当ではなく，組織過失として捉えていくことも必要である」とされている。つまり，養護教諭は校務がなかったら，その生徒の側にいたかったわけである。

もし，養護教諭が生徒の側におり，病状変化に気づき，ただちに医者を呼び，相応の手当てを施したとすれば，その結果，果たして一命をとりとめたか，または多少とも死に至る時間を長らえることができたかということについて，解剖所見が得られなかったことや，医学の水準に照らし，因果関係を判断することができないと否定している。

⑤ 事例5

小学4年生。鍵のかかっていない体育館の天井裏に入り，天井板を踏み抜き床に落下し死亡。学校は注意をしていたが事故前にも落下事故があった。防止措置としては張り紙のみだった。

これは，事故発生の予見可能性をめぐっての事例である。

この事例で裁判所は，判断力に乏しい反面，好奇心と行動力が旺盛で怖いもの知らずの児童が，学校側の注意に反して鉄はしごを登り天井裏に入って遊ぶことは十分予測しえたと考えるべきである。学校は児童が天井裏に入ることができないような措置を講じておくべきだった。一方で，児童にも3割の過失があると判断されている。

予見可能性に関連しては，いわき小川中のいじめ自殺事件をとりあげる必要がある。この事例では，学校に何らかの真剣な訴えがあったときには，学校にはその子の安全に配慮する義務が発生すると判断された。自殺する予見可能性があるかないかに関係なく，学校側には責任があるということである。

（4）学校事故への対応

学校で事故が起こった場合には，それに対しての状況把握と，どのように

対応したかを記録して残しておくことが特に重要であり，求められている。なぜ，記録が重要なのかというと，一つは医療機関で治療するための不可欠な情報として重要であるということと，もう一つは損害賠償，請求訴訟が起こった場合の事実認定に使われるということである。養護教諭もしくは学校行事などに引率した看護師の診療記録が，事実確認の際に使われるという事例がある。

　自分の子どもが亡くなったり，けがをしたりしたというときに，いったいどんなことが起こったのか知りたいのは自然なことである。訴訟により事実がわかる。請求をしていくらかお金を貰いたいということではなく，自分の子どもにいったい何が起こったのかを明らかにしたいのである。学校としては事実関係を伝えているつもりでも，親としては十分に伝えてもらっていない，納得できないということが結構あるということである。

[窪田眞二]

【引用・参考文献】
伊藤進・織田博子　『解説学校事故』　三省堂　1992
窪田眞二・小川友次　『教育法規便覧（平成22年版）』　学陽書房　2009

第13章

教育改革の動向

13-1 教員養成・免許制度の見直し

　法律で定める学校で教員として教壇に立つためには，前述のように原則として教員免許状を取得していなければならない。

　中央教育審議会義務教育特別部会答申（2005年10月26日）で，教員免許状を取得した後も，社会状況の変化等に対応して，その時々で求められる教師として必要な資質能力が確実に保持されるよう，定期的に資質能力の必要な刷新（リニューアル）を図ることが必要であるとの提言がなされ，一気に**教員免許更新制**の導入が進展し，2009（平成21）年4月から本格的に実施されている（表13-1）。教員の資質については，指導が不適切な教員の人事管理の厳格化を求める声も強くあったことから，答申では，「我が国の教師の指導力が高いことについて正当な評価がなされないまま，教師に対する不信感のみから教員免許更新制を導入するのであれば，教師の意欲を喪失させる恐れがある。このため，教師の意欲を高める視点が必要であり，教員免許更新制の導入により，教師への人材登用の途を狭めることや，教師の身分を不安定にしたり，過剰な負担感を与え教職の魅力を低下させることのないよう留意する必要がある」との説明がみられる。

表13−1　免許更新制の制度設計

①	教員免許状に10年間の有効期限を定める
②	国公私立の別を問わずすべての教員について，大学等が開設する講習を受講し修了することによって免許状が更新
③	勤務実績等により講習の受講を免除とすることが可能
④	講習を修了できない教員の免許状は失効

13−2　学校評価制度の導入

　規制緩和政策の特徴として，「事前規制行政から事後チェック型行政への転換」がある。規制をゆるめた結果として，公共事業が適正に実施されているかを事後に評価して判断するというものである。学校にさまざまな権限が委譲されることに伴い，必要な説明責任の明確化が求められる。一方，学校を競争的環境の中におくことにより，教育の活性化を図る必要があるとの主張から学校評価が論じられることもある。どちらの立場に立つかで，学校評価の在り方は大きく異なるものとなろうが，短期・中期の目標を立てて，それに向けて組織的に取り組み，評価に基づいて，改善課題を明確化するという仕組みづくりは，いまやどの学校でも避けて通れないものとなっている（表13−2）。

表13−2　学校評価の三つの方法

①	自己評価　　校長のリーダーシップの下で，当該学校の全教職員が参加し，予め設定した目標や具体的計画等に照らして，その達成状況の把握や取組の適切さ等について評価を行う。
②	学校関係者評価（外部評価）　　保護者（PTA役員等），学校評議員，地域住民，接続する学校の教職員その他の学校関係者などの外部評価者により構成された委員会等が，当該学校の教育活動の観察や意見交換等を通じて，自己評価結果を踏まえて評価を行う。
③	第三者評価　　当該学校に直接かかわりをもたない専門家等が，自己評価及び学校関係者評価（外部評価）結果等を資料として活用しつつ，教育活動その他の学校運営全般について，専門的・客観的立場から評価を行う。

出典）学校評価の推進に関する調査研究協力者会議第一次報告（2007年8月）

経済財政運営と構造改革に関する基本方針（骨太の方針）2005 では，「評価の充実，多様性の拡大，競争と選択の導入の観点をも重視して，今後の教育改革を進める。（中略）教員人事権移譲など市町村の責任の確立，保護者・地域住民の学校運営への参画を図る。また，学校長への権限移譲の推進や教育委員会の関与の見直しなどを図り，現場主義を徹底する。その際，成果についての事後評価を厳格に行う」とされた。一方，中教審初中教育分科会地方教育行政部会（2004 年 7 月）のまとめでは，学校評価について「学校評価は，保護者・地域・学校の三者が情報を共有し，学校運営に共同参画することを目的とすべき。学校の序列化につながってはいけない」との指摘があり，若干のニュアンスの差異がみられる。

　学校の自己評価は，2002（平成 14）年の小学校（中学校）設置基準により新規に規定されることとなり，他校種の設置基準にも同様の規定が新設された。2002 年度中に自己評価を行った公立学校はすでに 88.4％に上り，2006（平成 18）年度の調査では，公立学校では 98.0％に達している（私立学校では 2006 年度でも 54.7％）。

　2007（平成 19）年 6 月の学校教育法改正により，学校評価と情報提供に関する規定が設けられ，小学校等の設置基準の規定が法律に格上げされ，施行規則も同年 12 月に改正され，学校評価に関する法規定が整備されている（表 13-3 参照）。

　2006（平成 18）年 3 月に義務教育諸学校における学校評価ガイドラインが策定され，2008（平成 20）年 1 月には改定されて新たに高等学校をガイドラインの対象に加えるとともに，学校の事務負担の軽減を図ること，学校評価の取組がより実効性が高まるように行われることが強調されている。網羅的で細かなチェックとして行うのではなく，重点化された目標を設定し精選して実施すべきことが指摘されている。また，保護者による評価と積極的な情報提供による学校・家庭・地域の連携協力の促進が強調され，従来の「外部評価」を「**学校関係者評価**」に改めるとともに，評価者に保護者を加えることを基本とするとされ，学校評価の結果を設置者に報告することにより，設置者が学校に対して適切に人事・予算上の支援・改善策を講じることの重要性が強調されている。

表13-3 学校評価関連規定

学校教育法の学校評価関連規定
第42条　小学校は，文部科学大臣の定めるところにより当該小学校の教育活動その他の学校運営の状況について評価を行い，その結果に基づき学校運営の改善を図るため必要な措置を講ずることにより，その教育水準の向上に努めなければならない。
第43条　小学校は，当該小学校に関する保護者及び地域住民その他の関係者の理解を深めるとともに，これらの者との連携及び協力の推進に資するため，当該小学校の教育活動その他の学校運営の状況に関する情報を積極的に提供するものとする。
学校教育法施行規則の学校評価関連規定
第66条　小学校は，当該小学校の教育活動その他の学校運営の状況について，自ら評価を行い，その結果を公表するものとする。
2　前項の評価を行うに当たつては，小学校は，その実情に応じ，適切な項目を設定して行うものとする。
第67条　小学校は，前条第1項の規定による評価の結果を踏まえた当該小学校の児童の保護者その他の当該小学校の関係者（当該小学校の職員を除く。）による評価を行い，その結果を公表するよう努めるものとする。
第68条　小学校は，第66条第1項の規定による評価の結果及び前条の規定により評価を行つた場合はその結果を，当該小学校の設置者に報告するものとする。

13-3　教育法改正の動向

(1) 教育基本法

　教育基本法は，1947（昭和22）年に制定されてから初めての改正が2006（平成18）年12月に行われた。理念・目的・目標についてみると，前文に「公共の精神」の尊重，「豊かな人間性と創造性」「伝統の継承」といった文言が加わり，目的から「個人の価値」「自主的精神に充ちた」が削除され，教育の目標（第2条）の中の項目として規定されることとなった。また，「公共の精神」「生命，自然，環境」等の目標項目が加えられるとともに，**「我が国と郷土を愛するとともに，他国を尊重」**する態度が目標として規定されている。

　教育の機会均等や義務教育については，障害のある者が十分な教育を受けられるよう，教育上必要な支援を講ずべきことが追加規定されたほか，義務教育で「各個人の有する能力を伸ばしつつ」との文言が追加され，続いて

「社会において自立的に生きる基礎を培い，また，国家及び社会の形成者として必要とされる基本的な資質を養うこと」を義務教育の目的として規定している。

学校教育や教員に関する規定としては，教育を受ける者が「学校生活を営む上で必要な規律」と「自ら進んで学習に取り組む意欲を高めること」を重視すると規定されたことや，教員の身分についての規定が独立し，「養成と研修の充実が図られなければならない」を追加規定したことなどが特徴である。

教育行政については，教育は，不当な支配に服することなく，この法律及び他の法律の定めるところにより行われるべきものとされ，従来の規定にあった「諸条件の整備確立」の文言が削除された。

その他，新設条文として，生涯学習の理念（第3条），大学（第7条），私立学校（第8条），家庭教育（第10条），幼児期の教育（第11条），学校，家庭及び地域住民等の相互の連携協力（第13条），教育振興基本計画（第17条）が加わっている。一方，男女共学（旧法第5条）の規定が廃止された。

（2）学校教育法

学校教育法は毎年のように一部改正が行われてきたが，2007（平成19）年6月の改正は条文番号も大幅に変更される大規模なものであった。

その主な内容としては，第一に，**各学校種の目的及び目標の見直し等**があげられる。まず，学校種の規定順が，従来は幼稚園を最後にあげていたが，これを最初に規定したうえで，新たに義務教育の目標を定め，幼稚園から大学までの各学校種の目的・目標が刷新された。各学校種ごとに規定していた学校の目的・目標を「義務教育として行われる普通教育」の目標として一括して規定した。

第二に，**副校長等の新しい職の設置**があげられる。副校長（副園長）は，校長（園長）を助け，命を受けて校務（園務）をつかさどる職として，主幹教諭は，校長（園長）及び教頭を助け，命を受けて校務（園務）の一部を整理するとともに，児童生徒の教育（幼児の保育）をつかさどる職として，そして指導教諭は，児童生徒の教育（幼児の保育）をつかさどるとともに，他の教諭等に対して，教育指導（保育）の改善・充実のために必要な指導・助

言を行う職として新設された。

　第三に，**大学等の履修証明制度**があげられる。社会人等を対象とした特別の課程（教育プログラム）を履修した者に対して大学等が証明書を交付できることが規定された。「我が国の高等教育の将来像」（平成17年中教審答申）での大学の社会貢献に関する提言を受け，中教審大学分科会では，大学等における教育研究成果を広く社会に提供する手段の一つとして，履修証明の制度化を図ることを提言したことがこの背景としてある。

　このほか，前述の**学校評価と情報提供に関する規定の整備**があげられる（13-2節の(2)を参照のこと）。

（3）地方教育行政の組織及び運営に関する法律の一部を改正する法律

　10-4節に示した教育行政をめぐる課題への対応として，上述の学校教育法改正と合わせて本法律の改正が行われた（表13-4）。

　その主な内容としては，第一に，**教育委員会の責任体制の明確化**である。まず，地方教育行政の基本理念が明記された。そして，教育委員会の事務のうち，教育長に委任することができない事項を，合議制の教育委員会が自ら管理執行する必要がある事項として規定した。また，教育委員会は学識経験者の知見を活用し，活動状況の点検・評価を行うことが規定された。

　第二に，**教育委員会の体制の充実**である。市町村は近隣の市町村と協力して教育委員会の共同設置等の連携を進め，教育行政の体制の整備・充実に努めること，市町村教育委員会は指導主事を置くように努めること，教育委員の責務を明確化し，国・都道府県が教育委員の研修等を進めることなどが規定された。

表13-4　教育委員会が自ら管理執行すべき事項

① 教育に関する事務の管理及び執行の基本的な方針に関すること。
② 教育委員会規則その他教育委員会の定める規程の制定又は改廃に関すること。
③ 教育委員会の所管に属する学校その他の教育機関の設置及び廃止に関すること。
④ 教育委員会及び教育委員会の所管に属する学校その他の教育機関の職員の任免その他の人事に関すること。
⑤ 次条の規定による点検及び評価に関すること。
⑥ 第29条に規定する意見の申出に関すること。

第三に，**教育における地方分権の推進**である。教育委員の数を弾力化し，教育委員への保護者の選任を義務化する規定が設けられた。また，文化・スポーツの事務を首長が担当できることとなった。現実には都道府県ではほとんどが知事に移管されていることを受けた規定である。さらに，県費負担教職員の転任について，市町村をまたぐ転任の場合は，従来と同様に市町村教育委員会の「内申をまって」都道府県教委が転任の発令を行うが，同一市町村内の転任については，市町村教育委員会の「内申に基づき」，都道府県教育委員会が行うこととされた。

　第四に，**教育における国の責任の果たし方**に関する規定があげられる。教育委員会の法令違反や怠りによって，緊急に生徒等の生命・身体を保護する必要が生じ，他の措置によってはその是正を図ることが困難な場合，文部科学大臣は是正・改善の「指示」ができること，また，教育委員会の法令違反や怠りによって，生徒等の教育を受ける権利が侵害されていることが明らかである場合，文部科学大臣は，講ずべき措置の内容を示して，地方自治法の「是正の要求」を行うものとすると規定された。

　第五に，**私立学校に関する教育行政**についての規定があげられる。知事は，私立学校に関する事務について，必要と認めるときは，教育委員会に対し，学校教育に関する専門的事項について助言・援助を求めることができることなった。法案提出直前まで「指導」だったが「助言・援助」の文言となった。

　以上の二法のほか，**教育職員免許法及び教育公務員特例法の改正**（13-1節を参照のこと）が加わって「教育関連三法」改正とよばれる。

［窪田眞二］

【引用・参考文献】

窪田眞二・小川友次　『教育法規便覧（平成22年版）』　学陽書房　2009

窪田眞二 監修／学校教育課題研究会 編著　『教育課題便覧（平成22年版）』　学陽書房　2009

◆ 付　　録 ◆

注）法令中の「条」「項」「号」などの漢数字は算用数字を用いた。「条」に続くカッコ内は見出しを示す（法令に付されているものは（　）内に，便宜的に付したものは〔　〕内に示す）。法令に付されている見出しの位置は，「条」の後に移動した。「項」は丸囲み数字を示した（①，②……は法令に付されているもの，❶，❷……は便宜的に付したもの）。「号」は法令では漢数字表記であるが，ここでは四角囲み数字で示した（1, 2……）。

◆ 学事奨励に関する被仰出書（「学制」序文）

　　　　明治5年8月2日（太陽暦明治5年9月5日）太政官布告214

　人々自ラ其身ヲ立テ其産ヲ治メ其業ヲ昌ニシテ以テ其生ヲ遂ル所以ノモノハ他ナシ身ヲ脩メ智ヲ開キ才藝ヲ長スルニヨルナリ而テ其身ヲ脩メ智ヲ開キ才藝ヲ長スルハ學ニアラサレハ能ハス是レ學校ノ設アル所以ニシテ日用常行言語書算ヲ初メ士官農商百工技藝及ヒ法律政治天文醫療等ニ至ル迄凡人ノ營ムトコロノ事學アラサルハナシ人能ク其才ノアル所ニ應シ勉勵シテ之ニ從事シ而シテ後初テ生ヲ治メ産ヲ興シ業ヲ昌ニスルヲ得ヘシサレハ學問ハ身ヲ立ルノ財本共云ヘキ者ニシテ人タルモノ誰カ學ハスシテ可ナランヤ夫ノ道路ニ迷ヒ飢餓ニ陷リ家ヲ破リ身ヲ喪ノ徒ノ如キハ畢竟不學ヨリシテカヽル過チヲ生スルナリ從來學校ノ設アリテヨリ年ヲ歷ルコト久シト雖トモ或ハ其道ヲ得サルヨリシテ人其方向ヲ誤リ學問ハ士人以上ノ事トシ農工商及ヒ婦女子ニ至ツテハ之ヲ度外ニヲキ學問ノ何物タルヲ辨セス又士人以上ノ稀ニ學フ者モ動モスレハ國家ノ爲ニスト唱ヘ身ヲ立ルノ基タルヲ知ラスシテ或ハ詞章記誦ノ末ニ趨リ空理虛談ノ途ニ陷リ其論高尚ニ似タリト雖トモ之ヲ身ニ行ヒ事ニ施スコト能ハサルモノ少カラス是即チ沿襲ノ習弊ニシテ文明普ネカラス才藝ノ長セスシテ貧乏破産喪家ノ徒多キ所以ナリ是故ニ人タルモノハ學ハスンハ有ヘカラス之ヲ學フニハ宜シク其旨ヲ誤ルヘカラス之ニ依テ今般文部省ニ於テ學制ヲ定メ追々敎則ヲモ改正シ布告ニ及フヘキニツキ自今以後一般ノ人民華士族卒農工商及婦女子必ス邑ニ不學ノ戸ナク家ニ不學ノ人ナカラシメン事ヲ期ス人ノ父兄タル者宜シク此意ヲ體認シ其愛育ノ情ヲ厚クシ其子弟ヲシテ必ス學ニ從事セシメサルヘカラサルモノナリ高上ノ學ニ至テハ其人ノ材能ニ任カスト雖トモ幼童ノ子弟ハ男女ノ別ナク小學ニ從事セシメサルモノハ其父兄ノ越度タルヘキ事

　但從來沿襲ノ弊學問ハ士人以上ノ事トシ國家ノ爲ニスト唱フルヲ以テ學費及其衣食ノ用ニ至ル迄多ク官ニ依賴シ之ヲ給スルニ非サレハ學ハサル事ト思ヒ一生ヲ自棄スルモノ少カラス是皆惑ヘルノ甚シキモノナリ自今以後此等ノ弊ヲ改メ一般ノ人民他事ヲ拋チ自ラ奮テ必ス學ニ從事セシムヘキ樣心得ヘキ事

　右之通被　仰出候條地方官ニ於テ邊隅小民ニ至ル迄不洩樣便宜解譯ヲ加ヘ精細申諭文部省規則ニ隨ヒ學問普及致候樣方法ヲ設可施行事

付　　録　　191

◆ 教育ニ関スル勅語

朕惟フニ我カ皇祖皇宗國ヲ肇ムルコト宏遠ニ徳ヲ樹ツルコト深厚ナリ我カ臣民克ク忠ニ克ク孝ニ億兆心ヲ一ニシテ世世厥ノ美ヲ濟セルハ此レ我カ國體ノ精華ニシテ教育ノ淵源亦實ニ此ニ存ス爾臣民父母ニ孝ニ兄弟ニ友ニ夫婦相和シ朋友相信シ恭儉己レヲ持シ博愛衆ニ及ホシ學ヲ修メ業ヲ習ヒ以テ智能ヲ啓發シ德器ヲ成就シ進テ公益ヲ廣メ世務ヲ開キ常ニ國憲ヲ重シ國法ニ遵ヒ一旦緩急アレハ義勇公ニ奉シ以テ天壤無窮ノ皇運ヲ扶翼スヘシ是ノ如キハ獨リ朕カ忠良ノ臣民タルノミナラス又以テ爾祖先ノ遺風ヲ顯彰スルニ足ラン斯ノ道ハ實ニ我カ皇祖皇宗ノ遺訓ニシテ子孫臣民ノ俱ニ遵守スヘキ所之ヲ古今ニ通シテ謬ラス之ヲ中外ニ施シテ悖ラス朕爾臣民ト俱ニ拳々服膺シテ咸其德ヲ一ニセンコトヲ庶幾フ

　　　　明治 23 年 10 月 30 日
　　御名　御璽

◆ 日本国憲法（抄）

　　　　昭和 21 年 11 月 3 日憲法

　日本国民は，正当に選挙された国会における代表者を通じて行動し，われらとわれらの子孫のために，諸国民との協和による成果と，わが国全土にわたつて自由のもたらす恵沢を確保し，政府の行為によつて再び戦争の惨禍が起こることのないやうにすることを決意し，ここに主権が国民に存することを宣言し，この憲法を確定する。そもそも国政は，国民の厳粛な信託によるものであつて，その権威は国民に由来し，その権力は国民の代表者がこれを行使し，その福利は国民がこれを享受する。これは人類普遍の原理であり，この憲法はかかる原理に基くものである。われらは，これに反する一切の憲法，法令及び詔勅を排除する。

　日本国民は，恒久の平和を念願し，人間相互の関係を支配する崇高な理想を深く自覚するのであつて，平和を愛する諸国民の公正と信義に信頼して，われらの安全と生存を保持しようと決意した。われらは，平和を維持し，専制と隷従，圧迫と偏狭を地上から永遠に除去しようと努めてゐる国際社会において，名誉ある地位を占めたいと思ふ。われらは，全世界の国民が，ひとしく恐怖と欠乏から免かれ，平和のうちに生存する権利を有することを確認する。

　われらは，いづれの国家も，自国のことのみに専念して他国を無視してはならないのであつて，政治道徳の法則は，普遍的なものであり，この法則に従ふことは，自国の主権を維持し，他国と対等関係に立たうとする各国の責務であると信ずる。

　日本国民は，国家の名誉にかけ，全力をあげてこの崇高な理想と目的を達成することを誓ふ。

第 11 条〔基本的人権の享有と性質〕　　国民は，すべての基本的人権の享有を妨げられない。この憲法が国民に保障する基本的人権は，侵すことのできない永久の権利として，現在及び将来の国民に与へられる。

第 13 条〔個人の尊重，生命・自由・幸福追求の権利の尊重〕　　すべて国民は，個人

として尊重される。生命，自由及び幸福追求に対する国民の権利については，公共の福祉に反しない限り，立法その他の国政の上で，最大の尊重を必要とする。

第14条〔法の下の平等〕　すべて国民は，法の下に平等であつて，人種，信条，性別，社会的身分又は門地により，政治的，経済的又は社会的関係において，差別されない。
❷　（以下略）

第15条〔公務員の性質，普通選挙と秘密投票の保障〕　　（略）
❷　すべて公務員は，全体の奉仕者であつて，一部の奉仕者ではない。
❸　（以下略）

第19条〔思想及び良心の自由〕　思想及び良心の自由は，これを侵してはならない。

第20条〔信教の自由〕　信教の自由は，何人に対してもこれを保障する。いかなる宗教団体も，国から特権を受け，又は政治上の権力を行使してはならない。
❷　何人も，宗教上の行為，祝典，儀式又は行事に参加することを強制されない。
❸　（略）

第21条〔集会・結社・表現の自由，検閲の禁止，通信の秘密〕　集会，結社及び言論，出版その他一切の表現の自由は，これを保障する。
❷　検閲は，これをしてはならない。通信の秘密は，これを侵してはならない。

第23条〔学問の自由〕　学問の自由は，これを保障する。

第25条〔生存権〕　すべて国民は，健康で文化的な最低限度の生活を営む権利を有する。
❷　（略）

第26条〔教育を受ける権利，教育の義務，義務教育の無償〕　すべて国民は，法律の定めるところにより，その能力に応じて，ひとしく教育を受ける権利を有する。
❷　すべて国民は，法律の定めるところにより，その保護する子女に普通教育を受けさせる義務を負ふ。義務教育は，これを無償とする。

◆ 教育基本法

　　　平成18年12月22日法律第120号

教育基本法（昭和22年法律第25号）の全部を改正する。

　我々日本国民は，たゆまぬ努力によって築いてきた民主的で文化的な国家を更に発展させるとともに，世界の平和と人類の福祉の向上に貢献することを願うものである。

　我々は，この理想を実現するため，個人の尊厳を重んじ，真理と正義を希求し，公共の精神を尊び，豊かな人間性と創造性を備えた人間の育成を期するとともに，伝統を継承し，新しい文化の創造を目指す教育を推進する。

　ここに，我々は，日本国憲法の精神にのっとり，我が国の未来を切り拓く教育の基本を確立し，その振興を図るため，この法律を制定する。

第1章　教育の目的及び理念
第1条（教育の目的）　教育は，人格の完成を目指し，平和で民主的な国家及び社会の形成者として必要な資質を備えた心身ともに健康な国民の育成を期して行われなければならない。

第2条（教育の目標）　教育は，その目的を実現するため，学問の自由を尊重しつつ，次に掲げる目標を達成するよう行われるものとする。

1. 幅広い知識と教養を身に付け，真理を求める態度を養い，豊かな情操と道徳心を培うとともに，健やかな身体を養うこと。
2. 個人の価値を尊重して，その能力を伸ばし，創造性を培い，自主及び自律の精神を養うとともに，職業及び生活との関連を重視し，勤労を重んずる態度を養うこと。
3. 正義と責任，男女の平等，自他の敬愛と協力を重んずるとともに，公共の精神に基づき，主体的に社会の形成に参画し，その発展に寄与する態度を養うこと。
4. 生命を尊び，自然を大切にし，環境の保全に寄与する態度を養うこと。
5. 伝統と文化を尊重し，それらをはぐくんできた我が国と郷土を愛するとともに，他国を尊重し，国際社会の平和と発展に寄与する態度を養うこと。

第3条（生涯学習の理念）　国民一人一人が，自己の人格を磨き，豊かな人生を送ることができるよう，その生涯にわたって，あらゆる機会に，あらゆる場所において学習することができ，その成果を適切に生かすことのできる社会の実現が図られなければならない。

第4条（教育の機会均等）　すべて国民は，ひとしく，その能力に応じた教育を受ける機会を与えられなければならず，人種，信条，性別，社会的身分，経済的地位又は門地によって，教育上差別されない。

② 国及び地方公共団体は，障害のある者が，その障害の状態に応じ，十分な教育を受けられるよう，教育上必要な支援を講じなければならない。

③ 国及び地方公共団体は，能力があるにもかかわらず，経済的理由によって修学が困難な者に対して，奨学の措置を講じなければならない。

第2章　教育の実施に関する基本
第5条（義務教育）　国民は，その保護する子に，別に法律で定めるところにより，普通教育を受けさせる義務を負う。

② 義務教育として行われる普通教育は，各個人の有する能力を伸ばしつつ社会において自立的に生きる基礎を培い，また，国家及び社会の形成者として必要とされる基本的な資質を養うことを目的として行われるものとする。

③ 国及び地方公共団体は，義務教育の機会を保障し，その水準を確保するため，適切な役割分担及び相互の協力の下，その実施に責任を負う。

④ 国又は地方公共団体の設置する学校における義務教育については，授業料を徴収しない。

第6条（学校教育）　法律に定める学校は，公の性質を有するものであって，国，地方公共団体及び法律に定める法人のみが，これを設置することができる。

② 前項の学校においては，教育の目標が達成されるよう，教育を受ける者の心身の

発達に応じて，体系的な教育が組織的に行われなければならない。この場合において，教育を受ける者が，学校生活を営む上で必要な規律を重んずるとともに，自ら進んで学習に取り組む意欲を高めることを重視して行われなければならない。

第7条（大学）　大学は，学術の中心として，高い教養と専門的能力を培うとともに，深く真理を探究して新たな知見を創造し，これらの成果を広く社会に提供することにより，社会の発展に寄与するものとする。

② 大学については，自主性，自律性その他の大学における教育及び研究の特性が尊重されなければならない。

第8条（私立学校）　私立学校の有する公の性質及び学校教育において果たす重要な役割にかんがみ，国及び地方公共団体は，その自主性を尊重しつつ，助成その他の適当な方法によって私立学校教育の振興に努めなければならない。

第9条（教員）　法律に定める学校の教員は，自己の崇高な使命を深く自覚し，絶えず研究と修養に励み，その職責の遂行に努めなければならない。

② 前項の教員については，その使命と職責の重要性にかんがみ，その身分は尊重され，待遇の適正が期せられるとともに，養成と研修の充実が図られなければならない。

第10条（家庭教育）　父母その他の保護者は，子の教育について第一義的責任を有するものであって，生活のために必要な習慣を身に付けさせるとともに，自立心を育成し，心身の調和のとれた発達を図るよう努めるものとする。

② 国及び地方公共団体は，家庭教育の自主性を尊重しつつ，保護者に対する学習の機会及び情報の提供その他の家庭教育を支援するために必要な施策を講ずるよう努めなければならない。

第11条（幼児期の教育）　幼児期の教育は，生涯にわたる人格形成の基礎を培う重要なものであることにかんがみ，国及び地方公共団体は，幼児の健やかな成長に資する良好な環境の整備その他適当な方法によって，その振興に努めなければならない。

第12条（社会教育）　個人の要望や社会の要請にこたえ，社会において行われる教育は，国及び地方公共団体によって奨励されなければならない。

② 国及び地方公共団体は，図書館，博物館，公民館その他の社会教育施設の設置，学校の施設の利用，学習の機会及び情報の提供その他の適当な方法によって社会教育の振興に努めなければならない。

第13条（学校，家庭及び地域住民等の相互の連携協力）　学校，家庭及び地域住民その他の関係者は，教育におけるそれぞれの役割と責任を自覚するとともに，相互の連携及び協力に努めるものとする。

第14条（政治教育）　良識ある公民として必要な政治的教養は，教育上尊重されなければならない。

② 法律に定める学校は，特定の政党を支持し，又はこれに反対するための政治教育その他政治的活動をしてはならない。

第15条（宗教教育）　宗教に関する寛容の態度，宗教に関する一般的な教養及び宗教の社会生活における地位は，教育上尊重されなければならない。

② 国及び地方公共団体が設置する学校は，特定の宗教のための宗教教育その他宗教的活動をしてはならない。

第3章 教育行政

第16条（教育行政）　教育は，不当な支配に服することなく，この法律及び他の法律の定めるところにより行われるべきものであり，教育行政は，国と地方公共団体との適切な役割分担及び相互の協力の下，公正かつ適正に行われなければならない。

② 国は，全国的な教育の機会均等と教育水準の維持向上を図るため，教育に関する施策を総合的に策定し，実施しなければならない。

③ 地方公共団体は，その地域における教育の振興を図るため，その実情に応じた教育に関する施策を策定し，実施しなければならない。

④ 国及び地方公共団体は，教育が円滑かつ継続的に実施されるよう，必要な財政上の措置を講じなければならない。

第17条（教育振興基本計画）　政府は，教育の振興に関する施策の総合的かつ計画的な推進を図るため，教育の振興に関する施策についての基本的な方針及び講ずべき施策その他必要な事項について，基本的な計画を定め，これを国会に報告するとともに，公表しなければならない。

② 地方公共団体は，前項の計画を参酌し，その地域の実情に応じ，当該地方公共団体における教育の振興のための施策に関する基本的な計画を定めるよう努めなければならない。

第4章 法令の制定

第18条　この法律に規定する諸条項を実施するため，必要な法令が制定されなければならない。

附則（抄）

（施行期日）

① この法律は，公布の日から施行する。

◆ 教育基本法（旧法）

昭和22年3月31日法律第25号

われらは，さきに，日本国憲法を確定し，民主的で文化的な国家を建設して，世界の平和と人類の福祉に貢献しようとする決意を示した。この理想の実現は，根本において教育の力にまつべきものである。

われらは，個人の尊厳を重んじ，真理と平和を希求する人間の育成を期するとともに，普遍的にしてしかも個性ゆたかな文化の創造をめざす教育を普及徹底しなければならない。

ここに，日本国憲法の精神に則り，教育の目的を明示して，新しい日本の教育の基本を確立するため，この法律を制定する。

第1条（教育の目的）　教育は，人格の完成をめざし，平和的な国家及び社会の形成者として，真理と正義を愛し，個人の価値をたつとび，勤労と責任を重んじ，自

主的精神に充ちた心身ともに健康な国民の育成を期して行われなければならない。

第2条（教育の方針）　教育の目的は，あらゆる機会に，あらゆる場所において実現されなければならない。この目的を達成するためには，学問の自由を尊重し，実際生活に即し，自発的精神を養い，自他の敬愛と協力によつて，文化の創造と発展に貢献するように努めなければならない。

第3条（教育の機会均等）　すべて国民は，ひとしく，その能力に応ずる教育を受ける機会を与えられなければならないものであつて，人種，信条，性別，社会的身分，経済的地位又は門地によつて，教育上差別されない。

❷　国及び地方公共団体は，能力があるにもかかわらず，経済的理由によつて修学困難な者に対して，奨学の方法を講じなければならない。

第4条（義務教育）　国民は，その保護する子女に，九年の普通教育を受けさせる義務を負う。

❷　国又は地方公共団体の設置する学校における義務教育については，授業料は，これを徴収しない。

第5条（男女共学）　男女は，互に敬重し，協力し合わなければならないものであつて，教育上男女の共学は，認められなければならない。

第6条（学校教育）　法律に定める学校は，公の性質をもつものであつて，国又は地方公共団体の外，法律に定める法人のみが，これを設置することができる。

❷　法律に定める学校の教員は，全体の奉仕者であつて，自己の使命を自覚し，その職責の遂行に努めなければならない。このためには，教員の身分は，尊重され，その待遇の適正が，期せられなければならない。

第7条（社会教育）　家庭教育及び勤労の場所その他社会において行われる教育は，国及び地方公共団体によつて奨励されなければならない。

❷　国及び地方公共団体は，図書館，博物館，公民館等の施設の設置，学校の施設の利用その他適当な方法によつて教育の目的の実現に努めなければならない。

第8条（政治教育）　良識ある公民たるに必要な政治的教養は，教育上これを尊重しなければならない。

❷　法律に定める学校は，特定の政党を支持し，又はこれに反対するための政治教育その他政治的活動をしてはならない。

第9条（宗教教育）　宗教に関する寛容の態度及び宗教の社会生活における地位は，教育上これを尊重しなければならない。

❷　国及び地方公共団体が設置する学校は，特定の宗教のための宗教教育その他宗教的活動をしてはならない。

第10条（教育行政）　教育は，不当な支配に服することなく，国民全体に対し直接に責任を負つて行われるべきものである。

❷　教育行政は，この自覚のもとに，教育の目的を遂行するに必要な諸条件の整備確立を目標として行われなければならない。

第11条　　（以下略）

◆ 学校教育法（抄）

昭和22年3月31日法律第26号
最終改正年月日：平成19年6月27日法律第98号

第1章　総則

第1条〔学校の範囲〕　この法律で，学校とは，幼稚園，小学校，中学校，高等学校，中等教育学校，特別支援学校，大学及び高等専門学校とする。

第2条〔学校の設置者〕　学校は，国（国立大学法人法（平成15年法律第112号）第2条第1項に規定する国立大学法人及び独立行政法人国立高等専門学校機構を含む。以下同じ。），地方公共団体（地方独立行政法人法（平成15年法律第118号）第68条第1項に規定する公立大学法人を含む。次項において同じ。）及び私立学校法第3条に規定する学校法人（以下学校法人と称する。）のみが，これを設置することができる。

❷　この法律で，国立学校とは，国の設置する学校を，公立学校とは，地方公共団体の設置する学校を，私立学校とは，学校法人の設置する学校をいう。

第5条〔学校の管理・経費の負担〕　学校の設置者は，その設置する学校を管理し，法令に特別の定のある場合を除いては，その学校の経費を負担する。

第6条〔授業料の徴収〕　学校においては，授業料を徴収することができる。ただし，国立又は公立の小学校及び中学校，中等教育学校の前期課程又は特別支援学校の小学部及び中学部における義務教育については，これを徴収することができない。

第11条〔学生・生徒等の懲戒〕　校長及び教員は，教育上必要があると認めるときは，文部科学大臣の定めるところにより，児童，生徒及び学生に懲戒を加えることができる。ただし，体罰を加えることはできない。

第2章　義務教育

第16条〔義務教育年限〕　保護者（子に対して親権を行う者（親権を行う者のないときは，未成年後見人）をいう。以下同じ。）は，次条に定めるところにより，子に9年の普通教育を受けさせる義務を負う。

第18条〔病弱等による就学義務の猶予・免除〕　前条第1項又は第2項の規定によつて，保護者が就学させなければならない子（以下それぞれ「学齢児童」又は「学齢生徒」という。）で，病弱，発育不完全その他やむを得ない事由のため，就学困難と認められる者の保護者に対しては，市町村の教育委員会は，文部科学大臣の定めるところにより，同条第1項又は第2項の義務を猶予又は免除することができる。

第19条〔経済的就学困難への援助義務〕　経済的理由によつて，就学困難と認められる学齢児童又は学齢生徒の保護者に対しては，市町村は，必要な援助を与えなければならない。

第3章　幼稚園

第22条〔幼稚園の目的〕　幼稚園は，義務教育及びその後の教育の基礎を培うものとして，幼児を保育し，幼児の健やかな成長のために適当な環境を与えて，その心

身の発達を助長することを目的とする。

第23条〔幼稚園教育の目標〕　幼稚園における教育は，前条に規定する目的を実現するため，次に掲げる目標を達成するよう行われるものとする。
1　健康，安全で幸福な生活のために必要な基本的な習慣を養い，身体諸機能の調和的発達を図ること。
2　集団生活を通じて，喜んでこれに参加する態度を養うとともに家族や身近な人への信頼感を深め，自主，自律及び協同の精神並びに規範意識の芽生えを養うこと。
3　身近な社会生活，生命及び自然に対する興味を養い，それらに対する正しい理解と態度及び思考力の芽生えを養うこと。
4　日常の会話や，絵本，童話等に親しむことを通じて，言葉の使い方を正しく導くとともに，相手の話を理解しようとする態度を養うこと。
5　音楽，身体による表現，造形等に親しむことを通じて，豊かな感性と表現力の芽生えを養うこと。

第4章　小学校

第29条〔小学校の目的〕　小学校は，心身の発達に応じて，義務教育として行われる普通教育のうち基礎的なものを施すことを目的とする。

第30条〔小学校教育の目標〕　小学校における教育は，前条に規定する目的を実現するために必要な程度において第21条各号に掲げる目標を達成するよう行われるものとする。
❷　前項の場合においては，生涯にわたり学習する基盤が培われるよう，基礎的な知識及び技能を習得させるとともに，これらを活用して課題を解決するために必要な思考力，判断力，表現力その他の能力をはぐくみ，主体的に学習に取り組む態度を養うことに，特に意を用いなければならない。

第34条〔教科用図書・教材〕　小学校においては，文部科学大臣の検定を経た教科用図書又は文部科学省が著作の名義を有する教科用図書を使用しなければならない。
❷　前項の教科用図書以外の図書その他の教材で，有益適切なものは，これを使用することができる。
❸　(略)

第35条〔児童の出席停止〕　市町村の教育委員会は，次に掲げる行為の一又は二以上を繰り返し行う等性行不良であつて他の児童の教育に妨げがあると認める児童があるときは，その保護者に対して，児童の出席停止を命ずることができる。
1　他の児童に傷害，心身の苦痛又は財産上の損失を与える行為
2　職員に傷害，心身の苦痛を与える行為
3　施設又は設備を損壊する行為
4　授業その他の教育活動の実施を妨げる行為
❷　(以下略)

第37条〔職員〕　小学校には，校長，教頭，教諭，養護教諭及び事務職員を置かなければならない。

❷ 小学校には，前項に規定するもののほか，副校長，主幹教諭，指導教諭，栄養教諭その他必要な職員を置くことができる。
❸ 第1項の規定にかかわらず，副校長を置くときその他特別の事情のあるときは教頭を，養護をつかさどる主幹教諭を置くときは養護教諭を，特別の事情のあるときは事務職員を，それぞれ置かないことができる。
❹ 校長は，校務をつかさどり，所属職員を監督する。
❺ 副校長は，校長を助け，命を受けて校務をつかさどる。
❻ 副校長は，校長に事故があるときはその職務を代理し，校長が欠けたときはその職務を行う。この場合において，副校長が二人以上あるときは，あらかじめ校長が定めた順序で，その職務を代理し，又は行う。
❼ 教頭は，校長（副校長を置く小学校にあつては，校長及び副校長）を助け，校務を整理し，及び必要に応じ児童の教育をつかさどる。
❽ 教頭は，校長（副校長を置く小学校にあつては，校長及び副校長）に事故があるときは校長の職務を代理し，校長（副校長を置く小学校にあつては，校長及び副校長）が欠けたときは校長の職務を行う。この場合において，教頭が二人以上あるときは，あらかじめ校長が定めた順序で，校長の職務を代理し，又は行う。
❾ 主幹教諭は，校長（副校長を置く小学校にあつては，校長及び副校長）及び教頭を助け，命を受けて校務の一部を整理し，並びに児童の教育をつかさどる。
❿ 指導教諭は，児童の教育をつかさどり，並びに教諭その他の職員に対して，教育指導の改善及び充実のために必要な指導及び助言を行う。
⓫ 教諭は，児童の教育をつかさどる。
⓬ 養護教諭は，児童の養護をつかさどる。
⓭ 栄養教諭は，児童の栄養の指導及び管理をつかさどる。
⓮ 事務職員は，事務に従事する。
⓯ 助教諭は，教諭の職務を助ける。
⓰ 講師は，教諭又は助教諭に準ずる職務に従事する。
⓱ 養護助教諭は，養護教諭の職務を助ける。
⓲ 特別の事情のあるときは，第1項の規定にかかわらず，教諭に代えて助教諭又は講師を，養護教諭に代えて養護助教諭を置くことができる。
⓳ 学校の実情に照らし必要があると認めるときは，第9項の規定にかかわらず，校長（副校長を置く小学校にあつては，校長及び副校長）及び教頭を助け，命を受けて校務の一部を整理し，並びに児童の養護又は栄養の指導及び管理をつかさどる主幹教諭を置くことができる。

第5章 中学校

第45条〔中学校の目的〕　中学校は，小学校における教育の基礎の上に，心身の発達に応じて，義務教育として行われる普通教育を施すことを目的とする。

第46条〔中学校教育の目標〕　中学校における教育は，前条に規定する目的を実現するため，第21条各号に掲げる目標を達成するよう行われるものとする。

第49条〔準用規定〕　第30条第2項，第31条，第34条，第35条及び第37条から第44条までの規定は，中学校に準用する。この場合において，第30条第2項中

「前項」とあるのは「第46条」と，第31条中「前条第1項」とあるのは「第46条」と読み替えるものとする。

第6章　高等学校

第50条〔高等学校の目的〕　高等学校は，中学校における教育の基礎の上に，心身の発達及び進路に応じて，高度な普通教育及び専門教育を施すことを目的とする。

第51条〔高等学校教育の目標〕　高等学校における教育は，前条に規定する目的を実現するため，次に掲げる目標を達成するよう行われるものとする。

① 義務教育として行われる普通教育の成果を更に発展拡充させて，豊かな人間性，創造性及び健やかな身体を養い，国家及び社会の形成者として必要な資質を養うこと。

② 社会において果たさなければならない使命の自覚に基づき，個性に応じて将来の進路を決定させ，一般的な教養を高め，専門的な知識，技術及び技能を習得させること。

③ 個性の確立に努めるとともに，社会について，広く深い理解と健全な批判力を養い，社会の発展に寄与する態度を養うこと。

第53条〔定時制の課程〕　高等学校には，全日制の課程のほか，定時制の課程を置くことができる。

❷　（略）

第54条〔通信制の課程〕　高等学校には，全日制の課程又は定時制の課程のほか，通信制の課程を置くことができる。

❷　（以下略）

第7章　中等教育学校

第63条〔中等教育学校の目的〕　中等教育学校は，小学校における教育の基礎の上に，心身の発達及び進路に応じて，義務教育として行われる普通教育並びに高度な普通教育及び専門教育を一貫して施すことを目的とする。

第64条〔中等教育学校の目標〕　中等教育学校における教育は，前条に規定する目的を実現するため，次に掲げる目標を達成するよう行われるものとする。

① 豊かな人間性，創造性及び健やかな身体を養い，国家及び社会の形成者として必要な資質を養うこと。

② 社会において果たさなければならない使命の自覚に基づき，個性に応じて将来の進路を決定させ，一般的な教養を高め，専門的な知識，技術及び技能を習得させること。

③ 個性の確立に努めるとともに，社会について，広く深い理解と健全な批判力を養い，社会の発展に寄与する態度を養うこと。

第65条〔修業年限〕　中等教育学校の修業年限は，六年とする。

第66条〔課程〕　中等教育学校の課程は，これを前期三年の前期課程及び後期三年の後期課程に区分する。

第8章　特別支援教育

第72条〔特別支援学校の目的〕　特別支援学校は，視覚障害者，聴覚障害者，知的障害者，肢体不自由者又は病弱者（身体虚弱者を含む。以下同じ。）に対して，幼

稚園，小学校，中学校又は高等学校に準ずる教育を施すとともに，障害による学習上又は生活上の困難を克服し自立を図るために必要な知識技能を授けることを目的とする。

第76条〔小学部・中学部の設置義務と幼稚部・高等部〕　特別支援学校には，小学部及び中学部を置かなければならない。ただし，特別の必要のある場合においては，そのいずれかのみを置くことができる。

❷　特別支援学校には，小学部及び中学部のほか，幼稚部又は高等部を置くことができ，また，特別の必要のある場合においては，前項の規定にかかわらず，小学部及び中学部を置かないで幼稚部又は高等部のみを置くことができる。

第9章　大学

第83条〔大学の目的〕　大学は，学術の中心として，広く知識を授けるとともに，深く専門の学芸を教授研究し，知的，道徳的及び応用的能力を展開させることを目的とする。

❷　大学は，その目的を実現するための教育研究を行い，その成果を広く社会に提供することにより，社会の発展に寄与するものとする。

第10章　高等専門学校

第115条〔高等専門学校の目的〕　高等専門学校は，深く専門の学芸を教授し，職業に必要な能力を育成することを目的とする。

❷　高等専門学校は，その目的を実現するための教育を行い，その成果を広く社会に提供することにより，社会の発展に寄与するものとする。

第11章　専修学校

第124条〔専修学校の目的等〕　第1条に掲げるもの以外の教育施設で，職業若しくは実際生活に必要な能力を育成し，又は教養の向上を図ることを目的として次の各号に該当する組織的な教育を行うもの（当該教育を行うにつき他の法律に特別の規定があるもの及び我が国に居住する外国人を専ら対象とするものを除く。）は，専修学校とする。

1　修業年限が一年以上であること。
2　授業時数が文部科学大臣の定める授業時数以上であること。
3　教育を受ける者が常時四十人以上であること。

第125条〔課程〕　専修学校には，高等課程，専門課程又は一般課程を置く。

❷　専修学校の高等課程においては，中学校若しくはこれに準ずる学校を卒業した者若しくは中等教育学校の前期課程を修了した者又は文部科学大臣の定めるところによりこれと同等以上の学力があると認められた者に対して，中学校における教育の基礎の上に，心身の発達に応じて前条の教育を行うものとする。

❸　専修学校の専門課程においては，高等学校若しくはこれに準ずる学校若しくは中等教育学校を卒業した者又は文部科学大臣の定めるところによりこれに準ずる学力があると認められた者に対して，高等学校における教育の基礎の上に，前条の教育を行うものとする。

❹　専修学校の一般課程においては，高等課程又は専門課程の教育以外の前条の教育を行うものとする。

第126条〔高等課程，専門課程の名称〕　高等課程を置く専修学校は，高等専修学校と称することができる。
❷　専門課程を置く専修学校は，専門学校と称することができる。
第12章　雑則
第134条〔各種学校〕　第1条に掲げるもの以外のもので，学校教育に類する教育を行うもの（当該教育を行うにつき他の法律に特別の規定があるもの及び第124条に規定する専修学校の教育を行うものを除く。）は，各種学校とする。
❷　（以下略）

◆ 学校教育法施行規則（抄）

　　　　　昭和22年5月23日文部令11
　　　　　最終改正年月日：平成20年8月20日文科令30
第1章　総則
第1条〔学校の設備・位置〕　学校には，その学校の目的を実現するために必要な校地，校舎，校具，運動場，図書館又は図書室，保健室その他の設備を設けなければならない。
❷　学校の位置は，教育上適切な環境に，これを定めなければならない。
第24条〔指導要録〕　校長は，その学校に在学する児童等の指導要録（学校教育法施行令第31条に規定する児童等の学習及び健康の状況を記録した書類の原本をいう。以下同じ。）を作成しなければならない。
❷　校長は，児童等が進学した場合においては，その作成に係る当該児童等の指導要録の抄本又は写しを作成し，これを進学先の校長に送付しなければならない。
❸　校長は，児童等が転学した場合においては，その作成に係る当該児童等の指導要録の写しを作成し，その写し（転学してきた児童等については転学により送付を受けた指導要録の写しを含む。）及び前項の抄本又は写しを転学先の校長に送付しなければならない
第26条〔懲戒〕　校長及び教員が児童等に懲戒を加えるに当つては，児童等の心身の発達に応ずる等教育上必要な配慮をしなければならない。
❷　懲戒のうち，退学，停学及び訓告の処分は，校長（大学にあつては，学長の委任を受けた学部長を含む。）が行う。
❸　前項の退学は，公立の小学校，中学校（学校教育法第71条の規定により高等学校における教育と一貫した教育を施すもの（以下「併設型中学校」という。）を除く。）又は特別支援学校に在学する学齢児童又は学齢生徒を除き，次の各号のいずれかに該当する児童等に対して行うことができる。
　①　性行不良で改善の見込がないと認められる者
　②　学力劣等で成業の見込がないと認められる者
　③　正当の理由がなくて出席常でない者
　④　学校の秩序を乱し，その他学生又は生徒としての本分に反した者
❹　第2項の停学は，学齢児童又は学齢生徒に対しては，行うことができない。

第28条〔学校備付表簿〕　学校において備えなければならない表簿は，概ね次のとおりとする。
  1　学校に関係のある法令
  2　学則，日課表，教科用図書配当表，学校医執務記録簿，学校歯科医執務記録簿，学校薬剤師執務記録簿及び学校日誌
  3　職員の名簿，履歴書，出勤簿並びに担任学級，担任の教科又は科目及び時間表
  4　指導要録，その写し及び抄本並びに出席簿及び健康診断に関する表簿
  5　入学者の選抜及び成績考査に関する表簿
  6　資産原簿，出納簿及び経費の予算決算についての帳簿並びに図書機械器具，標本，模型等の教具の目録
  7　往復文書処理簿
❷　前項の表簿（第24条第2項の抄本又は写しを除く。）は，別に定めるもののほか，五年間保存しなければならない。ただし，指導要録及びその写しのうち入学，卒業等の学籍に関する記録については，その保存期間は，二十年間とする。
❸　（略）

第2章　義務教育
第32条〔就学指定時の意見聴取と手続〕　市町村の教育委員会は，学校教育法施行令第5条第2項（同令第6条において準用する場合を含む。次項において同じ。）の規定により就学予定者の就学すべき小学校又は中学校（次項において「就学校」という。）を指定する場合には，あらかじめ，その保護者の意見を聴取することができる。この場合においては，意見の聴取の手続に関し必要な事項を定め，公表するものとする。
❷　市町村の教育委員会は，学校教育法施行令第5条第2項の規定による就学校の指定に係る通知において，その指定の変更についての同令第8条に規定する保護者の申立ができる旨を示すものとする。

第3章　幼稚園
第37条〔教育週数〕　幼稚園の毎学年の教育週数は，特別の事情のある場合を除き，三十九週を下つてはならない。
第38条〔教育課程〕　幼稚園の教育課程その他の保育内容については，この章に定めるもののほか，教育課程その他の保育内容の基準として文部科学大臣が別に公示する幼稚園教育要領によるものとする。

第4章　小学校
第41条〔学級数〕　小学校の学級数は，十二学級以上十八学級以下を標準とする。ただし，地域の実態その他により特別の事情のあるときは，この限りでない。
第44条〔教務主任及び学年主任〕　小学校には，教務主任及び学年主任を置くものとする。
❷　前項の規定にかかわらず，第4項に規定する教務主任の担当する校務を整理する主幹教諭を置くときその他特別の事情のあるときは教務主任を，第5項に規定する学年主任の担当する校務を整理する主幹教諭を置くときその他特別の事情のあるときは学年主任を，それぞれ置かないことができる。

❸　教務主任及び学年主任は，指導教諭又は教諭をもつて，これに充てる。
❹　教務主任は，校長の監督を受け，教育計画の立案その他の教務に関する事項について連絡調整及び指導，助言に当たる。
❺　学年主任は，校長の監督を受け，当該学年の教育活動に関する事項について連絡調整及び指導，助言に当たる。

第45条〔保健主事〕　小学校においては，保健主事を置くものとする。
❷　前項の規定にかかわらず，第4項に規定する保健主事の担当する校務を整理する主幹教諭を置くときその他特別の事情のあるときは，保健主事を置かないことができる。
❸　保健主事は，指導教諭，教諭又は養護教諭をもつて，これに充てる。
❹　保健主事は，校長の監督を受け，小学校における保健に関する事項の管理に当たる。

第50条〔教育課程の編成〕　小学校の教育課程は，国語，社会，算数，理科，生活，音楽，図画工作，家庭及び体育の各教科（以下この節において「各教科」という。），道徳，特別活動並びに総合的な学習の時間によつて編成するものとする。
❷　私立の小学校の教育課程を編成する場合は，前項の規定にかかわらず，宗教を加えることができる。この場合においては，宗教をもつて前項の道徳に代えることができる。

第51条〔授業時数〕　小学校の各学年における各教科，道徳，特別活動及び総合的な学習の時間のそれぞれの授業時数並びに各学年におけるこれらの総授業時数は，別表第一に定める授業時数を標準とする。

第59条〔学年〕　小学校の学年は，四月一日に始まり，翌年三月三十一日に終わる。

第60条〔授業終始の時刻〕　授業終始の時刻は，校長が定める。

第66条〔学校評価〕　小学校は，当該小学校の教育活動その他の学校運営の状況について，自ら評価を行い，その結果を公表するものとする。
❷　前項の評価を行うに当たつては，小学校は，その実情に応じ，適切な項目を設定して行うものとする。

第5章　中学校

第70条〔生徒指導主事〕　中学校には，生徒指導主事を置くものとする。
❷　前項の規定にかかわらず，第4項に規定する生徒指導主事の担当する校務を整理する主幹教諭を置くときその他特別の事情のあるときは，生徒指導主事を置かないことができる。
❸　生徒指導主事は，指導教諭又は教諭をもつて，これに充てる。
❹　生徒指導主事は，校長の監督を受け，生徒指導に関する事項をつかさどり，当該事項について連絡調整及び指導，助言に当たる。

第71条〔進路指導主事〕　中学校には，進路指導主事を置くものとする。
❷　前項の規定にかかわらず，第3項に規定する進路指導主事の担当する校務を整理する主幹教諭を置くときは，進路指導主事を置かないことができる。
❸　進路指導主事は，指導教諭又は教諭をもつて，これに充てる。校長の監督を受

け，生徒の職業選択の指導その他の進路の指導に関する事項をつかさどり，当該事項について連絡調整及び指導，助言に当たる。

第72条〔教育課程の編成〕　中学校の教育課程は，必修教科，選択教科，道徳，特別活動及び総合的な学習の時間によつて編成するものとする。

❷　必修教科は，国語，社会，数学，理科，音楽，美術，保健体育，技術・家庭及び外国語（以下この条において「国語等」という。）の各教科とする。

❸　選択教科は，国語等の各教科及び第74条に規定する中学校学習指導要領で定めるその他特に必要な教科とし，これらのうちから，地域及び学校の実態並びに生徒の特性その他の事情を考慮して設けるものとする。

第73条〔授業時数〕　中学校（併設型中学校及び第75条第2項に規定する連携型中学校を除く。）の各学年における必修教科，道徳，特別活動及び総合的な学習の時間のそれぞれの授業時数，各学年における選択教科等に充てる授業時数並びに各学年におけるこれらの総授業時数は，別表第二に定める授業時数を標準とする。

第6章　高等学校

第81条〔学科主任及び農場長〕　二以上の学科を置く高等学校には，専門教育を主とする学科ごとに学科主任を置き，農業に関する専門教育を主とする学科を置く高等学校には，農場長を置くものとする。

❷　前項の規定にかかわらず，第4項に規定する学科主任の担当する校務を整理する主幹教諭を置くときその他特別の事情のあるときは学科主任を，第五項に規定する農場長の担当する校務を整理する主幹教諭を置くときその他特別の事情のあるときは農場長を，それぞれ置かないことができる。

❸　学科主任及び農場長は，指導教諭又は教諭をもつて，これに充てる。

❹　学科主任は，校長の監督を受け，当該学科の教育活動に関する事項について連絡調整及び指導，助言に当たる。

❺　農場長は，校長の監督を受け，農業に関する実習地及び実習施設の運営に関する事項をつかさどる。

第82条〔事務長〕　高等学校には，事務長を置くものとする。

❷　事務長は，事務職員をもつて，これに充てる。

❸　事務長は，校長の監督を受け，事務職員その他の職員が行う事務を総括し，その他事務をつかさどる。

第94条〔休学・退学〕　生徒が，休学又は退学をしようとするときは，校長の許可を受けなければならない。

第102条〔単位制高等学校〕　高等学校の定時制の課程又は通信制の課程の修業年限を定めるに当たつては，勤労青年の教育上適切な配慮をするよう努めるものとする。

第103条〔単位制高等学校〕　高等学校においては，第104条第1項において準用する第57条（各学年の課程の修了に係る部分に限る。）の規定にかかわらず，学年による教育課程の区分を設けないことができる。

❷　（略）

第7章　中等教育学校並びに併設型中学校及び併設型高等学校（略）
第8章　特別支援教育
第120条〔特別支援教育の一学級の児童数等〕　特別支援学校の幼稚部において，主幹教諭，指導教諭又は教諭（以下「教諭等」という。）一人の保育する幼児数は，八人以下を標準とする。
❷　特別支援学校の小学部又は中学部の一学級の児童又は生徒の数は，法令に特別の定めのある場合を除き，視覚障害者又は聴覚障害者である児童又は生徒に対する教育を行う学級にあつては十人以下を，知的障害者，肢体不自由者又は病弱者（身体虚弱者を含む。以下同じ。）である児童又は生徒に対する教育を行う学級にあつては十五人以下を標準とし，高等部の同時に授業を受ける一学級の生徒数は，十五人以下を標準とする。
第122条〔特別支援教育の教諭の配置基準〕　特別支援学校の幼稚部においては，同時に保育される幼児数八人につき教諭等を一人置くことを基準とする。
❷　特別支援学校の小学部においては，校長のほか，一学級当たり教諭等を一人以上置かなければならない。
❸　特別支援学校の中学部においては，一学級当たり教諭等を二人置くことを基準とする。
❹　視覚障害者である生徒及び聴覚障害者である生徒に対する教育を行う特別支援学校の高等部においては，自立教科（理療，理学療法，理容その他の職業についての知識技能の修得に関する教科をいう。）を担任するため，必要な数の教員を置かなければならない。
❺　前4項の場合において，特別の事情があり，かつ，教育上支障がないときは，校長，副校長若しくは教頭が教諭等を兼ね，又は助教諭若しくは講師をもつて教諭等に代えることができる。
第123条〔寄宿舎指導員の数〕　寄宿舎指導員の数は，寄宿舎に寄宿する児童等の数を六で除して得た数以上を標準とする。
第126条〔小学部の教育課程〕　特別支援学校の小学部の教育課程は，国語，社会，算数，理科，生活，音楽，図画工作，家庭及び体育の各教科（知的障害者である児童を教育する場合は生活，国語，算数，音楽，図画工作及び体育の各教科とする。），道徳，特別活動，自立活動並びに総合的な学習の時間（知的障害者である児童を教育する場合を除く。）によつて編成するものとする。
第127条〔中学部の教育課程〕　特別支援学校の中学部の教育課程は，必修教科，選択教科，道徳，特別活動，自立活動及び総合的な学習の時間によつて編成するものとする。
❷　必修教科は，国語，社会，数学，理科，音楽，美術，保健体育，技術・家庭及び外国語（次項において「国語等」という。）の各教科（知的障害者である生徒を教育する場合は国語，社会，数学，理科，音楽，美術，保健体育及び職業・家庭の各教科とする。）とする。
❸　選択教科は，国語等の各教科（知的障害者である生徒を教育する場合は外国語とする。）及び第129条に規定する特別支援学校小学部・中学部学習指導要領で定め

るその他特に必要な教科とし，これらのうちから，地域及び学校の実態並びに生徒の特性その他の事情を考慮して設けるものとする。

第136条〔特別支援学級の一学級の児童数〕　小学校若しくは中学校又は中等教育学校の前期課程における特別支援学級の一学級の児童又は生徒の数は，法令に特別の定めのある場合を除き，十五人以下を標準とする。

◆ 地方教育行政の組織及び運営に関する法律（抄）

昭和31年6月30日法162
最終改正年月日：平成19年6月27日法98

第1章　総則

第1条（この法律の趣旨）　この法律は，教育委員会の設置，学校その他の教育機関の職員の身分取扱その他地方公共団体における教育行政の組織及び運営の基本を定めることを目的とする。

第1条の2（基本理念）　地方公共団体における教育行政は，教育基本法（平成十八年法律第百二十号）の趣旨にのつとり，教育の機会均等，教育水準の維持向上及び地域の実情に応じた教育の振興が図られるよう，国との適切な役割分担及び相互の協力の下，公正かつ適正に行われなければならない。

第2章　教育委員会の設置及び組織

第3条（組織）　教育委員会は，五人の委員をもつて組織する。ただし，条例で定めるところにより，都道府県若しくは市又は地方公共団体の組合のうち都道府県若しくは市が加入するものの教育委員会にあつては六人以上の委員，町村又は地方公共団体の組合のうち町村のみが加入するものの教育委員会にあつては三人以上の委員をもつて組織することができる。

第4条（任命）　委員は，当該地方公共団体の長の被選挙権を有する者で，人格が高潔で，教育，学術及び文化（以下単に「教育」という。）に関し識見を有するもののうちから，地方公共団体の長が，議会の同意を得て，任命する。

② 次の各号のいずれかに該当する者は，委員となることができない。
  １ 破産者で復権を得ない者
  ２ 禁錮以上の刑に処せられた者

③ 委員の任命については，そのうち委員の定数の二分の一以上の者が同一の政党に所属することとなつてはならない。

④ 地方公共団体の長は，第1項の規定による委員の任命に当たつては，委員の年齢，性別，職業等に著しい偏りが生じないように配慮するとともに，委員のうちに保護者（親権を行う者及び未成年後見人をいう。）である者が含まれるようにしなければならない。

第5条（任期）　委員の任期は，四年とする。ただし，補欠の委員の任期は，前任者の残任期間とする。

② 委員は，再任されることができる。

第12条（委員長）　教育委員会は，委員（第16条第2項の規定により教育長に任

命された委員を除く。）のうちから，委員長を選挙しなければならない。
② 委員長の任期は，一年とする。ただし，再選されることができる。
③ 委員長は，教育委員会の会議を主宰し，教育委員会を代表する。
④ 委員長に事故があるとき，又は委員長が欠けたときは，あらかじめ教育委員会の指定する委員がその職務を行う。

第16条（教育長）　教育委員会に，教育長を置く。
② 教育長は，第6条の規定にかかわらず，当該教育委員会の委員（委員長を除く。）である者のうちから，教育委員会が任命する。
③ 教育長は，委員としての任期中在任するものとする。ただし，地方公務員法第27条，第28条及び第29条の規定の適用を妨げない。
④ 教育長は，委員の職を辞し，失い，又は罷免された場合においては，当然に，その職を失うものとする。

第17条（教育長の職務）　教育長は，教育委員会の指揮監督の下に，教育委員会の権限に属するすべての事務をつかさどる。
② 教育長は，教育委員会のすべての会議に出席し，議事について助言する。
③ 教育長は，自己，配偶者若しくは三親等以内の親族の一身上に関する事件又は自己若しくはこれらの者の従事する業務に直接の利害関係のある事件についての議事が行われる場合においては，前項の規定にかかわらず，教育委員会の会議に出席することができない。ただし，委員として第13条第5項ただし書の規定の適用があるものとする。

第19条（指導主事その他の職員）　都道府県に置かれる委員会（以下「都道府県委員会」という。）の事務局に，指導主事，事務職員及び技術職員を置くほか，所要の職員を置く。
② 市町村に置かれる教育委員会（以下「市町村委員会」という。）の事務局に，前項の規定に準じて指導主事その他の職員を置く。
③ 指導主事は，上司の命を受け，学校（学校教育法（昭和二十二年法律第二十六号）第1条に規定する学校をいう。以下同じ。）における教育課程，学習指導その他学校教育に関する専門的事項の指導に関する事務に従事する。
④ 指導主事は，教育に関し識見を有し，かつ，学校における教育課程，学習指導その他学校教育に関する専門的事項について教養と経験がある者でなければならない。指導主事は，大学以外の公立学校（地方公共団体が設置する学校をいう。以下同じ。）の教員（教育公務員特例法（昭和二十四年法律第一号）第2条第2項に規定する教員をいう。以下同じ。）をもつて充てることができる。
⑤ 事務職員は，上司の命を受け，事務に従事する。
⑥ 技術職員は，上司の命を受け，技術に従事する。
⑦ 第1項及び第2項の職員は，教育長の推薦により，教育委員会が任命する。
⑧ 教育委員会は，事務局の職員のうち所掌事務に係る教育行政に関する相談に関する事務を行う職員を指定し，これを公表するものとする。
⑨ 前各項に定めるもののほか，教育委員会の事務局に置かれる職員に関し必要な事項は，政令で定める。

第20条（教育長の事務局の統括等）　教育長は，第17条に規定するもののほか，事務局の事務を統括し，所属の職員を指揮監督する。
② 　教育長に事故があるとき，又は教育長が欠けたときは，あらかじめ教育委員会の指定する事務局の職員がその職務を行う。

第3章　教育委員会及び地方公共団体の長の職務権限

第23条（教育委員会の職務権限）　教育委員会は，当該地方公共団体が処理する教育に関する事務で，次に掲げるものを管理し，及び執行する。
① 　教育委員会の所管に属する第30条に規定する学校その他の教育機関（以下「学校その他の教育機関」という。）の設置，管理及び廃止に関すること。
② 　学校その他の教育機関の用に供する財産（以下「教育財産」という。）の管理に関すること。
③ 　教育委員会及び学校その他の教育機関の職員の任免その他の人事に関すること。
④ 　学齢生徒及び学齢児童の就学並びに生徒，児童及び幼児の入学，転学及び退学に関すること。
⑤ 　学校の組織編制，教育課程，学習指導，生徒指導及び職業指導に関すること。
⑥ 　教科書その他の教材の取扱いに関すること。
⑦ 　校舎その他の施設及び教具その他の設備の整備に関すること。
⑧ 　校長，教員その他の教育関係職員の研修に関すること。
⑨ 　校長，教員その他の教育関係職員並びに生徒，児童及び幼児の保健，安全，厚生及び福利に関すること。
⑩ 　学校その他の教育機関の環境衛生に関すること。
⑪ 　学校給食に関すること。
⑫ 　青少年教育，女性教育及び公民館の事業その他社会教育に関すること。
⑬ 　スポーツに関すること。
⑭ 　文化財の保護に関すること。
⑮ 　ユネスコ活動に関すること。
⑯ 　教育に関する法人に関すること。
⑰ 　教育に係る調査及び基幹統計その他の統計に関すること。
⑱ 　所掌事務に係る広報及び所掌事務に係る教育行政に関する相談に関すること。
⑲ 　前各号に掲げるもののほか，当該地方公共団体の区域内における教育に関する事務に関すること。

第4章　教育機関

第37条（任命権者）　市町村立学校職員給与負担法（昭和二十三年法律第百三十五号）第1条及び第2条に規定する職員（以下「県費負担教職員」という。）の任命権は，都道府県委員会に属する。
② 　前項の都道府県委員会の権限に属する事務に係る第26条第2項の規定の適用については，同項第4号中「職員」とあるのは，「職員並びに第37条第1項に規定する県費負担教職員」とする。

◆ 社会教育法（抄）

昭和24年6月10日法207
最終改正年月日：平成20年6月11日法59

第1章　総則

第1条（この法律の目的）　この法律は，教育基本法（平成十八年法律第百二十号）の精神に則り，社会教育に関する国及び地方公共団体の任務を明らかにすることを目的とする。

第2条（社会教育の定義）　この法律で「社会教育」とは，学校教育法（昭和二十二年法律第二十六号）に基き，学校の教育課程として行われる教育活動を除き，主として青少年及び成人に対して行われる組織的な教育活動（体育及びレクリエーションの活動を含む。）をいう。

第9条（図書館及び博物館）　図書館及び博物館は，社会教育のための機関とする。
② 　図書館及び博物館に関し必要な事項は，別に法律をもつて定める。

第2章　社会教育主事及び社会教育主事補

第9条の2（社会教育主事及び社会教育主事補の設置）　都道府県及び市町村の教育委員会の事務局に，社会教育主事を置く。
② 　都道府県及び市町村の教育委員会の事務局に，社会教育主事補を置くことができる。

第9条の3（社会教育主事及び社会教育主事補の職務）　社会教育主事は，社会教育を行う者に専門的技術的な助言と指導を与える。ただし，命令及び監督をしてはならない。
② 　社会教育主事は，学校が社会教育関係団体，地域住民その他の関係者の協力を得て教育活動を行う場合には，その求めに応じて，必要な助言を行うことができる。
③ 　社会教育主事補は，社会教育主事の職務を助ける。

第9条の4（社会教育主事の資格）　次の各号のいずれかに該当する者は，社会教育主事となる資格を有する。

1 　大学に二年以上在学して六十二単位以上を修得し，又は高等専門学校を卒業し，かつ，次に掲げる期間を通算した期間が三年以上になる者で，次条の規定による社会教育主事の講習を修了したもの
　イ　社会教育主事補の職にあつた期間
　ロ　官公署，学校，社会教育施設又は社会教育関係団体における職で司書，学芸員その他の社会教育主事補の職と同等以上の職として文部科学大臣の指定するものにあつた期間
　ハ　官公署，学校，社会教育施設又は社会教育関係団体が実施する社会教育に関係のある事業における業務であつて，社会教育主事として必要な知識又は技能の習得に資するものとして文部科学大臣が指定するものに従事した期間（イ又はロに掲げる期間に該当する期間を除く。）
2 　教育職員の普通免許状を有し，かつ，五年以上文部科学大臣の指定する教育に関する職にあつた者で，次条の規定による社会教育主事の講習を修了したもの

③ 大学に二年以上在学して，六十二単位以上を修得し，かつ，大学において文部科学省令で定める社会教育に関する科目の単位を修得した者で，第1号イからハまでに掲げる期間を通算した期間が一年以上になるもの
④ 次条の規定による社会教育主事の講習を修了した者（第1号及び第2号に掲げる者を除く。）で，社会教育に関する専門的事項について前3号に掲げる者に相当する教養と経験があると都道府県の教育委員会が認定したもの

第3章　社会教育関係団体（略）
第4章　社会教育委員（略）
第5章　公民館
第20条（目的）　公民館は，市町村その他一定区域内の住民のために，実際生活に即する教育，学術及び文化に関する各種の事業を行い，もつて住民の教養の向上，健康の増進，情操の純化を図り，生活文化の振興，社会福祉の増進に寄与することを目的とする。

第21条（公民館の設置者）　公民館は，市町村が設置する。
② 前項の場合を除くほか，公民館は，公民館の設置を目的とする一般社団法人又は一般財団法人（以下この章において「法人」という。）でなければ設置することができない。
③ 公民館の事業の運営上必要があるときは，公民館に分館を設けることができる。

第22条（公民館の事業）　公民館は，第20条の目的達成のために，おおむね，左の事業を行う。但し，この法律及び他の法令によつて禁じられたものは，この限りでない。
① 定期講座を開設すること。
② 討論会，講習会，講演会，実習会，展示会等を開催すること。
③ 図書，記録，模型，資料等を備え，その利用を図ること。
④ 体育，レクリエーション等に関する集会を開催すること。
⑤ 各種の団体，機関等の連絡を図ること。
⑥ その施設を住民の集会その他の公共的利用に供すること。

第6章　学校施設の利用
第44条（学校施設の利用）　学校（国立学校又は公立学校をいう。以下この章において同じ。）の管理機関は，学校教育上支障がないと認める限り，その管理する学校の施設を社会教育のために利用に供するように努めなければならない。
② （略）

◆ 索 引 ◆

人 名

新井白石　103
アリエス（P. Ariès）　119
アリストテレス（Aristoteles）　58
アリストテレス（Aristoeles）　70
アルシュテット（J. H. Alsted）　78, 79
アルベルティ（L. B. Alberti）　73
石田梅岩　104
イソクラテス（Isocrates）　70
石上宅嗣　102
伊藤仁斎　103
井上毅　105
イリッチ（I. Illich）　100
ヴァーゲンシャイン（M. Wagenschein）　98
ヴィーヴェス（J. L. Vives）　74, 77
ヴィットリーノ（Vittorino da Feltre）　73
ヴィネケン（G. Wyneken）　94
上杉憲実　103
ウォッシュバーン（C. Washburne）　96
ヴォルテール（Voltaire）　81
梅原猛　33
エラスムス（D. Erasmus）　71, 74
エルヴェシウス（C.-A. Helvétius）　18
オーエン（R. Owen）　92
緒方洪庵　103
荻生徂徠　103
貝原益軒　103
ガウディヒ（H. Gaudig）　95
カトー（Cato）　71
ガリレイ（G. Galilei）　77
カルヴァン（J. Calvin）　76
カルゼン（F. Karsen）　95
カール大帝　72
カント（I. Kant）　2, 10, 18, 83–85
カンペ（J. H. Campe）　83

キケロ（M. T. Cicero）　71
キルパトリック（W. H. Kilpatrick）　96
クィンティリアヌス（M. F. Quintilianus）　71, 73
空海　102
クリーク（E. Krieck）　96
クルプスカヤ（N. K. Krupskaya）　97
桑原武雄　33
ケイ（E. Key）　94
ゲーテ（J. W. von Goethe）　84, 85
ゲヘープ（P. Geheeb）　94
ケルシェンシュタイナー（G. Kerschensteiner）　95
コメニウス（J. A. Comenius）　60, 78, 79
コールバーグ（L. Kohlberg）　101
コレット（J. Colet）　74
コンドルセ（M. A. J. N. marquis de Condorcet）　90
最澄　102
ザルツマン（C. G. Salzmann）　83
ジェファーソン（T. Jefferson）　89
シェフラー（I. Scheffler）　100
シェルドン（E. A. Sheldon）　95
司馬遼太郎　32, 33
シーボルト（P. F. B. von Siebold）　103
シュタイナー（R. Steiner）　95
シュトゥルム（J. Sturm）　74
シュプランガー（E. Spranger）　96
シュライエルマッハー（F. D. E. Schleiermacher）　85, 87
聖徳太子　101
シラー（J. C. F. von Schiller）　85
親鸞　102
スペンサー（H. Spencer）　61, 92
世阿弥　102
セネカ（L. A. Seneca）　71
ソクラテス（Socrates）　58, 70

索引　213

高橋勝　48
田中不二麻呂　105
デューイ（J. Dewey）　36, 58, 64, 93, 95, 96
デュルケム（É. Durkheim）　96, 113
デルボラフ（J. Derbolav）　98
道元　102
ドクロリー（O. Decroly）　96
ドモラン（J. E. Demolins）　93, 94
トラップ（E. C. Trapp）　83
中江藤樹　103
ナトルプ（P. G. Natorp）　96
ニイル（A. S. Neill）　94
二宮尊徳　104
ニュートン（I. Newton）　77
ノール（H. Nohl）　45, 97
パウル（J. Paul）　85
パーカー（F. W. Parker）　95
パーカースト（H. Parkhurst）　96
バゼドウ（J. B. Basedow）　83, 84
バックハウス（W. Backhaus）　36, 37
ハーバーマス（J. Habermas）　101
林羅山　104
原聡介　18
ハリス（W. T. Harris）　95
ピーターズ（R. S. Peters）　100
ビュデ（G. Budé）　74
フィヒテ（J. G. Fichte）　85, 91
フェリエール（A. Ferriére）　93
ブーゲンハーゲン（J. Bugenhagen）　75, 76
フーコー（M. Foucault）　101
プラトン（Platon）　58, 70
ブラメルド（T. Brammeld）　100
フランケ（A. H. Francke）　80, 84
フリットナー（W. Flitner）　97
フリードリッヒ大王
　　（Friedrich der Große）　83
プルタルコス（Plutarchos）　71
ブルデュー（P. Bourdieu）　101
ブルーナー（J. S. Bruner）　99
ブルーム（B. S. Bloom）　99
ブレツィンカ（W. Brezinka）　21, 100
フレネ（C. Freinet）　94

フレーベル（F. Fröbel）　88
フンボルト（W. von Humboldt）　83, 85, 91
ベーコン（F. Bacon）　77-79
ペスタロッチ（J. H. Pestalozzi）　83, 84, 86, 88
ペーターゼン（P. Petersen）　95
ペトラルカ（F. Petrarca）　73
ヘルバルト（J. F. Herbart）　61, 87, 88
ベンサム（J. Bentham）　92
北条実時　102
ボッカチオ（G. Boccacio）　73
ホッブズ（T. Hobbes）　81
ポルトマン（A. Portmann）　3
ボルノウ（O. F. Bollnow）　38, 98
マカレンコ（A. S. Makarenko）　97
松平定信　104
マン（H. Mann）　89
ミード（G. H. Mead）　117
宮澤康人　45
宮寺晃夫　24
ミル（J. Mill）　92
ミル（J. S. Mill）　92
ミルトン（J. Milton）　77
メランヒトン（P. Melanchthon）　74, 75, 80
モア（T. More）　74
モイマン（E. Meumann）　96
本居宣長　103
元田永孚　105
森昭　57
森有礼　105
モルレー（D. Murray）　105
モンテスキュー（C.-L. de Montesquieu）　81
モンテッソーリ（M. Montessori）　96
モンテーニュ（M. E. de Montaigne）　74, 78
吉田松陰　103
吉田秀和　36
ライ（W. A. Lay）　96
ライン（W. Rein）　88
ラトケ（W. Ratke）　78, 79
ラブレー（F. Rabelais）　74, 77

ラングベーン（J. Langbehn）　95
ランゲフェルド（M. J. Langeveld）　99
リーツ（H. Lietz）　94
リット（T. Litt）　97
リヒトヴァルク（A. Lichtwark）　95
ルソー（J.-J. Rousseau）　18, 63, 82
ルター（M. Luther）　75
ルペルチェ（L. M. Lepeletier）　91
ルーマン（N. Luhmann）　12
レッシング（G. E. Lessing）　85
レディ（C. Reddie）　94
ロック　78
ロック（J. Locke）　78, 79, 81
ロホウ（F. E. von Rochow）　84
ロヨラ（I. L. de Loyola）　76
渡邊隆信　46
王仁　101

数字・欧文

11歳試験　98
21世紀教育新生プラン　148
3R's　71, 91
MRI　6

あ

アカデメイア　70
足利学校　103
アテナイ　69
アボッツホルムの学校　94
アメリカ教育使節団　107, 108
イエズス会　76, 81, 83
イエナ・プラン　95
イタリア・ルネサンス　73, 74
一般化された他者　118
一般地方学事通則　83
一般的人間陶冶　85
意図説　21
意味ある他者　118
ウィネトカ・プラン　96
ウッズホール会議　99
芸亭　102
永遠主義　100

似非教育的関係　41
『エミール』　82
円環する時間　49
往来物　103
教え込み　41
オスウィーゴ運動　95
オートポイエーシス　11
オープンスクール　100
音楽学校　69
恩物　88

か

改革教育　93
改正教育令　105
改造主義　100
懐徳堂　104
開発の物語　49–51
学事奨励に関する被仰出書　105
学習　16
学習指導要領　19, 57
学習の支援　17
学習歴　129
覚醒　38
学制　105
学問中心カリキュラム　99
学歴　126
隠れたカリキュラム　100, 124
家訓　102
可塑性　5
課題としての教育　23
学館院　101
学級編制　143
学校印刷所　94
学校教育の人間化　99, 100
学校教育法　56, 108
学校教育法施行規則　56
学校設置基準　140
学校評価制度　185
学校法人　138
学校保健安全法　168
活動主義　93
活動衝動　88
家庭教師教育　73

過度の一般化　47
金沢文庫　102
カルヴァン派　75
感化　41
勧学院　101
感覚的実学主義　78
咸宜園　103
環境　35
環境決定論　30, 81
観察課程　98
観察・指導課程　98
含翠堂　104
寛政異学の禁　104
完成可能性　81
完全習得学習　99
管理　87
機械　8
機械論　8
基幹学校　98
危機　38
騎士教育　72-74
疑似教育的関係　41
技術学　34
技術的関係　48
技術的行為　34
技術的製作　28
基礎学校　98
基礎課程　98
基礎陶冶　86
期待される人間像　109
機能としての教育　19
義務教育　56, 136
義務教育制度　92
ギムナジウム　98
逆コース　108
宮廷学校　72, 73
弓馬の道　102
ギュムナシオン　69
教育の一般的目的　87
教育の学校化　68
教育の世俗化　68
教育の非連続的形式　38
教育の普遍妥当的目的　87
教育の目的　34

教育委員会法　108
教育改革プログラム　153
教育科学　96
教育可能性　29
教育関係　40, 48
教育基本法　55, 108
教育公務員　155
教育公務員特例法　156
教育公務員に対する処分　165
教育刷新委員会　107
教育刷新審議会　108
教育職員免許法　108
教育審議会　107
教育＝調教説　33
教育勅語　108
教育的関係　40, 42, 44, 45
教育的教授　88
教育的行為　34
教育的指導　41
教育的配慮　41
教育内容と方法における科学化　68
教育内容の現代化　99, 100
教育に関する職　158
教育ニ関スル勅語　105
教育二法　108
教育人間学　22, 24, 25, 98
教育の荒廃　109
教育万能論　30, 81
教育否定論　25
教育本質論　27
教育無用論　25
教育目的　23
教育目標の分類学　99
教育遊具　88
教育令　105
教育を受ける権利　134
教化　41, 42
教会学校　72
教学刷新評議会　106
『教学聖旨』　105
狭義の教育　17, 18
強固な道徳的性格　87
教師中心から児童中心へ　68
教師中心主義　93

教授　87
教授学　78, 79
教宣　41
共同探究としての教育関係　46, 47
近代家族　121
近代学校　121
近代教育学　48, 49, 51
近代公教育の3原則　93, 105
クインシー運動　95
グラマー・スクール　97
訓育　17, 97
訓練　87
敬虔主義　80, 95
経験論　77
形式的教育　19
形式陶冶　19
形式陶冶論　79, 80
芸術教育運動　95
芸術的行為　34
芸術的な制作　28
形成的評価　99
系統　88
系統学習　99
啓蒙思想　80, 81
啓蒙の世紀　80
ゲザムトシューレ　98
結果説　21
結果としての教育　19
権威　43
権威的関係　42, 43
藜園塾　103
研究と教授の自由　91
言語論的転回　100
研修　161
県費負担教職員　155
権力　43
権力的関係　32, 43, 44
公営　89
郷学　104
後期中等教育の拡充整備について　109
広義の教育　17, 18
公教育　17
公教育制度　90, 92
郷校　104

皇国史観　105
皇国民の錬成　107
合自然の原理　82
興譲館　104
工場法　91, 92
公選制　108
高等学校令　106
弘道館　104
高等女学校　105
高等専門学校制度　108
高度経済成長期　109
弘文院　101
公民教育刷新委員会　107
公民教育論　95
公立学校制度　90
古学派　103
古義堂　103
国学　101
『国体の本義』　107
国民学校　107, 108
国民教育制度　92
国民精神作興　106
古代ギリシアの教育　68
古代ローマの教育　68
五段階教授論　88
国家主義　81
国家の教育所　69
古典的な教育関係論　45-47
子どもから　94
『子どもの世紀』　94
子どもの発見　83
コンドルセ案　90
コンプリヘンシブ・スクール　98

さ

最広義の教育　18
作業学校論　95
産業革命　89, 91
三船の才　102
産婆術　70
サンフランシスコ平和条約　108
私教育　17
自己活動　93

索引　217

自己教育力の育成	16	修道会	76
自己実現論	30	自由と統制	43, 45
自己責任	44	儒教	103
事実としての教育	23	儒教主義	105
時習館	104	綜芸種智院	102
私塾	103	受験体制	109
閑谷学校	104	守護者	70
慈善学校	91	朱子学	103
自然状態	82	主人-奴隷関係	44
自然による教育	18, 82	主体-客体関係	45, 46
思想圏	88	主体-主体関係	46
思想善導	106	主知主義	93
実科学校	98	受動的・追随的教育論	88
実学主義	68, 77, 80	馴致	31
実業学校	105	馴養	31
実業補習学校	107	生涯学習	36, 109, 128
しつけ	15	生涯学習社会	130
実験教育学	96	生涯教育	36, 109, 128
実験主義	95	唱歌学校	72
実存主義	37	小学校令	105
実存哲学	37, 38	松下村塾	103
児童中心主義	93, 94	消極教育	83
シナプス	5	消極教育論	88
師範学校令	105	昌平黌	104
師範教育令	107	昌平坂学問所	104
事物による教育	18, 82	逍遙学派	70
市民革命	89	助教法	91
四民平等	105	植物類推説	33
社会	111	贖宥状	75
社会化	16, 20, 112	初等教育制度	92
社会教育審議会	109	書物主義	93
社会状態	82	心学	104
社会的おじ	50	人格的権威	43
社会的教育学	96	新教育運動	83, 88, 93-95, 106
社会的実学主義	77	親権	90
主意主義	93	紳士教育論	77
自由ヴァルドルフ学校	95	尋常中学校	105
就学義務	91	新人文主義	85
宗教改革	72	神性	88
宗教的実学主義	80	新日本建設ノ教育方針	107
修辞学校	70, 71	人文主義	68, 73, 74, 77, 80
十字軍の東方遠征	72	人文主義的教養	73
修身科	105	人文主義的実学主義	77
集団主義	97	進歩主義	100

進歩主義教育　93
進歩主義教育協会　96
水路づけ　33
スコラ学　74
鈴屋　103
スパルタ　69
スパルタ的諸徳　69
スプートニク・ショック　99
性格形成学院　92
生活が陶冶する　87
正義　70
成功的定義　21
制裁　32
生産者　70
政治的・宗教的中立性　90
聖書主義　75
聖書のドイツ語訳　75
精神科学的教育学　96
精神の形成　16
精神白紙説　79
成長としての教育　36
成長にゆだねる教育　30
青年運動　95
青年学校　107
青年訓練所　107
青年訓練所令　106
生理的早産　3
世界新教育連盟　93
『世界図絵』　79
世俗的な教育目的　84
節制　70
潜在的カリキュラム　100
『千字文』　101
専修学校　144
専心　88
宣伝　41, 42
煽動　42
セント・ポールズ校　74
善にして美なる人間　69
選抜　126
善美　70
想起説　70
総合技術教育　97
相互形成としての教育関係　46, 47

創造衝動　88
相当免許状主義　156
促進段階　98
素質　35
素質決定論　30
ソフィスト　70

た

体育学校　69
第一の人文主義　85
大学別曹　101
大学令　106
『大教授学』　79
体系的教育学　85
第三の教育改革　109
大正自由教育　106
大正新教育　106
第二の人文主義　85
大宝律令　101
他者　49
脱学校論　100
タテの関係　40, 45, 47
タブラ・ラサ　79
多様な他者　50
単位認定権　32
単独者　37
鍛錬主義　80
地位　115
地域社会　126
知恵　70
致思　88
知的権威　43
地方教育行政の組織及び運営に関する法律　108
地方分権一括法　151
チームティーチング　100
チャーチズム運動　92
中央教育審議会　109
中学校令　105
中世的世界像　73
中世ヨーロッパの教育　68
中等学校　74, 76
中等学校令　107

注入　41
チュービンゲン会議　98
懲戒権　32, 42, 43
長期増強　6
調教　31, 32
超宗派　89
朝鮮戦争　108
直観から概念へ　87, 88
直観教授　84
直観的認識　87
直観のABC　87
『庭訓往来』　102
帝国主義の時代　93
帝国大学　106
帝国大学令　105
適塾　103
テクニカル・スクール　97
哲学的急進派　92
哲人政治　70
徹底的学校改革者同盟　94
手習い　103
デューイ・スクール　95
寺入り　102
寺子屋　103
田園教育舎　94
転学の自由　91
統一学校運動　94
統一学校制度　79
道具主義　95
洞窟の比喩　70
藤樹書院　103
統治者　70
道徳的状態　82
陶冶　97
陶冶理想　86
徳育　17
徳化　41
都市学校　72
ドルトン・プラン　96

な

仲間集団　127
ナナメの関係　40

鳴滝塾　103
二項対立図式　48, 50
日常性　37
日曜学校　91
ニューロン　5
二律背反　43
人間形成　24, 50, 51
人間形成論　50
人間生成　24
人間による教育　82
人間の教育　82
任命制　108
年少労働者　91
脳　5
能力主義　105
能力に応じた教育　134

は

パイダゴーゴス　69
配分　125
ハウプトシューレ　98
白紙説　79
発見学習　99
発達段階論　83
バトラー法　98
汎愛学院　84
汎愛主義　81, 83, 84
汎愛派　83
反教育学　25
藩校　104
反宗教改革　76
パンソフィア　79
汎知思想　78
汎知体系　79
ハンブルク協定　98
万有内在神論　88
範例学習　98
範例方式　98
ピオネール　97
非国教徒派アカデミー　80
百科全書派　81
ヒューマニズム　73
評価規準　62

評価権　42, 43
フィロゾーフ　80
福音主義　75, 80
輻輳説　31
富国強兵　105
普通教育　56, 75
フマニタス　73
プラグマティズム　95
フランス革命　90
プロジェクト・メソッド　96
プロパガンダ　42
文化　35, 113
文化化　114
文化教育学　96
文化現象　35
文化的再生産論　101
分析的教育哲学　101
文明　32
ベイカー法　98
ベルトワン改革　98
ベルリン大学　91
報酬　32
報徳教　104
方法　88
法律に定める学校　138
母国語訳聖書　75
ポストモダン　101
北方ルネサンス　73, 74
ボヘミア同胞教団　78
ポリス　69
本山学校　72
本質主義　100

ま

マイスター制度　108
マスタリー・ラーニング　99
無意図的教育　20, 21
無学年制　100
無償　89
明瞭　88
モダン・スクール　97
モニトリアル・システム　91

ものづくり　28, 29
問題解決学習　96, 99
問答法　70

や

夜間労働の禁止　91
役割　115
役割取得　117
勇気　70
遊戯学校　71
有機的成長論　30
有徳な自由人の育成　70
養育　15
養護　15
幼稚園　88
幼稚園運動　88
陽明学　103
ヨコの関係　40, 47
四大指令　107

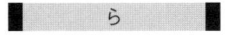

ら

ライフサイクル　49
楽観主義　38
ランジュヴァン・ワロン案　98
理想的人間像　58
リッター・アカデミー　80
リュケイオン　70
臨時教育会議　106
臨時教育審議会　109, 147
ルードゥス　71
ルネサンス　72
ルペルチェ案　90
レアールシューレ　98
レインボー・プラン　148
レ・コンパニョン　94
連合　88
老年期　49
ロシア革命　106
ロッシュの学校　94
『論語』　101

編著者略歴

新井保幸（あらいやすゆき）

- 1972年　東京教育大学教育学部卒業
- 1976年　東京教育大学大学院教育学研究科博士課程中退
- 1983年　北海道教育大学助教授
- 1999年　筑波大学教育学系教授
- 現　在　淑徳大学教育学部教授
　　　　　筑波大学名誉教授

主な著書

教育哲学（共編，樹村房）
今，教育の原点を問う（共著，勉誠出版）
教育哲学の再構築（共編，学文社）
日中教育学対話Ⅰ（共著，春風社）

Ⓒ　新井保幸　2010

2010年7月6日　初版発行
2016年3月30日　初版第4刷発行

教職シリーズ 2
教育基礎学

編著者　新井保幸
発行者　山本　格

発行所　株式会社　培風館
東京都千代田区九段南4-3-12・郵便番号 102-8260
電話 (03) 3262-5256 (代表)・振替 00140-7-44725

東港出版印刷・牧　製本

PRINTED IN JAPAN

ISBN 978-4-563-05852-4 C3337